古代歷史文化研究輯刊

十九編

王明蓀 主編

第1冊

《十九編》總目

編輯部編

伊犁河流域史前遺存發現研究

李溯源 著

國家圖書館出版品預行編目資料

伊犁河流域史前遺存發現研究／李溯源 著 — 初版 — 新北市：
花木蘭文化事業有限公司，2018〔民107〕
序 2+ 目 6+248 面；19×26 公分
（古代歷史文化研究輯刊 十九編；第 1 冊）
ISBN 978-986-485-397-7（精裝）
1. 考古遺址 2. 史前文化 3. 伊犁河流域
618   107002294

ISBN- 978-986-485-397-7

9 789864 853977

古代歷史文化研究輯刊
十九編　第 一 冊   ISBN：978-986-485-397-7

伊犁河流域史前遺存發現研究

作　　者	李溯源
主　　編	王明蓀
總 編 輯	杜潔祥
副總編輯	楊嘉樂
編　　輯	許郁翎、王筑　美術編輯　陳逸婷
出　　版	花木蘭文化事業有限公司
發 行 人	高小娟
聯絡地址	235 新北市中和區中安街七二號十三樓
	電話：02-2923-1455 ／傳真：02-2923-1452
網　　址	http://www.huamulan.tw 信箱 hml810518@gmail.com
印　　刷	普羅文化出版廣告事業
初　　版	2018 年 3 月
全書字數	161855 字
定　　價	十九編 39 冊（精裝）台幣 100,000 元

版權所有・請勿翻印

《十九編》總目

編輯部　編

《古代歷史文化研究輯刊》
十九編　書目

《古代歷史文化研究輯刊》十九編
各書作者簡介·提要·目錄

第一冊 伊犁河流域史前遺存發現研究

作者簡介

　　李溯源，1993 年畢業於西北大學考古學專業，2013 年畢業於南京大學考古學及博物館學專業，長期在新疆伊犁工作，曾擔任伊犁州文物局副局長兼博物館館長等職，現供職於河南大學，副教授，歷史學博士。

　　主要從事夏商周考古、中西文化交流考古研究，參加和主持考古發掘項目 20 餘項，主持國家社科基金項目 1 項，參加教育部項目 3 項、世界綠色基金組織項目 1 項，獨立和合作在《文物》、《考古與文物》、《西域研究》、《地理學報》等學術期刊上發表論文 20 餘篇。

提　要

　　本書內容分爲上、下兩篇。上篇，通過對窮科克下層遺存類型遺址、大西溝類型墓葬和伊犁河谷出土、採集的青銅器進行分類整理，將伊犁河谷青銅時代考古學文化劃分爲早、中、晚三個階段。研究表明：伊犁河谷青銅時代文化是一個單一的、有序發展的文化群體，屬於安德羅諾沃文化的一個組成部份，社會組織結構鬆散，經濟以農業和畜牧業兼營。伊犁河谷安德羅諾沃文化類型的發展是一個複雜的過程，尤其是源流問題並非一些學者研究那樣屬於形成於烏拉爾地區向東擴張的結果。窮科克遺址第三層所出陶器多以黑陶和灰陶爲主，陶器紋飾在七河地區不見。而中、晚期陶器在安德羅諾沃文化中較爲常見。另外，湯巴勒薩伊墓地和闊克蘇西 2 號墓地出土的十幾件陶器，均爲折肩的平底器和圈足器。平底缸型器是安德羅諾沃文化中常見的陶器，但這兩個墓地和窮科克遺址類型出土的平底罐多爲折肩或折腹，而七

河地區和下阪地平底罐多爲弧腹罐。圈足器在其他地區安德羅諾沃文化中很少見到。通過與周邊文化對比，這種黑色（灰色）、折肩（折腹）和圈足陶器在中亞兩河流域和黑海沿岸青銅時代文化中較爲流行，很可能是受西南地區文化的影響。這就爲我們的研究提供另外一種啓示，安德羅諾沃文化的最初形成，不僅僅只是從鳥拉爾地區，另一個途徑很可能是從黑海沿岸經中亞兩河流域直接到達了天山西部和七河地區向外擴散，經過在這裡駐足後向西和向北發展，直到米努辛斯克盆地。這也正驗證了蘇聯考古學家吉謝列夫提出的安德羅諾沃文化可能源自天山地區、七河地區和帕米爾等地的推論。

　　下篇，通過對伊犁河谷早期鐵器時代考古發掘材料的整理和研究，確立了窮科克、索墩布拉克和葉什克列克三種類型墓地文化，研究結果表明：三種類型墓地文化同屬於一個考古學文化，即索墩布拉克文化的不同發展時期。伊犁河谷早期鐵器時代，經歷了將近 800 年的發展，始終保持著相同的、持續發展的文化特徵，三種不同類型墓葬文化類型僅僅是同一文化發展過程中不同階段的反映。索墩布拉克文化可分爲三期：一期，窮科克類型墓地——文化形成期。彩陶文化較爲發達，分佈範圍較小；二期，索頓布拉克類型墓地——文化發展和鼎盛期，彩陶比例下降，出現貧富差距，分佈範圍擴大到整個伊犁河谷和周邊地區；三期，葉什克列克類型墓地——文化衰落期，墓葬文化中明顯出現其他外來文化因素，分佈範圍大大縮減。亦即歷史記載伊犁河谷發生重大歷史演變時期，世居伊犁河谷的塞克被東來的大月氏和鳥孫所取代，一部份殘留的塞克人被新來的文化所融合，最終走向消亡。同時，文中對塞克文化不同發展階段社會結構、經濟形式、文化源流等分別進行了嘗試性的探討。

目　次

第二冊 區域社會的形成與發展——商代關中的考古學研究

作者簡介

宋江寧，1998 年畢業於西北大學文博學院考古專業。2001 年畢業於中國社會科學院研究生院考古系，獲歷史學碩士學位。2001 年至今供職於中國社會科學院考古研究所夏商周研究室灃西隊。2011 年畢業於中國社會科學院研

究生院考古系，獲歷史學博士學位。研究方向爲先周和西周考古。長期參加陝西省周原遺址考古工作，並對傳說中周人活動區域的涇河流域進行了全面調查。此外，還參加了西周時期另外兩處都城豐鎬與成周洛邑的考古發掘與研究。發表相關論文和報告十餘篇。

提 要

關中地區作爲西周王朝建立前的根據地和之後的統治核心區，在中國歷史上佔據了非常重要的地位。因此，對這一地區商代的考古學遺存進行研究，分析其文化、經濟、社會等方面的形成過程與發展水平，進而探討關中地區的最終崛起就具有了重要的學術價值。

本文首先回顧了以往研究中取得的成就和存在的不足，提出了全面的社會史視角和關中區域社會的核心概念，指出正是從四鄰地區持續遷入的各類考古學遺存才造就了關中社會這個實體，而這個實體內部也在持續進行著交流與互動。

論文主體分爲上下兩編。上編的主要任務是建立考古學遺存的時空框架。其中第二章對各遺址的陶器進行分期，將其分爲六期；第三章結合墓葬資料對遺存進行分類，總共分爲16類。下編從區域社會的視野中來分析關中社會的文化、經濟、社會和軍事等方面的形成與發展過程和發展水平，分別在第四、五、六章中展開。第四章從陶器面貌、墓葬特徵、銅器以及占卜習俗入手探討文化的形成；第五章從第一類基礎經濟部門的農業、畜牧、漁獵、製陶、製骨、紡織等和第二類反映社會性質和發達程度的部門，如鑄銅、製車、製玉、漆器、金工和貝等入手討論經濟狀況；第六章從聚落結構、墓葬和武器裝備入手討論關中社會內部的區域發展狀況和等級結構，並在四鄰社會這個更大的框架內分析以上狀況出現的原因。

在第七章結語中，本文討論了區域社會得以開展的三個前提，進而引申至關中地區獨特的地理結構對這一時期歷史的影響。再從更廣闊的四鄰社會與關中社會視角內，綜合分析了關中區域社會形成的具體過程和特點，以及各個相鄰地區的不同貢獻。探討了在商人的西土之中，爲何是關中地區而不是晉南、晉中和陝北最終滅掉了商王朝，並從聚落考古的角度對關中與上述地區進行了比較分析。還從關中地區商代各期都有多類遺存並存的現象出發，推測正是在這種情況下取得經驗的周人在滅商後對各不同區域採取了「疆以戎索」的治理思路。

目 次

第三冊　周代爵制研究

作者簡介

　　劉芮方，男，1983 年生，河南南陽鄧州人。2001 年就讀於東北師範大學歷史文化學院，畢業後跟隨詹子慶先生學習先秦史和先秦文獻，於 2007、2011 年依次獲得中國古代史碩士、博士學位。現爲東北師範大學歷史文化學院副教授。目前主持有國家社科基金青年項目、教育科學「十二五」規劃教育部青年項目等課題，在《史學月刊》、《古代文明》、《古籍整理研究學刊》等刊物上發表學術論文多篇。主要從事先秦史、先秦文獻、國學典籍等方面的教學和研究。

提　要

　　「爵」最早作爲飲酒器和禮器出現，後來逐漸由器物轉變爲等級制度之稱。商代統治者在封賞與自己有血緣親緣關係的貴族及征服地區的部落首領時，往往會冠以相應的名號。一些具有等級差別的固定尊稱在殷商晚期出現，這或許就是「爵制」的草創階段。西周爵制的形成經歷了一個逐步的發展過程。周人滅商之初因襲商制；西周中期隨著統治的鞏固，周人對國家禮制進行了全面變革，使之更加完善和秩序化。儘管「爵」作爲器物基本沒落，但由「爵」衍伸而來的這種等級秩序卻被周人使用並形成了整齊而系統的五等爵制。春秋時期王室衰微，但此爵制被繼承下來，體現爲畿外畿內諸侯的「公侯伯子男」和王室內部官員的「公卿大夫士」兩個序列。春秋晚期爵制隨著社會形勢變革而有了變異的苗頭，但沒有替代制度產生。戰國時代禮壞樂崩，原有以血緣關係爲紐帶的「外內爵」制度先後遭到破壞，各國之間的交往完全憑實力而定。外部局勢的遽變加上諸侯國內加強君權的需要，原有等級秩序崩潰，「以功授爵」的方式就開始成爲主流，其中秦國的「軍功爵制」最爲典型。在周代，爵制與官制、軍制以及貢賦食祿制度等政制息息相關，由此構成了周代貴族等級制度的基本面貌。以春秋時期爲例，儘管此時社會秩序變動很大，但從諸侯之間和諸侯國內部來看，爵位的高低仍在政治生活中起著維護等級秩序的作用。

目　次

第四冊　禮俗與嬴秦文明

作者簡介

　　包瑞峰，江蘇常州人，一九六四年生。一九八二至一九八六年，在江蘇揚州師範學院（今揚州大學）歷史系就讀，獲歷史學學士學位。一九八六至一九八九年，在長春東北師範大學歷史系就讀，師從徐喜辰、詹子慶等教授，獲歷史學碩士學位。一九八九年至今在東北師範大學工作，從事中國古代歷史與文化的教學與研究。二〇〇五至二〇一一年在職就讀本校歷史學博士學位。在國家各級報刊上發表學術專著、論文近四十餘部（篇）。其中有五部學

術專著和教材；有一部古籍整理著作《〈呂氏春秋〉譯注》。有歷史文化類《劉文淇吳靜安和〈春秋左氏傳舊註疏證〉》、《從〈商君書〉看秦國政治》、《〈天問〉與屈原的終極價值》、《〈呂氏春秋〉的編輯理論和方法》、《孔子編輯說——以〈論語〉格式為例》等論文三十餘篇。

提　要

　　本書在吸取前人和當代人的眾多成果基礎上，專注於「禮俗」之研究，且劃定為「嬴秦」族屬之範圍，包括其族源、東向、與中原傳說時代（堯舜）、夏商、周諸族的接觸交融，然後經歷了春秋戰國時代的大融合，漸進式地踏上華夏化的道路，「禮失求野」，其禮俗也逐漸趨同和豐富。

　　本書對嬴秦禮俗化的進程和特徵、分階段進行論證，運用唯物史觀方法，對嬴秦禮俗產生的背景（自然、人文環境）以及經濟生產條件（畜牧、農業、手工業）都一一分析，使這一族屬沿著交融、衝突的漫長進程，最終融合到華夏化的大家庭洪流中奔瀉千年，從而奠定了統一的多民族大家庭傳統文化的基礎。本書不僅關注嬴秦禮制，還聚焦研究嬴秦社會的「俗」「風俗」，拓寬了秦文化研究的視野。本書運用新出土的秦簡、帛書等考古、古文字資料，使秦人的風俗（節令、生子、婚喪嫁娶、祭祀等）一一展現出來，使秦文化研究不同層面示之於眾。本書對諸如對嬴秦時祭、石鼓文等也都有一些解釋。

　　關於秦禮俗對歷史影響的研究，早在秦亡不久就開始了，兩漢學者在總結秦二世而亡的教訓時，不僅集中抨擊其「暴政」，而且還指責其禮俗「衝突」。本書作者在分析嬴秦文化政策時認為秦人既吸納東方文化、東方禮俗，甚至在南向時秦人還吸納楚文化、南越文化，都起到比較好的效果。但是在秦人統一全國後強力推行自己的禮俗文化，也必然遇到東方、南方各族的抵制，所以交融和衝突之間的矛盾不可避免，這都是本書所關注之點。

目　次

第五冊　秦漢官制演變研究

作者簡介

王勇，男，1982 年生，山東淄博人。北京大學文學博士，山東大學儒學高等研究院博士後。目前主要從事先秦兩漢文學與文獻研究。

提　要

秦漢官制演變研究，是秦漢官制研究中的薄弱點。本書對秦漢官制演變中的一些重要問題進行了探討，對秦漢以來官制體系的轉變過程進行了嘗試性論述，對其主要官職丞相、御史大夫、尚書、郎官體系、王莽官制等進行了有益的探索與研究。限於學識，書中尚有許多不足之處，錯誤亦不能免，懇請讀者批評指正。

目　次

第六冊　漢代統治者的民論研究

作者簡介

　　孫妍，北京大興人，本科、碩士和博士就讀於南開大學歷史學院。研究生期間的研究方向爲中國古代政治思想史，師從張分田教授。2011 年，以中學歷史教師的身份就職於北京匯文中學。2016 年，以產品設計師的身份就職於北京一家教育公司，研發面向中學歷史教學的軟件、硬件產品。現爲人民教育出版社歷史編輯室編輯，從事中學歷史教材的編寫、編輯和研究工作。已發表論文多篇，參與主編《中國古代歷史精粹》系列叢書。

提　要

　　在政治生活中，「民」作爲國家的政治基礎和物質基礎始終是統治者最爲關注的群體之一。漢代統治者十分關注民的問題，並形成一整套系統的理論，即「民論」。

　　本文試圖解決的問題：一是漢代統治者民論的理論體系問題；二是漢代統治者民論的特點；三是評估漢代統治者民論在當時的實踐效果以及對政治的指導意義。

　　漢代統治者的民論是在總結先秦以降各種民論的基礎上，面對時代新問題，爲緩和政治運行中的各種矛盾、衝突逐步構建起來的。漢代統治者對民的政治屬性、政治地位進行了深入的思考和分析。他們提出了民性論、民本論、治民論、恤民論和民樸論。其中，民性論是理論的基礎，民本論爲理論的核心，治民論和恤民論是理論的實踐總結，民樸論是理論的最高目標。

　　漢代統治者民論具有全息性、陰陽組合性與實踐性三大特點。這三個特點使民論不僅對漢代的現實政治具有指導意義，也爲後代統治者的民論奠定了理論與實踐的基礎。

目　次

第七冊　漢代大司農研究

作者簡介

　　陳文豪。臺灣省澎湖縣人。中國文化大學史學系學士、碩士、博士，碩士論文由黎東方教授指導。現執教於彰化師範大學歷史學研究，主要研究方向爲秦漢史、秦漢簡帛、簡帛學術研究史，特別關心簡帛目錄學的編纂；旁治中國城市史、中國歷史地理文獻。

提　要

　　研究漢代制度，尤其是研究漢代的財政制度，有一個特別吸引人的現象，那就是前漢時期財政制度的二元化——即國家財政由大司農主管，皇室財政由少府、水衡都尉掌理。此一制度，至後漢方趨於一元化，財政權才全歸大司農。

　　在現有的研究上，一般都偏向少府，或就整個漢代財政制度而論，並未對兩漢大司農作個別探討。因之，本文乃參酌舊文獻，配合新史料，就兩漢大司農的組織、職掌等，做一較全面性的分析。全文計分六章。

　　第一章：緒論。闡述研究動機、研究範圍、研究方法及史料抉擇。

　　第二章：大司農的起源、沿革、組織與職掌。根據秦簡及舊文獻，說明大司農的起源乃由內史分權而來，並進一步分析其沿革、組織及職掌，以明大司農在漢代財政制度上的功能。

　　第三章：兩漢大司農的分析。首先就所考知之兩漢九十位大司農人選中有疑問者，逐一加以考辨。然後再就兩漢大司農的出身背景、宦途與職權上的異同做一比較，得知，後漢大司農在職權上，已不若前漢。進而探討大司農在政治運作上與丞相（三公）、九卿及郡國的關係。

　　第四章：大司農的收入與支出。大司農最主要的職掌爲財政，本章旨在敘述漢代國家財政的收入與支出情形，以明漢代國家財政之狀況。

　　第五章：大司農與漢代財經政策。首論大司農推行的重要財經政策——鹽鐵酒專賣、均輸、平準及常平倉，並作一評述。

　　第六章：結論。

目　次

第八冊　隋朝君臣關係研究

作者簡介

　　冀英俊，女，1981 年生，山西平遙人，2013 年畢業於南開大學歷史學院，獲博士學位，同年任教於太原理工大學國際教育交流學院。主要從事中國古代思想、中國傳統文化等領域的研究與教學。主持或參與國家級、省市級課題若干項，並多次在《中國史研究》、《中國史研究動態》、《江西社會科學》、《河北學刊》等刊物發表論文。

提　要

　　君臣關係是我國古代最重要的社會關係之一，也是研究傳統政治的首要問題。本書所關注者，並非是個別的君臣關係，而是以影響君臣關係的各種因素爲切入點，包括以君權天賦、天人感應爲基礎的天命觀念，以三綱五常、忠孝節義爲核心的倫理思想，以刑賞監察、禮制等級爲標準的制度層面，以功名利祿、政治權力爲中心的利益關係等角度，全面、系統地考察隋朝君主與臣僚權力之間的結構與運作。

　　在中國古代王朝的皇帝權力結構之下，「君臣關係」還可以區分出君主與前朝宗室、與周邊少數民族、與皇室、與「不臣者」等特殊的君臣關係層面。隋文帝楊堅在三百多年亂離的局面中以「禪讓」的形式代周立隋，後又廢梁、併陳，一統天下。在這種情況下，作爲中央、地方大臣，作爲被篡奪或被消滅的前代國家舊君，作爲伺機而動的周邊少數民族，作爲后妃、皇子、皇親、國戚，作爲對君可以不稱臣者等不同對象，對君臣之間的關係無疑會產生不

同的影響，故考察隋朝的君臣關係，從以上幾個層面作爲切入點應該說是本書另一個有效的視覺。

在此基礎上，本書還從實踐的角度和層面考察了文、煬二帝的用人思想及其特點，檢視隋朝君臣之間的互動和博弈，並進一步分析了隋朝建立的偶然性和必然性，考察了隋朝速亡的原因等問題，深化了對隋朝君臣關係確立與速亡的思考，提出隋朝的速亡並非是統治思想理念的問題，只是在運行過程中因沒有始終遵循而出現了偏向。

目　次

第九、十冊　武則天重要人際關係考論

作者簡介

　　司海迪，女，1982 年生，祖籍山東濟寧，武漢大學文學博士，曾在西北大學從事博士後研究，先後師從著名唐詩研究家尚永亮先生、李浩先生，現為河南財經政法大學講師，主要從事唐代文史研究，研究成果主要集中在唐太宗、武則天等初唐帝王的人際關係、政治心態等方面，目前已公開發表了多篇相關學術論文。

提　要

　　本文主要運用考證分析和心理分析的方法展示了武則天的重要人際關係。武則天典型的暴力權威的人格特徵與父母族兄及早年處境有關。武則天早年曾蒙太宗寵幸，但並不得寵，這與二人相遇時的心態、情感期望值、年齡差距、李武兩家關係變化等因素有關。早年的宮廷生活對武則天的一生產生了深遠的影響。武則天和高宗在貞觀末年相識相戀，然並未遂願。這段戀情與高宗的戀母父情結有關，並和武則天長女暴亡事件一起促成了武則天重返宮廷，並成功立后。高武時期，武則天逐漸攫取政權，高宗運用加大太子行權力度等方法竭力牽制而不能。武則天主要以管教太子為名反對太子行權，多次對長子李弘、次子李賢進行政治打壓。李弘本就病弱，在政治打擊中病逝。李賢並非武則天親生，而是韓國夫人所生，掛寄在武則天名下。立為太子後亦因權力矛盾遭到武則天的打壓。其《黃臺瓜辭》即是李賢遭到打壓後，指斥武則天對待子女管教過於嚴厲。其他子女的命運也受到了武則天的影響。武則天取得皇權後，先後配置了薛懷義、二張等幾位面首。她與他們有一定的感情基礎，然並非愛情。薛懷義失寵後，其頻繁張揚的情妒行為引起了武則天的政治猜忌，因此被殺。二張則因恩寵過盛及其不成熟的政治行為等原因導致了外界對武則天傳位人選的猜疑，最終引發了神龍政變。武則天的時代正式宣告結束。

目　次

上　冊

第十一冊　五代時期的政權更迭與地理形勢

作者簡介

　　黃英士，民國 50 年生，祖籍江西臨川，政治作戰學校美術系 72 年班，三軍大學陸軍指揮參謀學院 85 年班，中國文化大學史學碩士（100 年）、史學博士（105 年）。

提　要

本文由博士論文重新整理而成，作者嘗試結合史學與軍事戰略研究，經由爬梳唐末五代政權的更迭過程，探討此間地理形勢的運用情形及其對國勢的影響。具體探討的問題包括朱溫崛起前期屢屢戰勝對手的條件爲何？唐末諸鎮利用地理形勢與朱溫對抗的成果如何？在五代政權迅速移轉過程中，關中、河北、河東的地略角色應該如何詮釋？建都汴洛有明顯的地理形勢缺陷，此建都決策的沿革如何？應如何克服？

北宋的格局承自五代，五代的亂象源自唐末，承唐授宋的五代，向來被視爲大唐帝國之殘局，其實也是歷史大轉捩時期的起點，經過五代逾半世紀的紊亂與重整，催生了文化璀璨的宋朝，但在建國 167 年之後，北宋再度因爲遊牧民族之壓迫而偏安江南。國防上，導致北宋受制於契丹的原因，最常見的指責就是石敬瑭割燕雲之地與契丹，然則，失去燕山之險的宋朝，從此不再能夠反制契丹的入侵了嗎？本文整理五代軍人的戰爭經驗，爬梳其對地理形勢的利用，提出不同於宋人說詞的實際答案。

本文主要的貢獻在於對五代時期的戰爭經驗提出新的觀察論述，對朱溫的用兵特質有具體的歸納，對史載之「徐汴構怨」、「西軍不振」等內容與說法提出合理質疑，對李存勗乃「膽略絕人」、「善戰者」的評論提出修正；對五代時期的軍事思想可能屬於倒退現象提出新的論述證據；對宋朝試圖以所謂的「兵險」取代「形勢」的觀點，整理出歷史上的循環因素；尤其能利用五代時期的戰爭經驗對河東、河北、河南三大區塊的地理形勢關係，進行深入分析。

目　次

第十二、十三冊　宋代州級司法幕職研究

作者簡介

　　廖峻，男，1974 年生，中國民主同盟盟員，中南財經政法大學法律史博士，成都大學法律系講師。自 2001 年以來，一直從事中國法律制度史、中國法律思想史、法理學等領域的學習，自執教於高校以來，開始將興趣聚集於宋代立法、司法領域的研究，並試圖從宋代州級司法制度設計著手，在傳統與現代的交彙的視域中，進一步體悟蘊藏在宋代法制之中的理性和經驗。圍繞著這一旨趣，自 2007 年以來陸續在學術期刊上發表相關學術文章多篇。

提　要

　　本文以宋代州級司法過程中的司法幕職作爲研究起點，對宋代州級司法過程進行實證研究，對於宋代士大夫在州級司法過程中「據法援情而合於理」的實踐理性及其中庸之道進行探討。

　　本文結構主要由緒論、正文和餘論三部份構成，其中正文共分五章。本文的第一章對宋代州級司法幕職制度源流進行了綜合性的考察。在這一章中，本文考察了宋朝「州」、「府」、「軍」、「監」之源流，並就此對於宋朝州級行政區劃設置及變遷提出了如下看法：其一，宋朝州級行政區劃的設置突出了監察與行政並重之意圖，這直接影響到宋朝對於州級幕職官及州級司法權力架構的設計；其二，宋代州制較之於前朝，似乎更看重經濟標準而淡化政治標準。如此一來，宋朝形成在中國歷史上獨具特色、最爲複雜的州級政區體制，共包括府、州、軍、監四種形式，府分爲京府、次府，又有藩府稱號。州分爲節度（節鎮）州和防禦州、團練州、軍事（刺史）州四個等級。

軍分為軍和軍使兩種，監分為三等，部份軍、監與等同下州，又都有隸屬州、府的情況。這不僅是宋代州級司法過程中幕職官設置及其角色、行為分析的背景性因素，同時反映出天下由大亂而漸治，統治階層的治國方略日趨成熟，由此方開出中國傳統文化尤其是法律文化於趙宋一代登峰造極之大局。此外，本文第一章還對兩漢至五代十國幕職官源流進行了考察，並對宋朝州級的司法幕職（簽判、判官，推官，錄事參軍，司法參軍，司戶參軍和司理參軍）及其司法職掌進了考察，並對兩宋州級司法幕職之職能的變化進行了總結。唐末五代以來，州級行政中出現事實上的雙系統屬官制，一是中央任命的州級屬官，二是藩鎮軍使屬官，在當時中央失去權威的前提下，前者稱為州縣官，為事務官；後者稱為幕職官，為政務官。這種局勢造成了地方行政中名實不符的紊亂狀況。宋初接受了州級屬官的雙系統官稱，納入了判官、推官等職，並承認了幕職官的上層僚屬地位，但是屬官的任免權統一收回中央。在前述州制的基礎上，宋朝設計了州級司法幕職體制。

本文第二章探討了宋代州級司法的模式及其運作過程。就宋代州級司法的程序而言，可分為獄訟受理，獄訟的追證、檢勘及訊問，獄訟審判中的判決環節，獄訟的翻異別勘和疑獄的奏讞。在這一系列的程序之中，蘊藏著宋代州級司法權力特有的架構的分析，其具體表現為長吏與僚佐之間上下相維，相扶成治，不同的司法幕職之間張官置吏，各司其局，獄訟諸環節之間前後相銜，關防嚴密以及制度與實踐之間的雖有分官設職，但會因地制宜而允許不同司法幕職之間互兼職事。與這些制度設計相配套的是宋代州級司法幕職的獎懲制度，就獎勵而言，主要有獄空和雪活冤獄二者，就懲罰措施而言，既有集體負責制的連坐之責任，又有不同的個人責任。本章認為，宋朝州級司法幕職是州級審判中的主體人員，在偵查、審訊、判決、覆審等各個環節都有重要作用。宋朝州級司法幕職的雙系統制，促成了幕職官擬判權與諸曹官審訊權的分離。而在曹官系統內部，則由於司理參軍的審前偵查權與司法參軍的檢法權相互獨立及專職化，形成鞫讞分司制度。在此基礎上，對犯人翻異案件又發展出移司別勘和差官別勘兩種覆審形式。在州級司法運行中，加強了後一環節對前一程序的再查力度，在嚴格的迴避規定下則存在人員變通的情況。宋朝州級審判模式在中國歷史上是獨特的。宋朝對地方司法中審前偵查權的強調及州級屬官群體文化素質與行政能力的提高，在犯罪事實的認定技術、判罪量刑的科學水平都有相當提高，宋朝是中國古代證據制

度顯著發展時期。但是宋朝州級審判制度中，長官仍掌握著終審權，因而宋朝州級審判制度並沒有脫離司法從屬於行政的框架，其權力劃分仍是行政性分權性質。宋朝州級司法中程序增加較多，致使司法成本提高，司法效率下降，各個環節也存在著司法腐敗現象。宋朝以鞫讞分司制度爲代表的州級審判制度創造了中國古代地方司法制度的頂峰，但其司法分權與司法分工模式相比，儘管運作方式更爲科學，但並不爲專制統治所需要，因而在中國封建社會中失去了存在條件，在新的改朝換代的歷史中，隨著地方單一系統屬官制度的恢復而被新的封建統治者棄用。

　　本文第三章對宋代州級司法幕職的社會角色進行了分析，大致圈定了宋朝州級司法幕職的角色叢，其角色叢中的角色有四，分別是士大夫、司法官員、州級佐官、行政官員。在這些角色的背後，存在著一系列角色規範，主要體現在宋人對於宋代士風的論述之中，以及宋朝州級司法幕職的考課制度的相關規定之中，此處本章著重分析了「考詞」中的州級司法幕職角色規範，然後從「規範與行爲」的角度對「循名責實」之考課制度下州級司法幕職的「欺罔誕謾」行爲進行了探討。實際上，宋朝州級司法幕職的社會角色不過是其社會地位的表達，就此而言，宋朝州級司法幕職的選任與來源確立了其社會地位的高下，而升遷與貶黜，則反映出其社會地位的升降，至於俸祿則更是其社會地位的最直觀的經濟表現。通過以上分析，本文認爲宋代州級司法幕職的角色存在著內在的衝突，作爲宋朝士大夫的一個組成部份，州級司法幕職自然具有宋代士大夫的風氣浸潤，無論是天下意識、治道理想、崇尚道德，還是佛道之風、貪利奢靡，都浸潤著這一群體，與此同時，州級司法幕職在士大夫階層中畢竟序列較低，甚至是處於底層，故其社會角色既有士大夫階層之共性，又有自身之特點，若從「司法活動」這一角度來觀察，宋朝州級司法幕職將天下意識、治道理想和崇尚道德之風氣貫注於司法活動之中，形成了宋朝州級司法理論和方法，但受社會地位相對於其他官員較爲低下的限制，其佛道之風則更多的表現爲關注現世報應而非純粹的法律價值追求，至於士大夫之貪利奢靡之風則更是州級司法幕職貪贓枉法的一個重要動因。作爲州級佐官，州級司法幕職一方面只能在州郡長吏的宰制下開展工作，另一方面又負有上言州郡政事利弊得失的責任，同時，州級司法幕職的考課、升遷、貶黜等諸多事宜皆不同程度的左右於長吏之手，因此，宋朝州級司法幕職難免以長吏之意見作取捨，這與司法官員須依據國家法律作出判斷有著

內在的緊張關係。作爲行政官員，州級司法幕職的司法事務與行政事務往往合而爲一，而在司法職事之外，州級司法幕職往往被差遣督捕盜賊，負責稅賦、財政之徵收與管理，甚至修築農田水利、營繕公有房舍、彈壓趁火打劫之事務亦須州級司法幕職經手辦理，在健訟風氣的宋代社會，州級司法幕職在勞神於司法事務的同時，還要勞形於此類行政事務，則其不免受此影響。與此同時，宋代州級司法幕職在官僚之中的俸祿水平處於最低一層，在經濟落後的地區則更顯微薄，且俸祿亦未見得按時足額發放，此外，其業績考察、升遷降黜等諸多事宜皆受制於州郡長吏，這一境遇更是令州級司法幕職有爲官不易之慨歎。

在第三章的基礎上，本文第四章探討了多重角色下的州級司法幕職行爲模式，並將其行爲模式中的內在矛盾歸納如下：其一是老於科場與仕進多門的矛盾，一方面科舉出身的士子老於科場、得官不易，但另一方面朝廷亦有恩蔭任子之制，使得仕進多門；其二是剛正不阿與治獄阿隨的分化，一方面宋代州級司法幕職不乏剛正不阿、據法理斷的正面典型，另一方面又因個人發展而多有阿隨長官、治獄刻迫之例；其三是據法勘鞫與以獄市利的背離，一方面宋代國家規定以及相關的考課等制度設計要求州級司法幕職據法勘鞫、合於程序，另一方面州級司法幕職又因俸祿平平而以獄市利、受賂壞法；其四是困於銓調與奔競獵官的對立，一方面州級司法幕職困於銓調，改官尤難，另一方面州級司法幕職群體之中又有奔競獵官之風習和改官不實之記載；其五是州級司法幕職始終在冗官待闕與不赴偏遠的兩極之搖擺不定，出於對自身前途的考量，並非所有州級司法幕職都願意赴任偏遠地區，這使得冗官待闕問題更趨複雜化。

本文的第五章探討了宋朝州級司法幕職的社會關係。根據主體所處社會地位的差異，本章在第一節探討了宋朝州級司法幕職與監司、長吏、同僚之關係，在第二節探討了宋朝州級司法幕職與胥吏之關係分析了宋代州級司法過程中諸官僚以及官吏之間的共生制衡關係格局，這一關係格局對於整個宋代州級司法過程產生了深刻的影響，本文認爲在共生制衡關係格局之中，制度權威、關聯利益和道德規範三者是這一關係格局形成的重要因素，這三者的平衡造成了共生制衡的關係格局，如果這三者的平衡被打破，則共生制衡的關係格局將不復存在。本章第三節探討了宋代州級司法幕職與「健訟之徒」的關係，指出作爲一種不可或缺的民間訴訟力量——健訟之徒的存在實際上

構成了對宋代州級司法的監督。本章第四節探討了宋朝州級司法幕職的鬼神報應觀。中國歷來都不缺乏立法、司法之鬼神報應的歷史資源，這一點也在宋代社會的鬼神報應觀中得以驗證，作爲一種至高無上的終級監督力量，鬼神對於州級司法幕職的司法行爲無疑起著重要的約束作用。

本文的最後部份探討了宋代州級司法的「中庸」之道及其實踐，在這一部份之中，本文對「中庸」之道及其「中正」、「中和」、「時中」三者的法律意涵進行了分析，本文認爲，宋代州級司法表現出「極高明而道中庸」的態勢，其最典型的官方表達就在於朝廷對於「治道」與國法二者關係的論述之中，正是在這一基礎上，宋代州級司法以其特有的中庸理念及其方法妥善地解決了司法實踐問題，這一理念及其方法即「中庸之道」無疑可爲現代司法提供借鑒。

目　次

第十四、十五冊　宮闈內外：宋代內臣研究

作者簡介

　　何冠環，1955 年生，廣東江門新會人，香港中文大學文學士、哲學碩士，美國亞里桑拿大學（University of Arizona）哲學博士，專攻宋代史，師從著名宋史學者羅球慶教授與陶晉生院士，先後任教於香港公開大學、新加坡南洋理工大學、香港教育大學、香港理工大學，2015 年退休。現擔任香港樹仁大學歷史系及香港新亞研究所客席。2006 年起獲選為中國宋史研究會理事，2010 年獲選為嶺南宋史研究會副會長，2014 年獲選為中國宋史研究會副會長。著有《宋初朋黨與太平興國三年進士》(1994)、《北宋武將研究》（2003）、《攀龍附鳳：北宋潞州上黨李氏外戚將門研究》（2013）、《北宋武將研究續編》（2016），以及發表學術論文數十篇。

提　要

　　本書取名《宮闈內外：宋代內臣研究》，是作者研究宋代內臣（宦官）的第一本論文結集，共收論文十篇。本書以個案微觀研究取向，以人物為經，以史事為緯，考論從宋太祖至宋孝宗逾四十名宋代內臣的生平事蹟，從內臣的視角，透視宋代宮廷政治、文臣黨爭、宋遼、宋夏戰爭的狀況。本書所考述的內臣中，其中六人有墓誌銘傳世，因得以了解他們的家庭狀況。另本書以一半的篇幅，闡述藍氏、閻氏兩大內臣世家的興衰史，並提出宋代內臣存在世家的問題。本書也提出宋代內臣依其職份及能力，可以粗略分為「文官」

及「武宦」兩大類。

　　雖然宋代內臣的史料匱乏，惟作者能充份利用現存的文獻史料、碑刻銘文，以綿密的考證，生動的筆觸，重建宋代內臣的面貌，並摒除傳統儒家士大夫對內臣的偏見，構建以內臣爲中心的宮闈故事。

目　次

上　冊

下　冊

第十六冊　晚宋宰臣鄭清之研究

作者簡介

　　李逸寒，一名永熙，號如隱，河南省睢縣人。2007 年～2011 年就讀於湖北大學歷史文化學院，獲歷史學學士學位；2011 年～2014 年就讀於廣州暨南大學中國文化史籍研究所，師從張其凡教授研習兩宋史，獲歷史學碩士學位；目前就讀於四川大學歷史文化學院，師從粟品孝教授，攻讀歷史學博士學位。主要關注宋代史，及中國古代佛教史、學術思想史的研究。

提　要

　　本書研究南宋理宗時期四次拜相、兩爲首輔的鄭清之的生平、仕宦、交遊等政治與社會活動，尤其著重考察其在任相時期中的政治作爲和歷史影

響；探討和考論鄭清之在宋理宗時期的若干重大政治事件，如參與史彌遠廢濟王立理宗的政治運作，史彌遠權相政治的擅權，宋理宗親政前期的端平——淳祐更化，宋蒙聯盟滅金與宋蒙戰和問題，士大夫黨爭之中的立場、角色、作用及影響；考察鄭清之與史彌遠、宋理宗及當時文臣、武將、朝野士人群體等的社會人際關係；在綜合研究的基礎上對鄭清之作出較爲客觀、平實的歷史評價。

　　本書認爲，鄭清之上承宋寧宗、宋理宗兩朝權相史彌遠長期專權擅政之後，下有賈似道權相政治再現，鄭氏身處南宋兩大權相之間，因緣際會受知於理宗，兩度入相，無論功過是非如何，允稱理宗朝最重要政治人物之一。研究鄭清之的政治作爲與社會關係，將有力地補充對晚宋歷史人物的研究。二，論析鄭清之身當宰輔時期，在處理朝廷內外政務與人際關係中的立場與考量，探討鄭清之及其政治作爲對晚宋政治運作、政局發展、國勢走向、官僚群體等的影響，將會有助於豐富和深化對晚宋歷史尤其是政治史的研究。

目　次

第十七冊　西湖夢尋:17世紀杭州士人的社會網絡與文化生活

作者簡介

王濤鍇,1982 年生,河南滎陽人。南開大學歷史學博士。2005 年進入南開大學歷史學院,先後師從余新忠、常建華兩先生,研究醫療社會史、中國古代社會史。2014 年進入河南大學,師從程民生先生,進行以明代醫療史主題的博士後研究。近期主要研究興趣唐宋以來的醫療衛生轉變、明代醫學文本與地方性知識生成以及近世士人網絡與社會空間構建等。

提　要

17 世紀,是中國近世史上的一個重要時期。晚明以降,江浙等地區市鎮經濟的繁榮,使得中國學界產生了數十年的「資本主義萌芽」論爭,至今餘波未已;明末東林黨以至黃宗羲等人對君權的批判也引發了民主因素等近代性的討論。不過,對明末清初文化的變動,大多數研究者偏重於晚明或者盛清文化的探討,只是把明末清初文化作為兩者的過渡或附屬。其實,明清更替時期的文化,尤其是士人生活,呈現出一番獨特面貌。

在研究方法上,士人研究大多強調社會結構(主要是階級與等級)和宏觀歷史結合的視角,本文則利用地域史和社會網絡相結合的方式來考察明清交替時期的士人群體。社會網絡的方法,主要是從橫向的角度觀察不同的社會關係與個體以及社會各系統間的互動,從其入手來探究明清易代之際社會與文化,可以避免孤立地看待不同群體(如官員、文人、僧侶等)在文化建

構中的地位和作用，從而深入把握地方社會的內在變化，更重要的是有助於擺脫以往結構化的認識。

自晚唐以漸杭州開始崛起，五代時錢氏立國和後來宋室的南興，更確立其東南第一大都會的地位；在元明時代雖有所衰落，仍是可與南京、蘇州並立的區域中心都市。相應地，文化教育的普及和科舉人才的繁盛，也使其成爲人文之淵藪。筆者從社會網絡的視角，指出 17 世紀杭州存在著時文會社、放生會等組織，且其經歷了從小築社、讀書社以至登樓社 50 餘年的變遷，最終加入了跨地域的復社以及十郡大社。同時，通過對《尺牘初徵》、《今世說》等書分析，我們還發現明清之際的士人網絡是一個以聲名爲中心，伴隨著物質贊助、訊息交流以及文化互動的社會關係集合體。

杭州士人及其社會網絡具有地域性，這一網絡實現了杭州地區士人內部各階層之間、文化和商業之間、世俗與宗教之間以及性別之間的良好互動，也使得社會中的聲望、財富和信息等社會資本一定意義上被不同人群所獲取。作爲個體的士人，可通過與杭州地方官、名士的交往，從而能夠融入杭州並獲得相應的回報。另一方面，該網絡也具有跨地域性，杭州的地方官員、流寓士人等群體的存在，使杭州能夠和其他地區進行信息、聲望等方面的交換，從而有利於士人的遊歷活動。

杭州士人社會網絡，又建立於該階層（或群體）日常生活中，一定的社會交往之上。通過分析日常生活情境下的士人社會交往，我們就能夠認清社會網絡構建的社會背景。就士人生活而言，社會交往與他們所屬的社會分層（流品）、生活空間（工作、家庭生活、餘暇等）和交遊活動（定交、拜謁、通信等）有著密切的關係。進而言之，社會分層關涉到不同地位士人間的相互關係，生活空間則包括了士人的治生、家庭生活經營、閑暇生活和日常生活的節奏等內容，至於交遊活動則是士人積極實現自我與社會互動必經之路。另一方面，社會網絡依賴於一定的空間而運行，同時又對之有所塑造。杭州自唐宋以來因山水而名聞天下，西湖及其周邊作爲一個特殊的自然人文空間，必然和該地的士人網絡有著複雜而又多樣的互動，其中我們專門探討了晚明杭州的湖山重建工程和士人風雅行爲的關聯。

在士人日常生活中，於「家國一體」的社會秩序之外，隨著城市和商品經濟的發展，杭州也出現了「士農工商」四民之外的邊緣群體，其中引起我們注意的是隱士和名姝（包括閨秀和妓女等）。此兩者，前者秉持出世的態度

試圖與現實社會有所切割，後者則是中國傳統社會男女性別關係下的特殊產物。在明末清初，他們是當地社會網絡重要部份，西溪景觀的開發以及杭州才女文化的發達即爲其活動的產物。

最後，由於地理和社會人文因素的作用，明清時代的文化疆界（分野）相較前代更爲顯著，地域意識得以凸現（如會館的興建、郡邑文集叢書的刊刻等），那麼，從全國來看，各地相互間的競爭與整合在所難免，杭州士人網絡亦需應對這一局面。在此過程中，引人注意的是跨地域人員流動的作用：一方面，徽州士人通過商籍逐漸融入杭州的社會網絡；另一方面，杭州士人在遊歷京師（北京）生活中，和當地的文壇元老多有來往，並通過其所主導的社會網絡獲得了相當的聲譽。此外，我們還考察了杭州士人文化與「主流」文化的關係，從側面認識到國家文化傳統的構建過程。

目　次

第十八、十九冊　明清陝蒙交界地區土地利用的空間分佈與變化過程

作者簡介

舒時光，男，1980 年 1 月生，湖北武漢人，畢業於北京大學城市與環境

學院地理學（歷史地理學）專業，法學學士、史學碩士、理學博士。

主要研究領域：環境變遷、區域歷史地理。已在《科學通報》、《地理研究》、《經濟地理》、《中國歷史地理論叢》、《歷史地理》、《中國農史》等期刊上發表文章十餘篇。

提　要

陝蒙交界地區是典型的陝北黃土丘陵向毛烏素風沙地過渡帶，屬於中國北方生態過渡帶的中段，也是傳統的農牧交錯地區，分佈著不同時期的長城和古代城堡遺址，文化景觀與自然景觀在空間的分佈上表現出高度的一致性，是開展歷史時期人類活動對地表生態系統影響研究的典型地區。

明代，該地區設立了延綏重鎮，列為「九邊」之一，先後埋立了禁止百姓外出墾殖的界石、修築了 70 多個城堡和長達 3000 多明里的南北兩道長城（南為「二邊」長城，北為「大邊」長城），逐步建立了完備的軍事防禦體系。同時，明朝在該地區安排屯墾、水利、草場等以保障軍需供應。清初，該地區設立了「禁留地」，企圖隔絕蒙漢交往；至康熙末年始允許漢民進入蒙地開墾「夥盤地」，隨之設立「黑界地」限制漢民向北開墾。但是，私墾的趨勢無法阻擋，至清末貽穀放墾最終確立了陝蒙交界土地利用的格局。所以，研究明清陝蒙交界地區的土地利用問題，可以反映出該地區 500 多年人與環境之間的互動關係，意義十分重大。

本文主要採取歷史地理學的傳統文獻法和實地考察等方法，圍繞「土地利用空間分佈和變化過程」這一核心問題，從復原延綏鎮界石、「二邊」長城、「大邊」長城、「黑界地」、「夥盤地」等重要地理座標入手，明確了延綏鎮「大邊」、「二邊」的修築者、修築時間、地點和地理意義。首次較精確地復原了延綏鎮「二邊」長城；首次利用蒙漢檔案、地方志等文獻對清代陝蒙交界地區的「禁留地」、「夥盤地」、「黑界地」、「牌界地」等概念進行了深入地剖析，釐清了這些重要地標之間的相互關係及地理區分。

本文系統復原了明代延綏鎮近邊草場分佈、軍墾分佈、水利建設、沙地分佈情況；通過對清代陝蒙交界地區 2500 餘個村莊的復原，並將蒙漢檔案、地方志有機結合，動態地揭示了夥盤地的北移過程；首次較精確地復原了清代東勝縣，對清末貽穀放墾的地段進行了準確復原，對放墾前後這些地段的土地利用情況進行了較為深入的研究。

本文最終得出如下結論：明清陝蒙交界地區墾殖活動呈現穩定的「南田

北草」總體格局，其中間過渡區域中耕地、沙地、草地等文化景觀、自然景
觀呈「插花狀」特徵。其實際分界線極其穩定，以「二邊」為界限，墾殖重
心處於「二邊」以南區域；其制度上的分界線存在一個由界石——「二邊」
長城——「大邊」長城——「黑界地」逐漸北移的過程。這種格局產生和發
展的原因是既有的惡劣自然環境下，政府與漢民及漢化蒙古之間相互博弈、
「理性選擇」的結果，是由特有的地理環境決定並受到當時的政治經濟形勢
影響。

明清陝蒙交界地區農墾發展的驅動力：戰亂是制約該地區農業發展的重
要因素，而惡劣的自然環境是農業不興的根源。總體而言，明清陝蒙交界地
區農業的發展對毛烏素沙地向南擴展影響不大，而自然因素可能是明清毛烏
素沙地部份地段向南擴展的決定因素。這一結論證明 500 年來人為活動對沙
漠化的作用相對有限，能夠切實為當前西部大開發提供環境方面的歷史評估。

目　次

上　冊

第二十、二一、二二冊 清代西北回族人口與回族經濟

作者簡介

路偉東，山東肥城人，復旦大學歷史學博士（人口史專業），現為復旦大學中國歷史地理研究所副教授，碩士研究生導師，上海市曙光學者，曾任日本學習院大學客座研究員。國家「十一五」重點社科規劃專案《中華大典》、國家清史纂修工程《人口志》以及復旦──哈佛國際合作專案中國歷史地理信息系統（CHGIS）等專案成員，主持多項國家及省部級項目。主要的研究領域包括中國人口史、歷史地理以及歷史地理信息系統等。著有《清代陝甘人口專題研究》、《晚清西北人口五十年（1861～1911）》，在《近代史研究》、《歷史地理》、《回族研究》、《西北民族研究》、《西南邊疆民族研究》以及《復旦學報》等中文核心刊物發表學術論文 30 餘篇。

提 要

本書是一部人口史研究的學術專著，主要關注清代西北地方回族人口的規模、空間分佈、人口遷移、人口制度以及婚姻制度等人口史研究的核心問題。同時，也從社會、政治、經濟、文化以及法律等不同的側面入手，以增加回族人口史敘事的維度，豐富回族人口史研究的內涵，從而更加立體而全面地展現清代西北回族人口的全貌。

　　本書除緒論、餘論兩部分外，共分爲九章。各章節相關問題，比如清代西北回漢關係，衝突與融合的正反面、武裝化與組織化、歷史上回族婚姻制度從族外婚向族內婚轉變過程中的人口因素與婚姻制度轉變對人口空間分佈的影響、人口峰值規模及其變動、人口變動背景下官方對歷史的書寫、國家對群體歷史記憶的形塑、民間選擇性遺忘下歷史書寫的不同版本以及不同歷史時期西北回族人口遷移的過程、特點與規律等，大都在前人工作的基礎上能夠有所前步。另有個別問題，比如清代回族人口管理制度等，是前人從未眞正關注者。

目　次

上　冊

第二三冊　憲政編查館與晚清法制改革

作者簡介

戴馥鴻，1982 年 8 月生，男，陝西盧縣人，先後讀於西南政法大學和中國政法大學，獲法學學士、法學碩士、法學博士學位，現任教於成都大學法學系，主要研究旨趣在清末憲政改革並法制變遷問題。

提　要

清末法制改革正式開始於光緒二十七年，自光緒三十二年走上了仿行立憲的道路，向東西洋各國尋求新的政治法律制度來改革深陷內憂外患的清政府。憲政編查館是清末仿行立憲期間的權力匯總機構，設立於光緒三十三年七月五日，裁撤於宣統三年五月二十七日，在短暫的存續時間內，該館負責考察憲政、起草憲法、編制法規、統計政要、續訂官制、考核憲政的推行等事宜，成爲清末「憲政之樞紐」。

本文以憲政編查館爲視角，通過憲政編查館設立的背景、原因、地位、職權，以及該機構在清末仿行立憲過程中圍繞立憲和修律所作的工作取得的實績，進而考察清末憲政改革的制度設計。在整個研究過程中，文中首先描述憲政編查館的設立和職權，然後詳細梳理憲政編查館在清末立憲中分別在立憲和修律事宜中的工作實績，最後通過憲政編查館的職權和地位來分析清末立憲過程中的制度，從中分析清末立憲在制度上存在的問題。在方法上，本文將史學的史料分析方法和法學的思辨方法結合起來，尤其是把現代西方憲政的理念和制度借用到對憲政編查館的認識中，從史學的角度分析憲政編查館統率下的清末憲政的實績，從法學的角度認識清末立憲過程中所存在的制度性問題。

論文第一章旨在描述設立憲政編查館的背景。憲政編查館的設立源於清光緒二十七年開始的變法改革，變法改革開始以「採西法以補中法之不足」爲基本思路。然而由於這樣的改革僅僅是既有框架內的小修小補，根本不可能解決清廷面臨的內憂外患，於是清廷派大員出洋考察政治，在考察政治之後決定仿行立憲，設立憲政編查館作爲籌備立憲的樞紐機構。

論文第二章旨在描述憲政編查館的設置沿革、組織機構、人事選任及職權地位。憲政編查館由考察政治館改制而來，最後又在宣統三年的官制改革中被裁撤。在此期間，該館由軍機處王大臣統領館務，選取傳統科舉士子和留洋外洋法政人才，分編制、統計、考核、官報、譯書、庶務、圖書等科局，

負責考察憲政、起草憲法、編制法規、統計政要、考核憲政等事宜，成爲清廷籌備立憲期間的權力樞紐機構。

論文第三章集中討論憲政編查館在清末立憲中的活動。通過派員前往外洋考察憲政，制定《欽定憲法大綱》及議院法選舉法綱領等，確定了「大權統於朝廷」、「君上尊嚴神聖不可侵犯」等基本原則。在這些基本原則下，該館策劃籌備立憲進程並制定籌備立憲清單，根據立憲清單將立憲事宜分派到中央各部院及地方各省按期籌備，並設立考核專科定期考核。在整個過程中，憲政編查館統籌安排，按期核議，使得清末立憲得以在其原則下逐步推行。

論文第四章集中討論憲政編查館在清末修律中的活動。清末修律有兩個階段，第一個階段是「採西法以補中法之不足」的框架內修補，第二個階段是在仿行立憲的前提下，建立新的包括法典、法規、單行法規、部門規章在內的新的體系。第二個階段由憲政編查館負責。根據《憲政編查館辦事章程》，該館負責與憲政有關的一切編制法規事宜，包括修訂法律館起草的各項法典，行政法規，各部院起草的單行法規和部門規章。在整個修律過程中，憲政編查館制定修律辦法，或參與起草，或負責核議，將清末的修律事宜有統有分的集中起來。

論文第五章旨在通過討論憲政編查館與資政院的職權糾紛來分析清末憲政改革的制度性問題。資政院是清末的預備議院，憲政編查館是清末的憲政樞紐。按照憲政的原則，立法權應歸資政院行使，按照清廷的立憲原則，各項大權須集中於朝廷，於是發生了資政院和憲政編查館的職權糾紛，這一糾紛暴露了清末立憲存在的制度性問題。

全文通過憲政編查館來總結清末法制改革的實績，分析清末立憲的制度設計。憲政編查館的設立符合清廷「大權統於朝廷」的要求，在憲政編查館的統領下，清末的改革在具體工作中做出了不少實績；同時由於該機構職權的不斷擴大，違背了立憲的基本原則，暴露了清末立憲存在的制度性問題。

目　次

第二四、二五冊　司馬遷的史學批判與《史記》的建構

作者簡介

　　楊庭懿，臺灣高雄人，一九八六年生。世新大學中文研究所碩士畢業。目前為世新大學中文系兼任講師，曾教授敘事文學、現代文學等課程。

提　要

　　司馬遷著《史記》的重要目的，是為了「述往事，思來者」，所以藉由周公、孔子回顧歷史教訓、借重歷史經驗的思辨模式，確立自己以「論治」為其歷史研究的核心信念。故可說，就司馬遷從事歷史研究的目的而言，乃在回應人們對於「求治」的期盼；就歷史研究的作用來看，則在於尋求「得治」的方法。

　　由於人性是複雜的，為了因應複雜的人性所衍生而出的各種價值認知，

史遷從已往的歷史中，搜羅大量的人事案例，加以歸納分析，讓單一的道德價值觀，能轉化出更多元的面向。同時，複雜的人性也使得社會關係的互動，變得更加詭譎而難以測度，加重了個人生存於其中的困難和心靈負擔上的苦悶，史遷則藉由張良、婁敬等以洞察先機、審時度勢聞名的智者為例，提供人們省思借鑒的方向。

但光說理是不夠的，必須建立在紮實的證據上，方能成為足以說服人心的基石。為使「歷史」不為人所濫用，他立下嚴謹的準則，使「歷史研究」走向專業化。無論是關於史料的蒐集、分類、汰選、整合，以及文本的編纂等等，他都一一顧慮得失、解決疑難。故而五體的設立，和「互見」、「序贊」等不明文的義法條例，都是在他省思、批判前人史學思想和方法之後的結晶。

本論文在司馬遷此種思辨流程的架構下，針對其要旨、精神、方法諸端進行探究，並藉由近代西方史學在方法、理論等方面的成果，以對照司馬遷於著作所展現出來的先見，說明「歷史知識」自有其超乎時空限制、顛撲不破的客觀真理存在，更用以證明《史記》之所以能成為卓犖千古巨著的原因。

目 次

第二六、二七冊　孟子家族文化研究

作者簡介

　　朱松美（1964～），山東省萊州市人，1986年畢業於曲阜師範大學歷史系，獲歷史學學士學位，2004年獲山東大學歷史學碩士學位，現為濟南大學歷史學系教授，主講中國古代史、中國史學史、中國傳統文化、道家智慧與現代社會等課程。學術研究方向：中國哲學、中國傳統文化。發表學術論文五十多篇，出版論著四部；主持國家哲學社會科學基金、國家教育部哲學社會科學基金、省社科規劃基金等項目多項；研究成果獲省社科、省高校、濟南市社科聯等多項獎勵。

提　要

　　家族文化是中國文化的重要體現，而孟子家族文化又是中國家族文化的獨特支脈。因而，孟子家族文化是探索中國家族文化，進而深刻把握其文化特質的重要而獨特的視角和切入點。那麼，與中國其他家族文化相比，孟子家族文化又究竟有著怎樣的獨特性？它是如何以特有的方式體現中國家族文化的？它作為儒家文化的微觀體現，又與儒家文化保持著怎樣的一致性？作為中國家族與政治文化的結合物，孟子家族的興衰又是如何反映著國家政治脈搏的律動？對這一系列問題的追問成就了本研究的核心主題及其研究路徑。

　　作為中國家族文化的重要分支，孟子家族文化是中國家族倫理與中國政治相契相融的典型產物。說它典型，是因為它與其他普通的民間家族文化相比，因為同出於中國血緣文化的大背景而具有同質性，又因為儒家文化在中國政治文化中扮演的特殊角色而具有異質性。這一點，從孟府的崛起歷程及其獨特的府、衙合一的府邸結構與功能清晰地體現出來。

　　本書用全景式視角，從家族前文化考述、政治變遷與家族崛起、府廟林墓建設、族務管理、對外交往、家學教育六大部分，展示了孟子家族的興衰源流及其與儒家文化乃至中國文化的互融關係，對於在文化梳理、文化繼承基礎上實現文化創新將提供有益啟示。

目　次

第二八、二九冊　明清即墨藍氏家族文化研究

作者簡介

　　張華清，男，漢族，1978 年生於山東省棗莊市。文學博士，歷史學博士後，現爲山東工藝美術學院服裝學院辦公室主任。研究領域爲社會史、古代漢語、古典文獻及傳統文化等。主持教育部人文社會科學研究青年基金項目一項、山東省社科聯項目一項；獨立完成 2011～2020 國家古籍整理出版規劃項目子課題一項；參與國家重大招標課題一項、山東省社科項目一項、山東省宣傳部課題一項。出版《國語譯注》一部（2014），編寫《古代漢語》學習輔導與習題集一部（2006）；在《孔子研究》、《管子研究》等核心期刊發表文章十餘篇。

提　要

　　即墨藍氏家族，是明清時期山東地區發跡較早、延續時間較長、文化成就突出的文化世家之一。在長期的發展過程中，一方面，該家族在自身建設、子弟教育、科舉仕宦、文學創作諸多方面都取得了輝煌成就，形成了豐富的家族文化成果。另一方面，該家族在抵禦外來入侵，維護地方穩定，賑濟貧困鄉鄰，推動地方發展等方面均作出了突出貢獻，成爲明清時期即墨地區五大家族之一。

　　但是，由於家族自身及社會歷史等原因，藍氏家族的盛名掩而不彰，家族優秀文化成果沒有得到系統整理和有效地應用，相關家族文獻多收藏在藍氏族人手中，散佚破損情況十分嚴重。目前，雖有藍氏家族後人及即墨地方文化工作者著手整理刻印與初步研究，但成果較少，質量不高。

有鑑於此，本書對即墨藍氏家族文化進行專題研究。一方面，追溯藍氏家族的祖籍及起源，系統梳理藍氏家族的發展脈絡和軌跡；深入分析家族經濟、家族教育、家族婚姻、家族交遊及區域文化等因素在藍氏家族發展中所起到的重要作用；全面總結藍氏家族興衰成敗的歷史原因及家族管理維繫方面的成功經驗。另一方面，系統整理藍氏家族在家族文化方面的建樹和成就，挖掘藍氏家族文化精髓，為當代社會文化建設與社會發展提供有益借鑒。

目　次

第三十、三一冊　郭店楚墓竹簡《老子》書法研究

作者簡介

蕭順杰，1963 出生於臺灣南投縣

學歷：2008 年暨 2014 年就讀國立臺灣藝術大學書畫藝術學系碩士、博士班。

經歷：現任彰化縣文化局藝文研習書法、篆刻教師、國立中興大學書法社篆刻教師；歷任全國性書法比賽評審等。

獲獎：

書法類：曾獲桃城美展——丁奇獎、玉山美展首獎、桃源美展書畫部第一名、新莊美展、桃源美展、公教美展、行天宮全國書法比賽創意組等第一名。

篆刻類：曾獲全省美展、明宗獎優選、礦溪美展佳作、全國美展、大墩美展入選等。

提　要

1993 年於湖北省荊門市郭店村所挖掘出戰國中晚期的郭店楚墓竹簡，其文字不同於馬王堆出土的帛書《老子》爲接近成熟定型的漢隸書體，書法字體優美典雅、秀麗婉約，頗具六國古文典型楚系文字的特性，就書法史而論，它不同於鐘鼎金石碑刻文字，爲眞實的書寫墨跡，更能忠實反映當時書寫的眞實面。因此，最古老版本《老子》之書法藝術，在當時的書法狀況及字形演化狀況頗有探究價值。本文並以郭店楚簡《老子》文字之書法風格構成爲研究主題，透過古代書學理論、文字造形及視覺效果深入探討分析其書法特色與美感原理。

郭店楚簡《老子》書法之用筆並無固定模式，主要特徵之一是參雜著正、

側鋒用筆，其筆畫起筆十分強而有力，且行筆速度快而氣勢強勁。那種強勢而又帶有率意流美的風格中，共通的特性是在同一個筆畫內的粗細對比變化至巨，某些筆畫也見狀似蝌蚪的線性表現，可謂「用筆多方」。其用筆表現大致可歸納為側、折、轉、迴、中、頓、拖甩、橫波和隸書「雁尾」波磔等筆法；筆畫線質時見貫通楷意的永字八法「側、勒、努、趯、策、掠、啄、磔」及斜鈎等筆法特性，同時兼具表現有起、止筆相呼應、筆畫間相映帶鈎連、筆斷意連的行、草書特質，且向、背、順、逆各種筆勢表現兼具，單字結字的筆畫及部件大小、寬窄、疏密、位置、斜正及誇張等體勢，變化甚極而豐富。

郭店楚簡《老子》書法的字形體勢以縱長者居多，橫向取勢的結字亦甚多見，其間亦有方正字形，在每字獨立的篆書中，其篇幅章法字形有大小、疏密、長短，線條有粗細、輕重，墨色潤燥相參，字態敧側多姿、饒富變化，呈現字距不等、各列不對齊，布字排列參差錯落如眾星羅列，極為自然。而上下的字勢左右擺蕩其中軸線可以行氣連貫多者達七、八字，少者單字或二、三字，行氣脈絡有節奏性的變化。

竹簡《老子》的文字屬於戰國古文，在其時代大量使用許多通假字、古今字、異體字，且文字亦有省變或訛變等字形狀況，誠然其書法充滿著濃郁的南方地域特色，但緣於其文字構形承襲自殷周，許多字形仍保留與殷周相同，與其他四系文字構形亦有異有同，儘管如此，亦難掩其強烈的楚系文字特性，許多文字更為其所獨有，例如其中的「弗、歲」二字，獨異的造形更是其他四系所少見。

目　次

上　冊

第三二、三三冊　唐代楷書之二篆系統

作者簡介

郭伯佾，臺灣省臺南市人，一九五五年生。中國文化大學新聞系學士、藝術研究所碩士、史學研究所博士；主要研究領域為：文字學與書法藝術、中國文化史、臺灣文化史、臺灣原住民文化藝術，以及閩南語與鄉土文化等。現為實踐大學高雄校區博雅學部專任副教授、高雄市旗美區社區大學「書法藝術」課程講師。曾任國立臺灣美術館書法類典藏委員等職。

主要著作有：《新聞標題之研究》、《漢碑隸書的文字構成》、《漢代草書的產生》，並有學術論文：〈標準草書的實用價值〉、〈從文字學的觀點談「帖寫」〉、〈董作賓的甲骨文書法〉、〈漢代簡牘中的疑似字〉、〈行書的起源及其特質〉、〈「草書」借為「糙書」說〉、〈書法作品中的三種符號〉、〈試論書聖王羲之之學古與創新〉、〈現行楷書之二篆淵源〉、〈書法藝術中的文字學〉、〈連杯的文化意義與藝術表現〉、〈臺灣原住民神話與傳說中的百步蛇〉、〈漢代隸書之二篆系統〉、〈排灣族工藝作品中的神話元素之運用──以日生創世之太陽、陶壺、百步蛇為例〉等五十餘篇。

教學、研究之餘，從事書法與陶藝創作，力圖將書法與文字學、思想、文學加以結合，曾舉辦：書法與陶藝個展、師生書法展，並參加由日本與中國大陸舉辦的國際書法展；二件書法作品被河南省宋慶齡基金會收藏。

提　要

本書探討唐代楷書二篆系統之相關問題。除前言與結論外，另有五章。

「前言」，自唐代楷書之異體字導入字形淵源之二篆系統。

第一章「二篆與二篆系統」，界定「大篆」與「小篆」所指謂之內涵，並提出二篆系統判別之準據，再依此諸準據，舉例說明中國各種書體之二篆系統。

第二章「楷書之產生」，解釋楷書各種名稱之涵義，次舉例說明楷書之書法淵源，再根據傳世書跡，敘述楷書自萌生至定型之歷程。

第三章「楷書在唐代之流行盛況」，根據眾多的楷書書家、大量楷書書跡以及浩繁的楷書書論，呈現楷書在唐代盛行之景況。

第四章「唐代楷書與先前楷書字形系統之比較」，分別自唐代之前專行大篆系統、唐代之前專行小篆系統以及唐代之前兼行二篆系統三方面，根據實例，比較唐代楷書與先前楷書在二篆系統上之差異，顯示唐代楷書中屬於小篆系統之字數有大量增加之趨勢。

第五章「唐代楷書小篆系統激增之原因與影響」，再次確定唐代楷書小篆系統激增之事實，並探討唐代楷書小篆系統激增之時代背景以及促成唐代楷書小篆系統激增之關鍵人物顏真卿，最後再分別從宋元明清與現代兩階段，闡述唐代楷書小篆系統激增對於後世之影響。

「結論」，綜合以上之討論，得出二十項結論，總之，本書主要是從文字構成之角度，將唐代楷書分為大篆系統與小篆系統二種類型；而其中小篆系統之數量，較之魏晉南北朝以及隋代之楷書，有大量增加之現象——此種小篆系統增多的情形，在五代迄今之楷書中，仍然持續進行著。

目　次

上　冊

第三四、三五冊　唐宋時期對王羲之書法的理解與詮釋

作者簡介

洪文雄，國立中興大學文學博士。先後隨任容清、陳澤群、陳欽忠諸先生學習書法。書法作品曾獲台灣區學生美展書法類第一名、中部美展第一名等。著有《靜寄東軒──洪文雄書法集》及〈唐宋時期對王羲之書法的理解與詮釋〉、〈唐人楷書的文化意涵〉、〈論中國歷代對孫過庭〈書譜〉的評價與詮釋〉等撰述二十餘篇。曾任國立臺中教育大學語文教育學系兼任助理教授、

岳陽樓書學會會長、臺灣書法學會秘書長。現爲國立空中大學兼任助理教授、臺灣書法學會副理事長。現職爲霧峰國小教師。

提　要

　　王羲之（303～361）能成爲中國書法史上最具影響力的人物，實因唐太宗尊奉之緣故，自茲以降，王羲之書法體系幾乎籠罩了整個中國書法史，直到碑學興起才能差與之抗衡。本文考索唐宋兩個時期對於王羲之書法的理解與詮釋，立論的角度是立基於當時期，以同情的態度發掘當時人們對王羲之書法的理解與詮釋，包括整體觀照與個別現象的探討。中國書法史上以爲「唐尚法，宋尚意」，如果從這個觀點來看，則兩個朝代的書風：「唐尚法」與「宋尚意」都可劃分爲興起、盛大、衰落、消退等階段。唐朝對於王羲之書法的規範化從唐太宗廣蒐王羲之書法開始，再由虞世南、歐陽詢、褚遂良等王官大臣完成法式，透過蒐羅、教育、官祿等方式使唐代書法得以統一在王羲之書法的規範之下。但王羲之書法本身變化的特質並非規矩所能拘束，唐代崇尚書法，在題壁與揮毫表演的文化要求之下，王羲之書法產生質變，甚至可以說遭到揚棄，乃如韓愈所說：「羲之俗書趁姿媚」，於是唐代書風產生變革，而謹守王羲之規範的仍有，但落入院體一流，是王羲之書法通俗化的表徵。

　　宋代由蘇軾、黃庭堅、米芾三人展開尚意書風，雖然宋太宗也仿效唐太宗蒐羅天下書法而刊刻《淳化閣帖》，但時空背景不同，法帖之影響有限，甚至遭致書法大家批評。尚意書風重視筆墨情趣，書寫大字更有表現性，宋初三大家各在王羲之書法上加入新的元素：蘇軾綜合顏真卿與王羲之系統、黃庭堅融入〈瘞鶴銘〉筆意、米芾則參酌八分書筆法，三家對於難以展大之山陰斐几小字成功轉化。北宋諸家對於《淳化閣帖》多所批評，但對於〈蘭亭序〉卻一致瞻仰，乃至於一再傳刻，在注重己意的時代風氣之下，鑽研〈蘭亭序〉進而書法創作的成就有限，更多的是收藏題跋、探討版本、想見流風等等文化現象，南宋時更變本加厲，成爲當時熱門之文化議題之一。若王羲之書法爲一條長繩，可見唐太宗時將之拉直挺立，而太宗歿後，逐漸擺盪至唐末，北宋尚意書風則加入新的元素，兩個朝代的之書法文化型態不同。

目　次

上　冊

第三六冊　蘇軾士人畫論的產生與影響

作者簡介

　　麥滿堂，原籍廣東新會，生於香港。香港中文大學工商管理學士，主修會計。英國特許公認會計師及香港會計師公會資深會員，現職會計師。

　　北京大學中國古代文學碩士，師從周先愼教授研究秦觀詞。北京師範大學中國古代文學博士，師從趙仁珪教授研究蘇軾文藝理論。酷愛中國文化及藝術，研習書法國畫數十年，多次參與國內外書畫展覽，並設帳授徒。

提　要

　　本文對蘇軾的題畫詩及題畫作品作全面分析，配合蘇軾的繪畫和一般文藝理論的研究，理順他從前期稍爲偏重繪畫技巧的畫論，演變到後期以個人修養爲主的「士人畫」論的演化過程。

　　蘇軾年青時提出「尊王抑吳」的說法，對專業畫工的純技藝性表現，與文人繪畫能表達畫外之意，已有初步的看法。蘇軾從不同角度探討詩歌與繪畫關係的論述，最後達至「詩畫一律」這個綱領，將詩歌與文學的審美原則引用到繪畫上面。文同「寓道於竹」，讓蘇軾從中領會「技」與「道」的關係。

　　然後本文重組蘇軾的「士人畫」概念，論證蘇軾在不同場合提出看似零碎的畫論，與他的「士人畫」論存在的關係，以及這些畫論與他的文學理論的關連。文章又追溯蘇軾提出「士入畫」論的緣起，以至「士人畫」論在南宋的影響。然後，文章研究「士人畫」在元明兩朝由論述進入實踐，以及由此引起繪畫風格和功能的轉變。最後，文章探討蘇軾「士人畫」論在元明兩朝的演化。

　　本文的結論是：蘇軾看似零碎的畫論，其實都可歸結在他的「士人畫」論之下，「士人畫」論的綱領是「詩畫一律」，因爲繪畫和詩歌或更廣義的文學的共通性，使兩者有可以共用的技法和審美要求，其貢獻是將繪畫的地位和層次提高。本文並歸納了蘇軾「士人畫」論對後世繪畫的影響。

目　次

第三七冊　撕裂的兩極：祝允明的人生與書法

作者簡介

　　閆繼翔，男，1986 年生，河南平輿人。2009 年畢業於江南大學漢語言文學專業，師從央視百家講壇名師姚淦銘先生，獲文學學士學位；2009 至 2016 年就讀於首都師範大學中國書法文化研究院，師從歐陽中石先生、解小青教授，獲書法碩士、博士學位。現為清華大學藝術史論博士後，合作導師為陳

池瑜教授。2015 年獲批中國書法家協會會員，書法作品被北京市政府、中國傳媒大學等機構收藏。先後在《中國書法》、《光明日報》、《美術觀察》等期刊發表書學理論文章十餘篇，論文《再議上博本〈游包山集〉》入選「首屆陸維釗書學研討會」。

提　要

　　祝允明生活在明代行草書風轉折時期，他明確意識到明初以來行草書發展的誤區，遂以極大的功力廣泛深入古人，最終創出自己的書法風格，把元末明初的行草發展推上嶄新高度，鑄就了明代書法史上的第一個高峰。

　　祝允明出身高貴，其祖父祝顥、外祖父徐有貞皆是當世名公。祝允明十三歲時，外祖父去世，徐氏對其科考應試、書學道路等各方面的指導中斷，祝氏的生活命運、人生遭際也就此開始發生改變。

　　屢試不第及漫長的科考道路，使祝允明性格發生徹底變化，他從一個開朗、陽光的官宦子弟蛻變成失落、鬱悶的窮酸文人，其人格被無情地撕裂爲兩極，一面是眾人的殷切期盼，另一面則是冰冷的現實。在這個蛻變過程中，祝允明只得尋求各種各樣的排遣方式，所有這些無不自然而然地投射到其書法中來，與其書法風格發展脈絡相表裏。

　　受家學影響，「入古」一直是祝允明謹守的法則。從書體上看，祝允明涉獵廣泛，尤擅楷書、行書、草書；從風格上看，他遍臨晉唐宋元諸家，對鍾繇、二王、歐陽詢、褚遂良、虞世南、顏眞卿、張旭、懷素、李懷琳、米芾、蘇軾、黃庭堅、蔡襄、趙孟頫等人皆有臨仿之作；從幅式上看，其作品以長卷爲主，立軸、扇面作品也不少。值得一提的是，祝允明還書寫了相當數量的雜書卷。

　　祝允明第一次從根本上打破元末明初被趙孟頫籠罩的行草書風，這也是王澍等人爲何屢屢強調祝允明書法是趙孟頫以後書學又一次發生改變的原因。祝允明以其「入古出新」的書法實踐證明了「奴書說」之謬，他對前人的學習「拿得起」又「放得下」，總能較準地把握其神髓，並蓄於筆端，運用到自己的具體實踐當中。然而，祝允明對待書法的態度卻是平淡的，他無意於以此成就自己的人生，也無意於與同時期及書史上的書家「較名」，更無意於安排自己的「身後」之名。從其流傳下來的作品可以看出：大量的作品爲酒宴之後應朋友索書而作，這些作品多是順手寫出，一氣呵成，根本無暇計較工拙。祝允明的書作雖然數量多，但總體比較蕪雜，再加上一些贗品的存

在，確實拉低了他的實際書寫水準。但即使從那些為數不多的精品之作來看，祝允明仍不失為書史上的一流書家。

目　次

第三八冊、三九冊　徐渭書法研究

作者簡介

　　賈硯農，中國書法家協會會員，南京藝術學院書法碩士、博士，蘇州大

學博士後，淮陰師範學院美術學院書法系主任、副教授，淮安開明書畫院副院長。研究方向：中國書法史論與書畫鑒定。主持《徐渭書畫研究》、《明代蘇州地區書畫作偽研究》課題，在《中國書法》、《美術與設計》（南京藝術學院學報）、《國畫家》、《藝術百家》、《收藏家》、《收藏》、《榮寶齋》等報刊發表論文多篇。曾參加青藤白陽書畫學術研討會、明清書法史國際學術研討會、全國第八、九屆書學研討會等。

提 要

本文對徐渭書法及繪畫接受史進行研究，揭櫫其名望由其生前名不出鄉黨，到其身後雄踞大寫意花鳥畫家榜首地位發生歷變的過程。其書法與繪畫接受過程大致歷經了四個階段：一、生前僅得鄉黨的稱許；二、離世 50 年裡，從少有問津到緩步邁入畫史；三、離世 50 年後到 100 年裡，逐步被追認為書法與繪畫並絕之名家，為畫壇所取法，畫作入編畫譜；四、離世 100 年後，與陳淳並稱為「青藤白陽」，作為寫意經典，進入名聲的鼎盛時期，奠定了他在中國繪畫史上舉足輕重的地位。對徐渭書法與繪畫名望如何發展演變的問題罕見深究者，本文考察其書法與繪畫獨特的接受與名聲演化過程，對於合理解讀徐渭人生及其書畫藝術的影響，頗具啟發意義。

徐渭生前與離世之初書畫聲名微茫，故作品留存量稀少，筆者疏理徐渭書法與繪畫接受過程時發現，在其名聲鵲起之後，出現大量冒騙者，其數量遠遠高出留存真跡總量，以至贗託者的風格替代了後人對徐渭本真書畫風格的認識。而書法風格的「影蔽」問題尤為突出，本文用了較重的筆墨對其書法風格問題進行考辨，以期能呈顯其原本真相，並解釋長期以來對其書畫倍感疑惑的諸多問題，為其在書畫史中準確定位，使之獲得恰如其分的歷史聲望。亦希冀借本文呼籲研究者，能對古代書畫史研究中的書畫風格「影蔽」問題引起足夠的重視。

目 次

上 冊

伊犁河流域史前遺存發現研究

李溯源　著

作者簡介

　　李溯源，1993 年畢業於西北大學考古學專業，2013 年畢業於南京大學考古學及博物館學專業，長期在新疆伊犁工作，曾擔任伊犁州文物局副局長兼博物館館長等職，現供職於河南大學，副教授，歷史學博士。

　　主要從事夏商周考古、中西文化交流考古研究，參加和主持考古發掘項目 20 餘項，主持國家社科基金項目 1 項，參加教育部項目 3 項、世界綠色基金組織項目 1 項，獨立和合作在《文物》、《考古與文物》、《西域研究》、《地理學報》等學術期刊上發表論文 20 餘篇。

提　　要

　　本書內容分爲上、下兩篇。上篇，通過對窮科克下層遺存類型遺址、大西溝類型墓葬和伊犁河谷出土、採集的青銅器進行分類整理，將伊犁河谷青銅時代考古學文化劃分爲早、中、晚三個階段。研究表明：伊犁河谷青銅時代文化是一個單一的、有序發展的文化群體，屬於安德羅諾沃文化的一個組成部份，社會組織結構鬆散，經濟以農業和畜牧業兼營。伊犁河谷安德羅諾沃文化類型的發展是一個複雜的過程，尤其是源流問題並非一些學者研究那樣屬於形成於烏拉爾地區向東擴張的結果。窮科克遺址第三層所出陶器多以黑陶和灰陶爲主，陶器紋飾在七河地區不見。而中、晚期陶器在安德羅諾沃文化中較爲常見。另外，湯巴勒薩伊墓地和闊克蘇西 2 號墓地出土的十幾件陶器，均爲折肩的平底器和圈足器。平底缸型器是安德羅諾沃文化中常見的陶器，但這兩個墓地和窮科克遺址類型出土的平底罐多爲折肩或折腹，而七河地區和下阪地平底罐多爲弧腹罐。圈足器在其他地區安德羅諾沃文化中很少見到。通過與周邊文化對比，這種黑色（灰色）、折肩（折腹）和圈足陶器在中亞兩河流域和黑海沿岸青銅時代文化中較爲流行，很可能是受西南地區文化的影響。這就爲我們的研究提供另外一種啓示，安德羅諾沃文化的最初形成，不僅僅只是從烏拉爾地區，另一個途徑很可能是從黑海沿岸經中亞兩河流域直接到達了天山西部和七河地區向外擴散，經過在這裡駐足後向西和向北發展，直到米努辛斯克盆地。這也正驗證了蘇聯考古學家吉謝列夫提出的安德羅諾沃文化可能源自天山地區、七河地區和帕米爾等地的推論。

　　下篇，通過對伊犁河谷早期鐵器時代考古發掘材料的整理和研究，確立了窮科克、索墩布拉克和葉什克列克三種類型墓地文化，研究結果表明：三種類型墓地文化同屬於一個考古學文化，即索墩布拉克文化的不同發展時期。伊犁河谷早期鐵器時代，經歷了將近 800 年的發展，始終保持著相同的、持續發展的文化特徵，三種不同類型墓葬文化類型僅僅是同一文化發展過程中不同階段的反映。索墩布拉克文化可分爲三期：一期，窮科克類型墓地——文化形成期。彩陶文化較爲發達，分佈範圍較小；二期，索頓布拉克類型墓地——文化發展和鼎盛期，彩陶比例下降，出現貧富差距，分佈範圍擴大到整個伊犁河谷和周邊地區；三期，葉什克列克類型墓地——文化衰落期，墓葬文化中明顯出現其他外來文化因素，分佈範圍大大縮減。亦即歷史記載伊犁河谷發生重大歷史演變時期，世居伊犁河谷的塞克被東來的大月氏和烏孫所取代，一部份殘留的塞克人被新來的文化所融合，最終走向消亡。同時，文中對塞克文化不同發展階段社會結構、經濟形式、文化源流等分別進行了嘗試性的探討。

序

水濤

　　李溯源先生的博士論文《新疆伊犁河谷史前考古學文化研究》就要正式出版了，可喜可賀。作者讓我爲這部書寫個序，我也覺得自己責無旁貸，畢竟，作爲他的博士導師，我見證了李溯源先生寫作這部著作時所付出的心血和汗水。另一方面，新疆青銅時代考古，是我多年關注的研究領域，我也願意藉此機會談點自己的看法和讀書心得，希望能夠幫助讀者更好的理解本書的主要觀點和學術意義。

　　新疆位於中國的西部邊陲，伊犁河又位於新疆的西北部邊境，河谷的上游地區是新疆的伊犁哈薩克自治州，河谷的中下游位於哈薩克斯坦共和國境內。歷史上，絲綢之路的一條主要通道正是通過伊犁河谷地帶溝通了中國與中亞及西亞地區的古代交通和貿易。因此，對於伊犁河流域史前考古學文化的研究具有重要的學術前沿意義。

　　關於伊犁河谷地區的早期歷史，文獻雖有記載，但多數僅局限在公元前500年以後的時代，而對於更早階段的青銅時代，只能寄希望於考古發現。按照李溯源先生的研究，這個地區的考古工作大致經歷了起步、停滯和發展三個階段，直到20世紀的90年代，特別是2000年以來，才有了許多重要的發現，這些考古發現和相關的研究工作，使我們對於伊犁河谷地區的早期歷史發展演變軌跡進行更深入的研究有了一定的基礎和可能性。

　　窮克科遺址的發掘和對其下層遺存的區分與確認，具有重要的學術意義，這是該地區第一次在考古地層學上證明了青銅時代遺存的實際存在。因此，在本書中，李溯源先生對於伊犁河谷地區青銅時代的研究也即是從分析窮克科遺址下層堆積入手的。後來，這一地區又陸續發現了湯巴勒薩伊墓地

等多處同時代的遺存，顯示出伊犁河谷地區青銅時代的安德羅諾沃文化遺存具有廣泛的分佈範圍，和不盡相同的地域文化特色。

關於「阿尕爾森」類型的青銅器，以往的學者多有研究，在綜合比較的基礎上，李溯源先生將其定性爲安德羅諾沃文化的窮克科下層類型，或者叫窮克科下層文化時期，這應該是一個比較可靠的研究結論。

進入早期鐵器時代，伊犁河谷地區也有許多重要的考古發現，其中，最典型的就是索墩布拉克文化的遺存，本書的下半部份對這一文化有比較詳盡的討論和分析，同時也包括了在本地區曾經大量發現的銅鍑資料。

在本書中，作者嘗試性的討論了關於索墩布拉克文化的族屬問題，把它與歷史上的塞種人群進行了比較和推定，認爲他們就是文獻中記載的，自公元前九世紀以來活動於伊犁河流域的塞克，這應該是可以信從的一種認識。但是，關於塞種活動範圍的傳說很多，其中的支系也不僅僅限於某幾支人群，況且，漢代以前，伊犁地區還有關於烏孫活動的記載，因此，古代族屬的認定從來不是一個簡單的時空關係對應就可以解決的問題，需要做更多的深入研究。

李溯源先生大學本科自西北大學考古專業畢業以後，就被分配到新疆伊犁地區從事考古工作，在近 20 年的時間裏，足跡跑遍了伊犁地區的各個角落，也從此與伊犁地區的史前考古學文化研究結下了深深的情緣。這本著作，是他在伊犁地區多年考古工作的心得，顯示出了他對於該地區青銅時代考古學文化研究的深入思考。當然，受到自身學識的限制，他的思考也還有許多不夠全面的地方，如對於境外考古發現的材料瞭解不夠，認識也還缺乏深度，這些短板也是中國學術界多年來缺乏對於外國考古學的關注和介紹所造成的時代局限性。

近年來，隨著中國提出「一帶一路」的發展戰略，中國的學術界有機會來認識和實際接觸外國考古，許多高校和研究機構開始了走出國門的外國考古實踐。這使得我們可以重新審視中亞考古和絲綢之路考古的學術意義，也使我們有可能最終會對伊犁河全流域的史前考古學文化體系有更深入的理解和認識。在這個過程中，李溯源先生的這部著作，可以作爲一個伊犁河谷史前考古的入門導讀文獻，但願能對那些立志從事早期絲綢之路考古研究的後來者有所幫助，是爲序。

2017 年 1 月 10 日於南京

目

次

圖表目錄

緒　論

　　伊犁河谷位於新疆西部，其行政區劃包括伊犁哈薩克自治州州直 8 縣 1
市，即伊寧縣、霍城縣、察布查爾縣、尼勒克縣、鞏留縣、新源縣、特克斯
縣、昭蘇縣和伊寧市，總面積 5.76 萬平方公里。這裡雖然深處亞歐大陸腹地，
但因地理環境特殊，氣候相對溫暖濕潤。同時，它在地理上與天山西部、帕
米爾高原西部以及阿爾泰山西南部前山地帶形成一個統一的獨立的地理氣
候單元。從衛星圖上可以明顯看出，這裡在地形、地勢、氣候、植被等方面
具有一致性，構成一個大的、相對獨立的天然經濟區（圖一）。從考古學文
化角度觀察，這些地區在人類文明發展進程上也有著相同的軌跡。

　　伊犁河谷西面，與哈薩克斯坦共和國七河地區（謝米里契）[註1] 相連，
毗鄰廣闊的哈薩克丘陵；北面，沿天山、塔爾巴合台山和阿爾泰山西段山前
地帶可通南西伯利亞地區的米努辛斯克盆地；東北面，翻越低山隨處可以到
達準噶爾盆地，通往阿爾泰山和蒙古大草原；東面，南北天山交匯，雖然山
勢高峻，但亦有多條通道通出；西南面，與伊塞克湖周邊地區、天山山前地
帶、帕米爾高原以及費爾干納盆地相通，沿中亞著名的兩大河流阿姆河和錫
爾河直通黑海和地中海沿岸；南面，有多條通道翻越天山與塔里木盆地相
接，沿天山南坡綠洲帶可以通向東疆地區與河西走廊相連；其地東聯西出，
自古以來一直是東西方文明、草原文化和農業文化的交匯地帶，因此在考古
學研究方面佔據相當重要的位置。

〔註 1〕指伊犁河、喀拉塔爾河、比延河、阿克蘇河、列普薩河、巴斯坎河和薩爾坎
　　　　德河等，共同匯入巴爾喀什湖的河流流經地區。

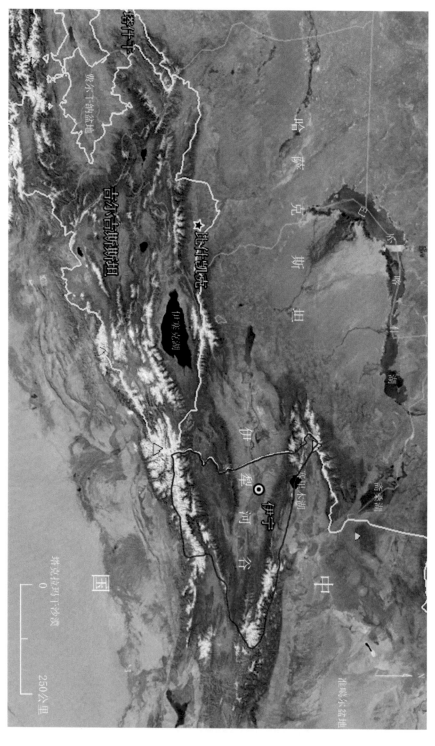

圖一　伊犁河谷及周邊地形圖

一、自然環境

　　伊犁河是亞洲中部的一條知名的國際內陸河流，流域面積介於北緯42°14'16"～44°50'30"，東經 80°09'42"～84°56'50"之間，該河上游主流特克斯河（長 258 公里，流域面積 2.3 萬平方公里，年經流量 80 億立方米）發源於哈薩克斯坦共和國境內天山西部主峰汗騰格里峰北坡，向東流入中國新疆西部的伊犁哈薩克自治州，在東經 82°折向北流穿過喀德明山，與源自天山山脈的鞏乃斯河（全長 220 公里，流域面積 4123 平方公里，年平均徑流量 22.9 億立方米）交匯，向北在伊寧縣墩麻紮附近與源自天山山脈依連哈比爾尕山西北麓的喀什河（長 304 公里，流域面積 8656 平方公里，年均徑流量 32.1 億立方米）匯合後稱伊犁河。伊犁河向西流經中哈邊界，最後注入巴爾喀什湖。從源頭汗騰格里峰北坡到伊犁河雅馬渡爲上游，雅馬渡到哈薩克斯坦的伊犁村（卡普恰蓋水庫）爲中游，伊犁村到巴爾喀什湖爲下游，全長 1236.5 公里，流域面積 15.12 萬平方公里。中國境內河段長 442 公里，流域面積 5.76 萬平方公里（圖二）。伊犁河谷主要指中游地區和上游三大支流地區，這裡多爲河谷和山間盆地。

圖二　伊犁河流域水系圖

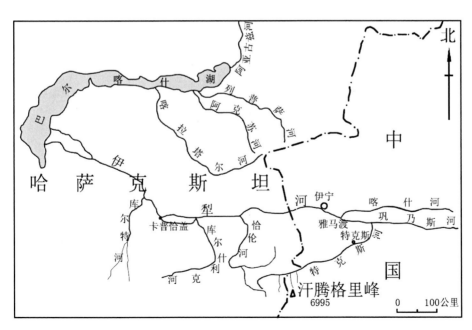

　　天山自中部向西分爲三個支脈，南北兩條支脈分別向西南和西北兩個方向延伸，形成一個三角形谷地。伊犁河谷北有北西—東南走向的科古琴山、婆羅科努山和依連哈比爾朵山等組成的北天山，南有北東—南西走向的哈爾克他烏、那拉提等山組成的南天山，中有東西走向的阿吾拉勒山。三列山系向東輻合於伊連哈比爾朵山東端，形成地勢東南高、西北低，向西開口的「喇叭」形地貌，地質構造斷塊分異運動形成了「三山夾兩谷」的地貌格局。

　　伊犁河谷雖地處亞歐大陸腹地，但由於東、北、南三面環山，向西開敞，北天山阻隔了西伯利亞南下的寒流，南天山又擋住了塔克拉瑪干沙漠北上的熱浪乾風，向西呈喇叭狀敞開的谷地，受地形抬升影響形成優越的暖濕環境。由於逆溫和地形阻隔作用，年平均氣溫爲 2.60°C~10.40°C，冬季不像其他地區那樣嚴寒〔註2〕，秋季溫度變化與北疆相似〔註3〕，區內溫差較小（參見表一）。谷地的年均溫自東向西逐漸升高，而年均降水量逐漸減少，且雨熱不同期。該區現代氣候既不同於水熱同期的東部季風區，又有別於多雨型地中海地區，形成了特殊的相對暖濕環境，成爲歐亞大陸腹地乾旱荒漠區中一個「瀚海濕島」。同時，天山上的永久性冰川和常年積雪，也爲伊犁河的水源提供了大量的補給。伊犁河年徑流量達 130 億 m³，占新疆全年徑流量的 1／5，也是中亞地區較大的內陸河之一。

表一　伊犁河谷年平均水熱條件差異統計表〔註4〕

項　　目	伊寧市	伊寧縣	察縣	霍城縣	鞏留縣	新源縣	昭蘇縣	特克斯縣	尼勒克縣
氣溫／°C	9.3	9.6	8.8	9.5	7.9	9.1	3.5	6.1	6.6
降水／mm	353.6	416.1	262.2	376.1	353	596	627.4	448.8	337.4
日照時數／h	2882.4	2845.9	2953.9	3003.5	2614.2	2763	2615.4	2589	2605.8
無霜期／d	177	191	169	189	169	184	118	152	136

　　伊犁河谷東部地處我國新疆西部，河谷西部則位於哈薩克斯坦共和國境內，伊犁河自東向西貫穿整個谷地，河流下游分佈著大面積荒漠。伊犁河谷

〔註2〕葉瑋：《新疆伊犁地區自然環境特點與黃上形成條件》，《乾旱區地理》1999.22（3）：9～16。

〔註3〕袁玉江、葉瑋：《新疆伊犁地區近 40 年來的乾濕變化》，《乾旱區地理》1999.22（41）：1～7。

〔註4〕艾南山：《伊犁盆地的水系與新疆構造應力場的關係》，《新疆地理》1984 年（1）：28～34。

黃土分佈廣泛〔註5〕，呈條帶狀，主要分佈於各級河流階地、低山丘陵區、山麓地帶，厚度從數米到近百米不等〔註6〕。地帶性土壤主要為灰鈣土、栗鈣土和黑鈣土。黃土是一個伴隨著人類腳步而形成的地質體〔註7〕，對於研究人類文明的起源與發展有著極其重要的意義。

伊犁河谷地表植被主要為荒漠草原、乾草原和草原，谷底河流兩岸有大面積的原始次生林、沼澤植物，背陰和山溝半山地帶大量分佈著各類喬木和灌木叢林，高山帶有連綿不斷的雪嶺雲杉。伊犁河谷適宜多種農作物的栽培種植，是新疆的重要產糧區和經濟作物區，有「新疆糧倉」之稱。伊犁河谷是新疆主要的林區，既有茂密的原始森林，山地及河谷樹木繁茂，種類很多，是野生植物的種質基因庫。在伊犁的高山峻嶺、森林、草原、河流、湖沼棲息著種類繁多的野生動物。

伊犁河谷礦藏資源豐富，已探明的礦產資源有 63 種，潛在經濟價值大於 35 億元的有 20 個礦種，其中煤、鐵、金、銅、銀、鉛、鈾、鎳、水晶、石英等很有優勢。

二、歷史背景和文物資源

伊犁河谷地區歷史悠久，文物資源豐富。考古發現表明，早在石器時代這裡就已經有了人類活動，青銅時代以後人類活動更為頻繁，文化遺存逐漸豐富。

舊石器時代遺存，2010 年新疆文物考古研究所在鞏留縣山口墓地發掘時，曾採集到幾件打製石器，《發掘報告》稱從其形制看屬於舊石器晚期遺物，但這些石器沒有地層關係可以證明是舊石器時代遺存〔註8〕。截至目前尚沒有發現舊石器時代遺存確切存在的地層關係。

新石器時代遺存，1953 年西北文化局新疆省文物調查組在伊寧市北約

〔註5〕李傳想、宋友桂等：《新疆伊犁黃土元素地球化學特徵及古環境意義》，《新疆地質》第 30 卷，2012 年 3 月第 1 期。

〔註6〕宋友桂、史正濤：《伊犁盆地黃土分佈與組成特徵》，《地理科學》，2010，30（2）：267～272。

〔註7〕劉東生：《黃土舊石器工業》，見徐欽琦，謝飛，王建主編：《史前考古學新進展——慶祝賈蘭坡院士九十華誕國際學術討論會文集》，科學出版社，1999年，第 52～62 頁。

〔註8〕新疆文物考古研究所：《2005 年伊犁州鞏留縣山口水庫墓地考古發掘報告》，《新疆文物》2006 年第 1 期。

15 公里的阿克吐班麻札採集到穿孔的石斧、石杵及其他石製用具和化石等，《調查報告》稱爲石器時代遺物〔註9〕；2002 年，新疆文物考古研究所在發掘尼勒克縣窮科克遺址時，在 T7 四層下發現 2 枚細石核和一些碳渣。窮科克遺址地層關係明確，發掘者判定這兩枚石核極可能屬於新石器時代人類遺存〔註10〕，但由於沒有陶器伴出，亦無法考察這一地區新石器時代的文化面貌。

青銅時代遺存，1975 年鞏留縣阿尕爾森鄉生產建設中發現一批青銅器，經有關學者研究認定爲青銅時代文化遺存類型〔註11〕。此後，於 1988～1989 年在大西溝墓地發現 2 件缸型陶器和 8 件石球〔註12〕。新千年伊始，爲配合大中型基本建設項目發現一批青銅時代遺址和墓地。截至目前已經發現和發掘青銅時代遺址 4 處〔註13〕、墓地 3 處〔註14〕。出土有半地穴式房屋、墓葬和一批陶器、銅器、石器等，對伊犁河谷青銅時代的文化特徵和屬性已經有了初步的認識和瞭解。

早期鐵器時代遺存，1965 年黃文弼先生在察布查爾縣索墩布拉克村附近發現索墩布拉克墓地〔註15〕，後經 1987、1989 和 1990 年 3 次對該墓地進行發掘，《發掘簡報》認定其爲塞克和烏孫時期墓葬〔註16〕，亦即早期鐵器時代墓葬。2000 年以後，爲配合基本建設，在尼勒克、特克斯、鞏留等縣發現並發掘了數十個這一時期的墓地發掘墓葬近千座。出土陶器、石器、鐵器、銅器、骨木器等隨葬器物數千件。對這一時期伊犁河谷的考古學文化有了較爲

〔註 9〕 西北文化局新疆省文物調查工作組：《新疆伊犁區的文物調查》，《文物參考資料》1953 年第 12 期。

〔註 10〕 遺址資料待發表，相關內容參見劉學堂、關巴：《新疆伊犁河谷的考古重要收穫》，《西域研究》2004 年第 4 期。

〔註 11〕 王炳華：《新疆地區青銅時代考古文化試析》，《新疆社會科學》1985 年第 4 期；王博、成振國：《新疆鞏留縣出土一批銅器》，《文物》1989 年第 8 期。

〔註 12〕 新疆維吾爾自治區文物普查辦公室、伊犁地區文物普查隊：《伊犁地區文物普查報告》，《新疆文物》1990 年第 2 期。

〔註 13〕 包括：窮科克遺址、小喀蘇居住址、阿克布早溝居址遺跡和阿尤塞溝口遺址等 4 處。

〔註 14〕 包括：大西溝墓地、湯巴勒薩伊墓地和闊克蘇河西 2 號墓地等 3 處。

〔註 15〕 黃文弼著：《新疆考古發掘報告》（第二章），《伊犁的調查》，文物出版社，1983 年。

〔註 16〕 新疆文物考古研究所：《察布查爾縣索墩布拉克古墓葬發掘簡報》，《新疆文物》1988 年第 2 期。

全面的瞭解〔註17〕。

伊犁河谷有史可考始於先秦時期,《漢書·西域傳》和古代希臘、羅馬文獻資料中都有有關活動在這一地區的最早部族——塞人的記載,但這些資料大都語焉不詳,只是作爲塞人活動的大致方位記錄下來。從漢文史料對月氏和烏孫的記載看,塞人的活動範圍主要在伊犁河流域和伊塞克湖周邊地區。

公元前 2 世紀前半葉,游牧於河西走廊一帶的月氏人,被匈奴所迫「西擊塞王」進入塞人故地伊犁河流域,迫使塞人「越懸渡」南遷興都庫什山以南。月氏人從此分爲兩支,一部分殘餘留居河西走廊與羌人融合,號稱小月氏,西遷伊犁河谷一支史稱大月氏。公元前 2 世紀後半葉,烏孫王獵驕靡爲報殺父之仇,西擊大月氏,入居伊犁河流域,大月氏被迫南遷,過大宛定居阿姆河北岸。自此,伊犁河流域和伊塞克湖地區成爲烏孫人的主要領地,並在那裡建立了強有力的國家。烏孫國曾經「戶十二萬,口六十三萬,勝兵十八萬八千八百人」,成爲西域第一大國,政治勢力存在半個世紀之久〔註18〕。

公元前 138 年,爲聯絡大月氏與漢朝共同抵禦匈奴,漢武帝派遣張騫出使西域,雖未果,但對西域有所大體的瞭解。公元前 119 年,漢武帝再次派遣張騫出使西域,欲說服烏孫同漢朝結成聯盟遏制匈奴。此次,張騫率領龐大使團,順利到達烏孫,建立了漢朝與烏孫的直接聯繫。西漢王朝先後將宗室之女細君公主、解憂公主遠嫁烏孫王,並派軍隊在烏孫的眩雷、赤谷等地屯田,進一步加強了漢朝與烏孫的聯繫。漢嫁公主帶來了中原的文化及先進手工業技術,特別是在農業生產、金屬冶煉、房屋修建等技術,推動了烏孫國的經濟發展。神爵二年(前 60 年),西漢政權在輪臺設置「西域都護府」,烏孫國受西域都護府管轄。

漢代以後,伊犁河谷在政治、軍事等方面一直處於重要的位置。因不在本文研究範圍,這裡不再贅述。

遠古以來,先民們在這塊寶地上生產、生活和鬥爭,留下了許多珍貴的歷史文化遺產和文物資源。這些文物中有古代遺址、墓葬、岩畫、石刻、各類生產生活用品、古代建築等。由於數千年以來這裡一直是以游牧業生產方式爲主,地表破壞不大,地下文物資源保存較好。在遼闊的大草原上,尤其

〔註17〕 李溯源:《新疆伊犁河上游地區考古述略》,《伊犁師範學院學報》2006 年第 2 期。
〔註18〕 漢·班固:《漢書》卷九十六下《西域傳下》,北京:中華書局,1962 年。

是初春季節，地表墓葬封堆標誌和地下是否經過擾動一覽無餘，因此無需大規模勘探，僅從地表起伏和植被生長狀況就可以大致判斷出遺跡情況。因而也就成了考古學界尋求信息的理想之地。同時，亦因這裡自古以來就是東西方文明的交匯地，游牧文化和農業文化的接觸區，也是國際考古學界和歷史學界關注的熱點地區。

三、考古工作及研究情況

伊犁河谷地區考古工作起步較晚，經歷了 20 世紀 50、60 年代起步階段，70 年代停滯階段，80、90 年代發展階段，2000 年以後進入黃金階段。有關研究情況，國內外學術界都有不同程度的涉及。但到目前爲止，尚沒有人對這一獨立的自然地理單元進行專題研究。

（一）考古工作情況

第一階段　起步階段

1953 年，西北文化局新疆省文物調查工作組在伊犁河谷作過爲期 30 天的考古調查，重點調查了伊寧、昭蘇、霍城三縣的伊斯蘭教和佛教寺廟建築、麻札、古城遺址和石刻等〔註 19〕。此次調查爲伊犁河谷考古工作的肇始，初步對伊犁地區古代宗教建築和古城遺址有所瞭解。

1958 年夏季，中國科學院考古研究所新疆考古隊在伊犁展開爲期 1 個多月的考古調查，發現古城 10 餘座，麻札、寺廟數處及古冢、石雕人像等若干處，古城和遺址多處〔註 20〕。

1961 年第三季度，中國科學院新疆分院民族研究所考古組在伊犁地區的昭蘇、特克斯、察布查爾、伊寧、霍城、綏定等地進行考古調查，並分別在昭蘇縣東國營種馬場和薩爾闊布鄉薩爾闊布村第一次發掘了 2 座中小型土墩墓，編號分別爲 ZSM1 和 ZSM2，初步推測土墩墓群是古代烏孫民族或塞種的遺存〔註 21〕。

〔註 19〕西北文化局新疆文物調查工作組：《新疆伊犁地區的文物調查》，《文物參考資料》1953 年第 12 期；黃文弼：《新疆考古發現——伊犁的調查》，《考古》1960年第 2 期。

〔註 20〕黃文弼：《新疆考古的發現——伊犁的調查》，《考古》1960 第 2 期。

〔註 21〕中國科學院新疆分院民族研究所考古組：《昭蘇縣古代墓葬試掘簡報》，《文物》1962 第 7、8 期。

　　1961 年，特克斯縣修築鐵里氏蓋山灌渠時，在四公社喬拉克特拉克大隊
的一個溝口距地面 3 米左右的渠底發現 11 件銅器。分別爲銅斧、牛頭銅飾、
月牙形銅飾、刀形器等，爲研究新疆北部地區游牧文化遺存提供了極有價值
的線索〔註 22〕。

第二階段　停滯階段

　　70 年代初，幾乎沒有開展任何考古調查工作。

　　1976 年，鞏留縣阿尕爾森鄉修築水渠時，在特克斯河和鞏乃斯河交匯處
發現 13 件青銅器和 1 件殘陶罐，經有關專家調查清理認定爲安德羅諾沃文化
類型銅器。這是在伊犁河谷首次發現的青銅時代遺存，王炳華根據這批銅器
和塔里木盆地孔雀河畔古墓溝遺存對新疆青銅時代考古學文化進行了分析和
研究〔註 23〕。

　　1978、1979 年，新疆社會科學院考古研究所張玉忠等在新源縣種羊場先
後試掘 15 座墓葬，其中發現石棺墓 13 座，土壙墓 2 座。出土陶器、銅器、
鐵器、骨器等 17 件，初步認定這些墓葬可能屬於漢代或更早時期的墓葬，進
一步認識到伊犁河谷古代墓葬形制的多樣性〔註 24〕。

第三階段　發展階段

　　1981、1982 年，新疆文物考古研究所張玉忠等，先後在新源縣鐵木里克
發掘墓葬 15 座，其中豎穴單室木槨墓 4 座、豎穴雙室木槨墓 1 座、豎穴壙石
墓 8 座。出土陶器 15 件、石器 2 件、銅器 5 件、骨器 6 件。初步認定不同形
制的墓葬分別爲塞種和烏孫時期〔註 25〕。

　　1983 年，新疆建設兵團農四師七十一團一連在施工中，發現一批銅器，
包括銅武士俑、對獸銅環、銅鈴、承熊銅祭器及陶片、石器和人骨等。隨由
新疆博物館文物隊對該地進行了調查，採集和徵集到陶片、石器、銅器殘片
等。次年獲批由新疆博物館考古隊進行發掘，發掘探方 13 個、探溝 2 條，
總面積 494.4 平方米。發現灰坑 29 座、溝 2 條、半地穴式房屋遺跡 13 座、
竈坑 7 座、竈面 1 處、圍牆牆基 1 條，墓葬 6 座。出土有陶器、石器、骨器、

〔註 22〕　王炳華：《特克斯縣出土的古代銅器》，《文物》1960 第 7、8 期。
〔註 23〕　王炳華：《新疆的區青銅時代考古文化試析》，《新疆社會科學》1995 年第 4
　　　　　期；王博、成振國：《新疆鞏留縣發現一批銅器》，《文物》1989 年第 8 期。
〔註 24〕　新疆社會科學院考古研究所：《新疆新源縣種羊場石棺墓》，《考古與文物》1985
　　　　　年第 2 期。
〔註 25〕　新疆文物考古研究所：《新疆新源鐵木里克古墓群》，《文物》1988 第 8 期。

銅器和鐵器等。《發掘簡報》認定該遺址爲烏孫時期的文化遺存，第一次對烏孫建築有所瞭解，遺址所包含的遺跡、遺物反映了烏孫時期經濟和社會狀況〔註26〕。

1988 年，新疆文物考古研究所，在尼勒克縣哈拉圖拜〔註27〕發掘墓葬 3 座。

1988 年 8 月至 1989 年 7 月，新疆文物普查辦公室、伊犁州文物普查隊對伊犁河谷進行了全面的調查，發現並登記各類文物點共計 231 處，其中包括古代墓葬群 142 處（墓葬 1 萬多座），春秋戰國時期古代銅礦和冶煉遺址 1 處，古代岩畫 11 處，草原石人 12 處。建立了比較完整的文物遺跡檔案，並出版了伊犁地區文物調查專集。但由於當時時間、人力和經費所限，一些交通不便的山區尚未普查到〔註28〕。

1988 年，新疆文物普查辦公室、伊犁州文物普查隊在霍城縣大西溝一處被生產破壞的墓葬中採集到 3 件陶器和 8 件石球，研究者根據出土的平底缸形陶器與周邊文化對比研究，判定該墓地屬於安德羅諾沃文化文化類型〔註29〕。

1989、1990 年，新疆文物考古研究所先後在察布查爾縣索墩布拉克村發掘墓葬 33 座。其中豎穴土坑墓 16 座、豎穴偏室墓 17 座，出土人骨 36 具、陶器 32 件、鐵器 9 件、銅器 2 件、世紀 4 件。經發掘者研究認定爲公元前 5 世紀～公元前 3 世紀塞人文化遺存〔註30〕。

1999 年，原伊犁地區文物管理所在昭蘇喀拉蘇鄉發掘 8 座帶墓道洞室墓〔註31〕。該墓地共有墓葬 80 餘座，墓葬分佈集中、封堆外形一致，應爲同一文化群體遺存，這種洞室墓集中分佈的墓地，目前在伊犁河谷尚未發現

〔註26〕 新疆維吾爾自治區博物館文物隊：《新疆新源縣七十一團一連漁塘遺址》，《考古與文物》1991 第 3 期。

〔註27〕 新疆維吾爾自治區博物館：《尼勒克縣哈拉圖拜烏孫墓發掘》，《新疆文物》1988 年第 2 期。

〔註28〕 新疆維吾爾自治區文物普查辦公室、伊犁地區文物普查隊：《伊犁地區文物普查報告》，《新疆文物》1990 年第 2 期。

〔註29〕 新疆維吾爾自治區文物普查辦公室、伊犁地區文物普查隊：《伊犁地區文物普查報告》，《新疆文物》1990 年第 2 期。

〔註30〕 新疆文物考古研究所，察布查爾縣索墩布拉克古墓群，新疆文物，1995 年第 2 期。

〔註31〕 李溯源：《昭蘇縣喀拉蘇墓葬發掘簡報》，《新疆文物》2002 年第 1、2 期。

第二處。有關研究者認爲該批墓葬屬於公元 3～6 世紀，推測爲閱般或突厥遺存〔註32〕。

　　1999 年，原伊犁地區文物管理所組織各縣（市）文物、土地、城建等部門聯合對轄區內進行了文物覆查，在第二次全國文物普查基礎上新發現文物點 433 處，其中包括古代墓葬 1 萬餘座。對原有和新發現的文物點進行了測繪並建立紙本檔案。

　　1999 年，新疆文物考古研究所主持，在伊寧縣北山坡發掘 5 座大型土墩墓〔註33〕。初步對伊犁河北岸古代墓葬文化有所瞭解。

　　2000 年以後，爲配合大中型基本建設新疆文物考古研究所在尼勒克縣喀什河兩岸先後發掘了胡吉爾臺墓地〔註34〕、窮科克一號墓地墓地〔註35〕、窮科克二號墓地〔註36〕、窮科克臺地遺址〔註37〕、吾圖蘭墓地〔註38〕、加勒克孜卡茵臺 I 號墓地〔註39〕、加勒克孜卡茵特 II 號墓地〔註40〕、別特巴斯陶墓地〔註41〕、阿克布早溝墓地〔註42〕、薩爾布拉克溝墓地〔註43〕、奇仁托海墓地〔註44〕、鐵木里克溝墓地〔註45〕、小喀拉蘇墓地及遺址〔註46〕、湯巴拉薩

〔註32〕王博、李溯源、康萍：《昭蘇卡拉蘇墓葬及出土人顱的種族研究》，《新疆博物館館刊》（創刊）2005 年。

〔註33〕資料未發表，由新疆文物考古研究所提供。

〔註34〕資料待發表，由新疆文物考古研究所提供。

〔註35〕新疆文物考古研究所、伊犁州文物局：《新疆尼勒克縣吉林臺一號墓地發掘簡報》，《新疆文物》2002 年第 2 期。

〔註36〕資料待發表，由新疆文物考古研究所提供。

〔註37〕資料待發表，由新疆文物考古研究所提供。

〔註38〕資料待發表，由新疆文物考古研究所提供。

〔註39〕新疆文物考古研究所、伊犁州文物局：《新疆尼勒克縣加勒克斯卡茵特墓地發掘簡報》，《新疆文物》2006 年 3、4 期；新疆文物考古研究所、西北大學文化遺產與考古學研究中心、伊犁哈薩克自治州文物局等：《新疆尼勒克縣加勒克斯卡茵特墓地發掘簡報》，《考古與文物》2011 年第 5 期。

〔註40〕新疆文物考古研究所等：《尼勒克縣加勒克斯卡茵特墓地發掘簡報》、《新疆文物》2007 年第 3 期。

〔註41〕資料待發表，由新疆文物考古研究所提供。

〔註42〕資料待發表，由新疆文物考古研究所提供。

〔註43〕資料待發表，由新疆文物考古研究所提供。

〔註44〕新疆文物考古研究所：《伊犁州尼勒克縣奇仁托海墓地發掘簡報》，《新疆文物》2004 年第 3 期。

〔註45〕資料待發表，由新疆文物考古研究所提供。

〔註46〕新疆文物考古研究所：《尼勒克縣小卡拉蘇遺址考古發掘簡報》，《新疆文物》2008 年 3～4 期。

伊墓地〔註47〕、東麥里墓地〔註48〕、塔爾克特北墓地〔註49〕等。在特克斯縣先後發掘了葉什克列克墓地〔註50〕、恰普其海 A、B、C 區墓地〔註51〕、闊克蘇河西 2 號墓地〔註52〕等。在鞏留縣發掘了鞏留山口墓地〔註53〕、南岸幹渠墓地〔註54〕等。在伊寧縣發掘了伊寧縣北山坡墓地〔註55〕、在新源縣發掘了別斯托別墓地〔註56〕等。共計發掘墓葬 1000 多座、古遺址 2000 餘平方米，獲取了一大批珍貴資料。這些資料有的已經公佈，有的尚在整理。這些墓地發掘材料，爲全面、深入地研究伊犁河谷古代墓葬文化，建立整個伊犁河谷考古學文化序列奠定了基礎。

2007～2009 年，伊犁州州直第三次全國文物普查工作隊在伊犁河谷共複查和新發現文物點 1164 處，其中包括古代墓地 972 處（墓葬 50450 座），古遺址 55 處。這些文物點中大部分爲古代墓葬，且絕大部分屬於漢代以前的墓葬，主要集中分佈在河岸臺地、溝谷兩岸和山前階地上。此次普查除車輛無法到達的高山區之外，基本上覆蓋了整個河谷地區，對準確掌握這一地區田野文物總量，分佈規律，地表結構、保存現狀等有了全面的掌握，出版了普查成果專輯〔註57〕。

〔註47〕 新疆文物考古研究所：《新疆伊犁尼勒克湯巴勒薩伊墓地發掘簡報》，《文物》2012 年第 5 期。

〔註48〕 新疆文物考古研究所：《尼勒克縣一級電站墓地發掘簡報》，《新疆文物》2012 年第 2 期。

〔註49〕 新疆文物考古研究所：《尼勒克縣一級電站墓地發掘簡報》，《新疆文物》2012 年第 2 期。

〔註50〕 新疆文物考古研究所、伊犁州文物局：《特克斯縣葉什克列克墓葬發掘簡報》，《新疆文物》2005 年第 3 期。

〔註51〕 新疆文物考古研究所、西北大學文化遺產與考古學研究中心：《新疆特克斯恰甫其海 A 區 XV 號墓地發掘簡報》，《文物》2006 年第 9 期。

〔註52〕 新疆文物考古研究所：《特克斯縣闊克蘇河西 2 號墓地發掘簡報》，《文物》2011 年第 5 期。

〔註53〕 新疆文物考古研究所：《2005 年度伊犁州鞏留山口水庫墓地考古發掘報告》，《新疆文物》2006 年第 1 期。

〔註54〕 伊犁恰甫其海水利樞紐工程南岸幹渠考古發掘簡報》，《新疆文物》2005 年第 1 期。

〔註55〕 資料待發表。

〔註56〕 新疆文物考古研究所：《新疆新源縣別斯托別墓地 2010 年的發掘》，《考古》2012 年第 9 期。

〔註57〕 新疆維吾爾自治區第三次全國文物普查辦公室：《新疆第三次全國文物普查成果集成——伊犁哈薩克自治州（直屬縣市）卷》，北京：中國科學出版社，2011 年 11 月。

　　同時，多年來伊犁州各級文物部門在工作中徵集到不少民間流散文物。目前，伊犁州博物館和有關縣、市文物部門共有各類館藏、庫存文物 6000 餘件，其中珍貴文物近千件，這些藏品中尤以青銅器最具特色。

（二）研究情況

　　伊犁河谷考古研究方面，國內外都有不同程度的涉及。

　　國內，涉及到有關伊犁河谷考古學、民族學等研究文章，始見於 20 世紀 80 年代，隨後便有不少專家和學者開始關注並致力於這方面的研究，尤其是近些年這方面成果越來越多。蘇北海〔註58〕、王明哲〔註59〕、項英傑〔註60〕、余太山〔註61〕等分別從歷史學和考古學不同角度對伊犁河谷古代居民塞人、烏孫進行了專題研究；張玉忠〔註62〕、李溯源〔註63〕等對伊犁河谷出土青銅器等進行了專題研究；王炳華〔註64〕、劉學堂〔註65〕、呂恩國〔註66〕、阮秋榮〔註67〕、吳勇〔註68〕等多年在伊犁河流域從事考古發掘，做了大量的研究；羊毅勇〔註69〕首先提出「索墩布拉克類文化」概念，陳戈〔註70〕提出「伊犁河流域文化」概念、丁傑〔註71〕撰文論述了「索墩布拉克文化」；韓

〔註58〕蘇北海著：《哈薩克草原塞種人的文化》，《新疆文物》，1989 年第 4 期。

〔註59〕王明哲、王炳華著：《烏孫研究》，烏魯木齊：新疆人民出版社，1983；王明哲：《伊犁河流域塞人文化初探》，《新疆社會科學》1985 第 1 期。

〔註60〕項英傑等著：《中亞：馬背上的文化》，杭州：浙江人民出版社，1986 年。

〔註61〕余太山著：《塞種史研究》，北京：商務印書館，2012 年；余太山：《西域通史》，鄭州：中州古籍出版社，2003 年。

〔註62〕張玉忠、趙德榮：《理犁河谷新發現的大型銅器及有關問題》，《新疆文物》，1991 年第 2 期。

〔註63〕李溯源：《伊犁河谷銅鍑研究》，《文物》2013 年第 6 期。

〔註64〕王炳華：《新疆地區青銅時代考古學文化試析》，《新疆社會科學》1985 年第 4 期。

〔註65〕劉學堂、李文瑛：《新疆史前考古研究的新進展》，《新疆大學學報》（哲學人文社會科學版），2012 年 1 月第 40 卷第 1 期。

〔註66〕呂恩國、常喜恩、王炳華：《新疆青銅時代考古文化淺論》，載《蘇秉琦與當代中國考古學》，北京：科學出版社，2001 年，第 172～193 頁。

〔註67〕阮秋榮：《新疆伊犁河流域考古新發現》，《西域研究》2011 年第 2 期。

〔註68〕新疆文物考古研究所、伊犁州文物局、尼勒克縣文物管理所：《尼勒克縣喀拉蘇遺址考古發掘簡報》，《新疆文物》，2008 年第 3～4 期。

〔註69〕羊毅勇：《新疆古代文化的多樣性和複雜性及其相關文化的探討》，《新疆文物》1999 年第 3、4 期。

〔註70〕陳戈：《伊犁河流域文化初論》，《歐亞學刊》（第 2 輯），中華書局 2000 年。

〔註71〕丁傑：《論索墩布拉克文化》，《伊犁師範學院學報》2011 年第 3 期。

康信〔註72〕、王博〔註73〕、陳亮〔註74〕、張全超〔註75〕等從人類學角度對伊犁河谷古代人種、食物結構等進行研究；王建新〔註76〕等對伊犁河谷岩畫進行了研究；水濤〔註77〕、李水城〔註78〕、龔國強〔註79〕、陳光祖〔註80〕、韓建業〔註81〕、林梅村〔註82〕、烏恩〔註83〕、李肖〔註84〕、邵會秋〔註85〕、李琪〔註86〕、宋亦蕭〔註87〕等在對新疆史前考古學研究中都有不同程度的涉及。

　　國外，20世紀30年代和50、60年代，前蘇聯在伊犁河中、下游地區做了大量的考古發掘和研究。阿契舍夫、庫沙耶夫所著《伊犁河谷塞人和烏孫古代文化》〔註88〕較爲全面地介紹了伊犁河中下游地區考古發掘情況。前蘇聯社會科學院在20世紀50年代主編的《世界通史》〔註89〕，對中亞各個時

〔註72〕韓康信、潘其風：《新疆昭蘇土墩墓人類學材料的研究》，《考古學報》1987年第4期。

〔註73〕王博：《察布察爾縣索墩布拉克出土人骨研究》，《新疆文物》1988年第1期。

〔註74〕陳亮：《新疆察布查爾縣索墩布拉克墓地出土人頭骨研究》，《考古》2003年第7期。

〔註75〕張全超、李溯源：《新疆尼勒克縣窮科克一號墓地古代居民的食物結構分析》，《西域研究》2006年第4期。

〔註76〕何軍鋒、陳新儒、王建新：《新疆尼勒克窮科克岩畫調查》，《考古》2006年第5期。

〔註77〕水濤：《新疆地區青銅文化研究現狀評述》，《新疆文物》1989年第4期；《西域史前文明發展的若干理論問題》，《西域研究》2005年第4期。

〔註78〕李水城：《從考古發現看公元前2千紀東西文化的碰撞與交流》，《新疆文物》1999年第1期。

〔註79〕龔國強：《新疆早期銅器略論》，《考古》1997年第9期。

〔註80〕陳光祖著，張川譯：《新疆青銅時代》，《新疆文物》1995年第2期。

〔註81〕韓建業：《中國西北地區先秦時期的自然環境與文化發展》，文物出版社，北京‧2008。

〔註82〕林梅村：《吐火羅人的起源與遷徙》，《西域研究》2003年第3期。

〔註83〕烏恩：《歐亞大陸草原早期游牧文化的幾點思考》，《考古學報》2002年第4期。

〔註84〕李肖、黨彤：《準噶爾盆地周緣地區出土的銅器初探》，《新疆文物》1995年第1期。

〔註85〕邵會秋：《新疆史前時期文化格局的演進及其與周鄰地區文化的關係》，博士論文；邵會秋：《新疆地區安德羅諾沃文化相關遺存探析》，《邊疆考古研究》（第8集）。

〔註86〕李琪：《略論中亞安德羅諾沃文化》，《西域研究》1991年第1期。

〔註87〕宋亦蕭：《新疆青銅時代考古研究現狀述評》，《西域研究》2009年第1期。

〔註88〕阿吉舍夫、庫沙耶夫著：《伊犁河谷塞人和烏孫的古代文化》，阿拉木圖：哈薩克蘇維埃社會主義共和國科學院出版社，1963年。

〔註89〕蘇聯科學院主編：《世界通史》1959年，生活‧讀書‧新知三聯書店出版。

期的歷史進行了簡單的介紹，涉及到不少有關伊犁河中下游地區研究內容。前蘇聯學者弗魯姆金所著的《蘇聯中亞考古》〔註90〕一書，介紹了中亞五國的考古進展。

對比中蘇二者研究成果，前蘇聯的研究僅僅局限於伊犁河中下游地區，對自然條件相對優越的上游地區沒有涉及。中國學者的研究雖然借鑒了前蘇聯的研究成果，但卻沒有對這一地區已有考古發掘資料進行系統的整理和研究，所能看到的也只是一些專題性研究或是泛泛的概念性東西。多數學者在研究新疆史前考古學文化時，對於伊犁河谷青銅時代考古學文化僅以「安德羅諾沃文化」〔註91〕一詞一筆帶過。在考古學文化命名上，陳戈先生提出的伊犁河流域文化，似乎有些太寬泛，尚不能準確反映伊犁河谷考古學文化的階段性和多樣性；羊毅勇所謂「索墩布拉克文化」僅是一個概念，丁傑對於索墩布拉克文化的論述，新的考古資料的運用還不夠。總的來講，伊犁河谷考古學文化研究方面還很薄弱，亟待立足當地、結合已有考古研究成果和新發現考古資料，進行系統性整理並建立起考古學序列框架，分階段進行更深入細緻的研究。

四、研究範疇及相關概念

本文所研究伊犁河谷史前考古學文化，僅限於青銅時代和早期鐵器時代兩個發展階段。

截至目前，伊犁河谷尚未發現確切的舊石器時代遺存。新石器時代遺存有明確地層關係的也只有 2 枚細石核，且地層中沒有見到任何陶器和其他遺跡，資料貧乏無法做出更多的研究和判斷。因此本文研究的上限為青銅時代。

新疆地區史前考古下限，一般以張騫鑿空，西漢政權對西域行使管轄權為分界。本文史前年代下限定於公元前 2 世紀上半葉，因為這個時間接點是大月氏入居伊犁河谷的時間，而且大月氏和其後進駐伊犁河流域的烏孫在《漢書·西域傳》中都有記載。

〔註90〕【蘇】弗魯姆金著、新疆維吾爾自治區博物館編譯：《蘇聯中亞考古——西域考古叢書》，1981 年，烏魯木齊：新疆維吾爾自治區博物館出版。

〔註91〕安德羅諾沃文化最早是由前蘇聯考古學家 C. A. 捷普勞霍夫在 1929 年提出的，他當時是根據 1914 年在米努辛斯克盆地阿欽斯克州附近安德羅諾沃村旁的墓地而定名的。中國大百科全書考古編輯委員會編，《中國大百科全書（考古卷）》，中國大百科全書出版社，1986 年，第 15～16 頁。

　　「青銅時代」——係指以使用青銅器為標誌的人類文化發展的一個階段。

　　關於新疆青銅時代的時間界定，學術界尚存在一些爭議。一是以陳戈最早提出新疆青銅時代始於公元前 2000 年前後，結束於公元前 1000 年前後，將新疆史前金屬時代劃分爲青銅時代和早期鐵器時代。另一種觀點是以水濤提出的新疆青銅時代始於公元前 2000 年或更早，結束於公元前 5 世紀前後或更晚，認爲青銅時代和早期鐵器時代非同一級別概念，青銅時代的下限涵蓋了所謂早期鐵器時代文化〔註 92〕。其實二者在時間接點上並無根本分歧，只是對新疆進入早期鐵器時代的時間概念有各自不同的認識。伊犁河谷青銅時代考古學文化屬於安德羅諾沃文化〔註 93〕範疇，與新疆整體進入青銅時代同步，因此本文所研究青銅時代上限定於公元前 2000 年。

　　青銅時代結束，是以鐵器的普遍使用爲標誌。考古發現公元前 1000 年前後伊犁河谷墓葬文化已經普遍出現小件鐵器，開始進入一個新的文明階段——鐵器時代。因此本文青銅時代時間限定爲：公元前 2000 年至公元前 1000 年之間。

　　「早期鐵器時代」——鐵器時代初期，由於受到冶煉和鑄造技術的限制，經歷了一個相當長的發展階段，這個階段又稱早期鐵器時代。

　　伊犁河谷有關早期鐵器時代考古發現近年層出不窮，尤其是尼勒克縣窮科克一號墓地與遺址〔註 94〕、小喀拉蘇墓地與遺址〔註 95〕的疊壓和打破關係、墓葬文化年代的確定，以及伊犁河谷大量早期鐵器時代墓葬文化的發現與發掘，已有充分證據證明公元前 1000 年前後爲兩個時代的分界點。此後，這裡一直爲一個大量出土鐵器和彩陶，發展有序的獨立文化體系所佔據，直到公元前 2 世紀前半葉歷史記載的大月氏和烏孫進駐伊犁河開始走向終結。因此本文所討論早期鐵器時代時限定於：公元前 1000 年至公元前 2 世紀前半葉。

〔註 92〕 宋亦簫：《新疆青銅時代研究現狀述評》，《西域研究》，2009 年第 1 期。
〔註 93〕 廣泛分佈於歐亞大陸草原的一種青銅時代考古學文化，時代爲公元前 2000 年至公元前 900 年。
〔註 94〕 新疆文物考古研究所、伊犁州文物局：《吉林臺一號墓地發掘報告》，《新疆文物》2002 年第 2 期。
〔註 95〕 新疆文物考古研究所、伊犁州文物局：《尼勒克縣小卡拉蘇遺址考古發掘簡報》，《新疆文物》2008 年第 3～4 期。

五、研究目的和意義

　　關於伊犁河谷考古學文化研究，雖然一些文章有所涉及，但都只是作為新疆的一個分區簡單帶過，所做專題也多為民族學、體質人類學和冶金學方面的研究。

　　在考古學文化命名上，羊毅勇〔註96〕於1999年首先提出伊犁河谷早期鐵器時代「索墩布拉克文化」概念，2011年丁傑〔註97〕就索墩布拉克文化的特徵、屬性、分期、源流等方面做了進一步的論證，但由於丁文所掌握新的發掘材料較少，一些觀點尤其是文化源流問題值得商榷。至於陳戈〔註98〕2000年提出的「伊犁河流域文化」概念，以一個大的地域名稱命名考古學文化本身就不合適，不能準確地反映出伊犁河谷考古學文化的階段性和多樣性。除此之外，目前還沒有人從基礎資料入手，對伊犁河谷考古發掘資料進行全面的分類梳理，立足這一相對獨立的自然地理單元和考古學文化單元，進行系統的分期研究。

　　本文在前人研究基礎上，對伊犁河谷歷年來發掘的遺址、墓葬材料進行一次全面的梳理和分析，對這一地區出土和採集的重要文物進行類型學分析，運用地層學、器物類型學和相關考古學研究方法等綜合分析，按照不同文化類型，同一文化類型的不同時期排列出整個考古學文化序列，建立伊犁河谷史前考古學文化框架。重審和確立有關青銅時代和早期鐵器時代的文化命名，研究不同階段不同文化的特徵、屬性和文化淵源，研究當時社會結構、生產方式、經濟形態和精神文化，盡可能再現和復原伊犁河谷史前歷史。

　　文章分上、下兩篇。上篇分別從伊犁河谷考古發現和發掘的青銅時代遺址、墓葬和出土文物進行研究分析，探討伊犁河谷青銅時代文化屬性、年代和源流等；下篇分別從不同時期的墓葬和出土物入手，對不同時期的墓葬進行分類研究，並對伊犁河谷早期鐵器時代考古學文化的特徵、屬性、源流等進行深入探討。並根據年代學方法和已有研究成果大致排出時間順序。通過墓葬形制、葬俗葬式、遺址形態、出土物研究，以及人類學研究資料、民族學研究資料等，對其生產方式、經濟形態、社會結構、宗教文化、種族等進

〔註96〕　羊毅勇：《新疆古代文化的多樣性和複雜性及其相關文化的探討》，《新疆文物》1999年第3、4期。

〔註97〕　丁傑：《論索墩布拉克文化》，《伊犁師範學院學報》2011年第3期。

〔註98〕　陳戈：《伊犁河流域文化初論》，《歐亞學刊》（第2輯）。

行探討。並根據與周邊文化的對比研究，進一步探討這些考古學文化的分佈情況和源流問題。

上篇：青銅時代

引 言

  青銅時代，亦稱青銅器時代，係指使用青銅器爲標誌的人類文化發展的一個階段〔註1〕。

  世界各地進入青銅時代的時間並不一致，結束的時間也各不相同。考古發現表明，早在公元前 6000～前 5000 年地中海和黑海沿岸就已經開始出現銅器，公元前 3000 年前後進入青銅時代，此後整箇舊大陸陸續開始進入青銅時代。中國北方地區西部，已發現年代最早的青銅製品是馬家窯文化的直柄青銅刀，年代距今 5000 年左右，其後的馬廠文化和齊家文化也有紅銅和青銅器物。在北方地區的東部，也有一些證據表明距今 5000 年的紅山文化可能已經知道銅的冶鑄。在相當於夏紀年範圍內，分佈在甘肅河西走廊的四壩文化，黃河河套及其東、北部的朱開溝文化，內蒙古東南部的夏家店下層文化和河北北部的大坨頭文化都已經發現了種類不一的銅器〔註2〕。中原地區最早發現青銅器是二里頭文化。

  中亞地區的伊朗大約在公元前 5500～前 5000 年進入銅石並用時代，公元前 2900 年前後進入青銅時代。著名的青銅時代文化遺存有錫亞爾克遺址（錫亞爾克一至三期）和塔利巴孔（Tal-Bakun）遺址〔註3〕等，遺址中發現有大量的銅針、銅珠和圖案豐富的彩陶。阿富汗在公元前 5000 年進入銅石並用時代，公元前 3000 年前後進入青銅時代。著名的青銅時代遺址有賽義

〔註1〕 夏鼐：《中國大百科全書·考古卷》，中國大百科全書出版社，1986 年。
〔註2〕 林澐：《夏代的中國北方系青銅器》，《邊疆考古研究》（第 1 輯）。
〔註3〕 贊格斯多爾夫（Zansdorff）和麥科恩（MeCorn），1942 年；埃加米（Egami）和馬蘇達（Masuda），1962 年。

德卡拉（Said Qala）、德莫拉西貢旦（Deh Morasi Ghundai）等遺址，發現有土坯房、發達的彩陶、豐育女神和各類有蹄類動物赤陶像，公元前 3 千紀中葉已經掌握了合範技術。公元前 3000 年開始出現城市化迹象，公元前 2600～前 2500 年之間，中亞城市化得以完成。公元前 2200 年以降，即青銅時代中期之初，城市系統開始惡化，中亞所有孤立的聚居地的大型中心都發生了根本性的和快速的衰落。呼羅珊與阿姆河地區進入銅石並用時代和青銅時代生產型經濟迅速擴大，在公元前 2000 年，完成了向畜牧業和農業部落的過渡。公元前 5000 到公元前 4000 年，南土庫曼斯坦經歷了形成農業和畜牧經濟的最後階段。公元前 3000 年進入青銅時代發達的科彼特達格綠洲文化。

　　南西伯利亞地區，公元前 3000 年前後，在阿凡納謝沃時期進入青銅時代早期，墓葬文化所反映出這一階段已經有了畜牧業，經常使用弓箭並加工金屬，有發達的製陶業，葬俗上反應了複雜的宇宙起源觀念。當時的人們已經過著定居生活，他們分別結成若干個不大的集團，散居在河流附近和臺地上。他們經營著農業和養殖業，同時兼有狩獵和捕魚〔註4〕。公元前 2000 年，安德羅諾沃文化時期進入青銅時代繁盛階段。安德羅諾沃文化器皿以陶器為主，保留了阿凡納謝沃時期陶器紋飾特徵。典型的安德羅諾沃陶器紋飾是沿口緣分佈填滿刻畫線的三角紋，三角紋線面往往有幾條橫線。內含劃線和小窩的三角形齒紋，在安德羅諾沃遺址中發現有大量的家畜骨骼，也有一些獸骨，說明畜牧和狩獵是並存的。同時，安德羅諾沃文化遺址中還發現有大量的石器，諸如石鋤、石磨盤、銅鐮等農業採集和加工工具，說明安德羅諾沃人除了畜牧外，農業經濟也佔據著重要的位置。卡拉蘇克時期米努辛斯克盆地人口急劇增長，文化分佈範圍也比原來要大，很明顯並非是由於當地安德羅諾沃人的繁衍增長所致。從人類學研究結果來看，卡拉蘇克時期米努辛斯克盆地有很大一部分外來人，他們的體質特徵同華北人一致，同時也保留有土著人的特徵，說明新來者很快融合到了當地。卡拉蘇克銅器群向西，僅在阿勒泰和托木斯克附近有所發現，再向西則仍然是安德羅諾沃形制占統治地位，相反在東部和東南部的貝加爾湖沿岸、蒙古和中國長城地區，卻有大量卡拉蘇克典型器物發現。這一現象表明他們與東部和東南部文化有著密切的關係。從商代的刀幣到綏遠大刀到卡拉蘇克刀，從商代戈的銅援、玉援到綏

〔註 4〕【蘇】吉謝列夫著：《南西伯利亞古代史》（上冊），新疆社會科學院民族研究所翻譯翻譯出版，1981 年，第 12～89 頁。

遠銅戈到卡拉蘇克銎管裝斤，背部有環銅戈，到卡拉蘇克銅戈等，可以證明卡拉蘇克時期米努辛斯克盆地新來居民與華北人的異動有密不可分的關係。華北居民向北和西北的遷移可能在公元前十八世紀就已經開始。同時，中國最廣泛使用白玉是在商代，與西伯利亞、烏拉爾河沿岸流行玉石同時。白玉的西傳，在塞伊馬——圖爾賓諾時期，伏爾加河和卡馬河沿岸、西伯利亞、貝加爾湖沿岸和中國北部之間曾有聯繫。塞伊馬——圖爾賓諾、貝加爾湖沿岸和綏遠等地相似的銅刀形制很可能也是沿玉石之路傳播的。經由此路傳播者還有塞伊馬——圖爾賓諾出土的其他典型器物有錛和菱形鋌的矛。這類器物現已不能認爲只是西部的產品，安陽出土的銅錛同塞伊馬——圖爾賓諾所出十分相像，同器身較厚、只飾三角紋的外烏拉爾類型尤其相似，類似的錛在綏遠也有。矛的情形也是這樣，塞伊馬——圖爾賓諾矛頭分佈很廣，從摩爾達維亞到南西伯利亞，從伏爾加河和卡馬河到伊塞克湖都有，因此不能認爲他們是這一廣大地區某個中心的所產。研究西歐和近東青銅時代的矛頭類型，沒有發現這樣的器形。但是遠東卻發現有類似的器形，如安陽就有帶菱形鋌的矛頭。由此可見，早在商代中國就同北方和西北方有聯繫。

中國北方地區齊家文化，在甘肅省廣河縣齊家平已發現 350 多處，都疊壓在馬家窯文化層上。在甘肅各遺址和青海的尕馬臺等地出土有一定數量的金屬器物，其中多爲紅銅，屬銅石並用時代。齊家文化與龍山文化同一時代或稍晚，它以彩陶爲特徵，可能源於陝西龍山文化，西進中承襲了馬家窯文化的某些特色。已經掌握金屬冶煉技術，使用鍛打、單範和合範鑄造技術。尕馬臺 25 號墓出土的銅鏡與安陽婦好墓出土的商代銅鏡十分相像〔註5〕。

四壩文化，發現於甘肅省山丹縣四壩村，主要分佈在河西走廊西部的永昌、山丹、民樂、張掖、酒泉、玉門等地。四壩文化與齊家文化相鄰但晚於齊家文化，是獨立發展成的一種文化，以火燒溝爲例可以看出以農業爲主兼營畜牧業。時間在公元前 1700 年至公元前 1600 年。

甘青地區晚期文化遺存辛店文化，分甲乙兩組。辛店文化遺存已經發現 80 多處，永靖縣姬家川遺址面積在 1 萬平方米，跌壓在齊家文化層上。發現居住遺跡 1 處，爲矩形半地穴式建築、西邊有一斜坡門道，室內中央有一圓形土灶址。發現儲藏坑 41 個。墓葬 1 座，長方形豎穴土坑，側身曲肢，頭旁置 1 件陶盆、1 件陶罐和 1 具羊骨架。其他遺址也發現過一些墓葬，爲仰身直

〔註5〕林澐：《夏代的中國北方系青銅器》，《邊疆考古研究》（第 1 輯），2002 年。

肢葬或二次葬。陶器均爲手製，粗糙，以夾砂和碎陶末的紅褐陶爲主，也有少量紅陶和灰陶。紋飾主要爲繩紋，許多陶器也加以彩繪。表面稍稍磨光，有時還直接繪製在繩紋上。白色陶衣上飾黑彩，或飾黑、紅兩彩。紋飾有寬帶紋、曲折紋、雙鉤紋、回紋等。器形爲凹底或圓底，有單耳杯雙耳罐、三足鬲和帶耳器蓋，少數雙耳罐口部作馬鞍形。在臨洮縣灰嘴發現若干小型青銅器，有刀、錐、泡飾等。刀的製作技術表明已經進入青銅時代。主要分佈在甘肅、青海兩省交界處的黃河沿岸，在湟水、大夏河及洮河下游都有發現。唐汪文化、寺窪文化、卡約文化和沙井文化等不同程度上反映出我國西北地區青銅時代活躍的青銅文化面貌。

　　新疆地處歐亞大陸腹地，介於東西方之間，就新疆範圍而言各地自然環境有所差異，不同區域所反映出的青銅時代文化面貌也不完全一致。從周邊地區來看整個青銅時代考古學文化的發展並不平衡，新疆範圍內的青銅時代考古學文化也有一定的差異。

　　新疆考古工作，從最初西方以探險和旅行名義滲透到中國西北地區進行考古調查和採集文物算起，已經有 100 多年的歷史。但眞正意義上由中國學者參與並開展考古工作，始於 1927 年中瑞典聯合科學考察團對中國西北地區進行的考古調查〔註6〕。新中國成立以後，1953 年開始由西北文化局組織新疆文物調查組，在伊犁、吐魯番、焉耆、庫車等多個地區展開文物調查〔註7〕，並有選擇性地進行了一些考古發掘，發表了一批珍貴的資料〔註8〕。一些學者對新疆史前考古學文化提出了初步的觀點和認識，將新疆史前考古學文化分爲細石器文化、礫石文化〔註9〕和彩陶文化〔註10〕三種類型，將出土銅器的遺存歸於銅石並用時代。但這一時期由於考古工作和發掘資料有限，提出的一些考古學文化概念尙不能準確反映新疆考古學文化的面貌。新疆考古工作取得長足進展，在理論上得到重要性突破，肇始於上世紀 80 年代，有序的考古調查和發掘工作爲揭示和研究新疆考古學文化積累了豐富的資料，在

〔註6〕 斯文赫定著、李述禮譯：《中亞腹地旅行記》，上海書店，1984 年。

〔註7〕 西北文化局新疆文物調查組：《介紹新疆文物調查工作組發現的幾種文物古蹟》，《文物參考資料》1954 年第 3 期。

〔註8〕 黃文弼：《新疆考古發掘報告》（1957～1958 年），中國社會科學院考古研究所編輯，文物出版社 1983 年。

〔註9〕 吳震：《關於新疆石器時代的初步探討》，《考古》1964 年第 7 期。

〔註10〕 李遇春：《新疆發現的彩陶》，《考古》1959 年第 3 期；李遇春：《新疆維吾爾自治區文物工作概況》，《文物》，1962 年第 7、8 期。

「西部大開發」進程中，一些大型考古發掘項目不斷湧現，對於全面揭露一定區域的考古學文化面貌，建立完整的考古序列框架打下了堅實的基礎。

關於青銅時代的研究，也同樣隨著整個新疆的考古工作的逐步發展而不斷地向前推進。最初人們對新疆彩陶文化的認識存在誤區，認爲出土彩陶的文化遺存爲新石器時代遺存，隨著新的考古資料不斷出現，一些學者開始注意到新疆彩陶文化的獨特性，它不僅伴有銅器出土，甚至在出土鐵器的墓葬中也有相當數量的彩陶出現。

1985 年，羊毅勇將新疆史前時期的 11 處遺址和墓葬歸於銅石並用時代，對早期銅器和銅石並用時代文化的年代和經濟形態進行了初步的討論〔註11〕，開啓了對新疆史前考古學文化的新的討論。

同年，王炳華在《新疆社會科學》雜誌上發表「新疆地區青銅時代考古學文化試析」〔註12〕一文，第一次提出並系統研究了新疆青銅時代考古學文化，初步討論了新疆青銅時代的起始、繁榮階段、基本特徵及周邊地區的關係等。他根據羅布泊地區古墓溝墓地發掘出土的 42 座墓中出土的小銅卷、銅片和木材器具上殘留的銳器砍伐、加工痕跡，以及 1975 年伊犁河谷地區鞏留縣阿尓爾森所採集的 13 件青銅器中銅斧、銅鐮的形制與鄰境的蘇聯安德羅諾沃文化銅斧和銅鐮形制基本一致，蕉葉紋飾也完全相同。推定時代在公元前第 3 千年至公元前第 2 千年，並提出公元前 2 千年前新疆地區已經進入青銅時代，公元前 1 千年前後進入繁榮期，戰國後期出現鐵器並逐步實現了向鐵器時代的轉化。新疆青銅器從造型、風格上與鄰近的中亞地區存在相當密切的關係，同時與蒙古草原地區也存在一定的聯繫，有相當鮮明的地區特點。

1985 年，陳戈將新疆早期考古遺存劃分爲 20 個類型〔註13〕，並將其劃分爲 3 個階段〔註14〕。1987 年，將其調整爲 8 個文化 11 個類型。1990 年，在《考古》上發表《關於新疆地區的青銅時代和早期鐵器時代文化》〔註 15〕一

〔註11〕羊毅勇：《新疆銅石並用文化》，《新疆文物》1985 年第 1 期。

〔註12〕王炳華：《新疆地區青銅時代文化試析》，《新疆社會科學》1985 年第 4 期。

〔註13〕陳戈：《關於新疆遠古文化的幾個問題》，《新疆文物》1985 年第 1 期。

〔註14〕陳戈：《新疆遠古文化初論》，《中亞學刊》第 4 輯，北京大學出版社，1995 年。

〔註15〕陳戈：《關於新疆地區的青銅時代和早期鐵器時代文化》，《考古》1990 年第 4 期。

文，對新疆地區青銅時代和早期鐵器時代的起訖年代作了一個大概的推定。
將古墓溝墓葬〔註16〕、和碩縣新塔拉遺址〔註17〕、巴里坤縣南灣墓葬〔註18〕、
蘭州灣子遺址〔註19〕、奎蘇遺址〔註20〕、石人子遺址〔註21〕、伊吾縣卡爾桑
遺址〔註22〕、吐魯番市哈拉和卓遺址〔註23〕、阿克蘇縣哈拉玉爾衰遺址〔註24〕
和疏附縣阿克塔拉遺址〔註25〕等歸入青銅時代。1996 年，進一步修正此前的
劃分，將青銅時代遺存劃分爲 6 個文化類型，早期鐵器時代劃分爲 2 個文化
和 12 個文化類型。

　　1993 年，水濤依據新疆青銅時代文化遺存的不同和地理環境的有機聯
繫，指出在同一地理環境中的文化遺存有較多的一致性。據此將新疆青銅時
代文化劃分爲 8 個區，即哈密盆地區、吐魯番盆地區、巴里坤草原區、阿勒
泰草原區、天山中部山谷區、伊犁河谷區、帕米爾高原區及焉耆盆地區。在
分析揭示各區青銅時代遺存文化特徵的基礎上，探討了文化因素來源，指出
外來文化因素以東來、北來、西來 3 種，同時也指出了各區之間的文化關係，
並總結了新疆青銅時代文化的發展規律及早期中西方文化交流的時間、方式
和傳播路線問題〔註26〕。

　　1995 年，陳光祖關於新疆早期考古學文化文章〔註27〕，提出新疆金屬器

〔註16〕 王炳：《新疆地區青銅時代文化試析》，《新疆社會科學》1985 年 4 期。
〔註17〕 新疆考古所：《新疆和碩新塔拉遺址發掘簡報》，《考古》1988 年 5 期。
〔註18〕 羊毅勇：《新疆的銅石並用文化》，《新疆文物》1985 年 1 期；常喜恩：《巴里
　　　　坤南灣墓地 66 號墓清理簡報》《新疆文物》1985 年 1 期；賀新：《新疆巴里坤
　　　　縣南灣 M95 號墓》，《考古與文物》1987 年 5 期。
〔註19〕 王炳華、伊弟利斯·阿不都、邢開鼎：《巴里坤縣蘭州灣子三千年前石構建築
　　　　遺址》，《中國考古學年鑒》文物出版社，1985 年，第 255 頁。
〔註20〕 王炳華：《新疆東部發現的幾批銅器》，《考古》1986 年 10 期。
〔註21〕 吳震：《新疆東部的幾處新石器時代遺址》，《考古》1964 年 7 期。
〔註22〕 吳震：《新疆東部的幾處新石器時代遺址》，《考古》1964 年 7 期。
〔註23〕 新疆維吾爾自治區博物館、新疆社會科學院考古研究所：《建國以來新疆考古
　　　　的主要收穫》，《文物考古工作三十年》，北京：文物出版社，1979 年，第 171
　　　　～172 頁。
〔註24〕 新疆維吾爾自治區民族研究所考古組：《阿克蘇縣喀拉玉爾衰等古代遺址》，
　　　　《新疆考古三十年》第 39 頁，新疆人民出版社，1983 年。
〔註25〕 新疆維吾爾自治區博物館考古隊：《新疆疏附縣阿克塔拉等新石器時代遺址的
　　　　調查》，《考古》1977 年 2 期。
〔註26〕 水濤：《新疆青銅時代諸文化的比較研究——附論早期中西文化交流的歷史進
　　　　程》，《中國西北地區青銅時代考古論集》，科學出版社，2001 年，第 6～46 頁。
〔註27〕 陳光祖著，張川譯：《新疆新疆金屬時代》，《新疆文物》，1995 年第 1 期。

時代概念，時間界定於新疆青銅器最初出現到公元前 2 世紀漢朝勢力開始進入，並將新疆金屬時代劃分爲早晚兩期，早期相當於銅石並用時代至青銅時代，晚期相當於早期鐵器時代。早期包括古墓溝文化、焉不拉克文化、辛塔拉文化、克爾木齊文化、哈拉墩文化、艾丁湖文化等 6 支考古學文化，晚期包括四道溝文化、察吾乎溝文化、群巴克文化、塞克文化等 4 支考古學文化。探討了新疆金屬時代的文化分期、相互影響及同周鄰地區的文化關係。

　　1996 年，安志敏考察了新疆的青銅時代文化遺存，根據新疆青銅時代考古學文化遺存的不同，結合環境因素，將新疆青銅時代考古學文化分爲 10 個區，即在水濤分區的基礎上增加了塔里木盆地東緣區和崑崙山北麓區。並根據青銅器的種類和碳十四測年，將新疆青銅時代文化分爲前、中、後三期。

　　1997 年，龔國強在《考古》雜誌上發表《新疆地區早期銅器略論》一文〔註28〕，對新疆地區早期銅器的發展階段、銅器類別作了粗線條的劃分，並對該地區的銅器特點等問題進行概括。將新疆銅器發展分爲 4 各階段。第一階期新石器時代晚期，約公元前 3000 年～公元前 2000 年，以紅銅、鍛打、器形細小、數量很少爲特點，這類遺存只在帕米爾高原東麓發現；第二期夏商至西周初期，約公元前 2000 年～公元前 1000 年，暫且是新疆地區青銅時代，紅銅繼續存在，青銅佔據主要地位；第三期：西周至春秋晚期，約公元前 1000 年至公元前 500 年，爲青銅器發展時期，但鐵器也有較多的發現，該類遺存主要出自哈密盆地和輪臺地區；第四期：戰國至秦漢，公元前 500 年～公元紀年開始，數量種類較多，集中分佈在沿天山一帶。

　　1999 年，羊毅勇發表《新疆古代文化的多樣性和複雜性及其相關文化的探討》一文，提出鹿石文化、索墩布拉克文化、焉不拉克文化、前車師文化、紮滾魯克文化、察吾乎文化和阿克塔拉文化等七支考古文化。指出新疆地理位置是促進新疆史前文化複雜性形成和發展的原因，通過陶器等文化因素探討了幾種考古文化之間的交流及途徑〔註29〕。

　　2005 年，韓建業發表《新疆青銅時代、早期鐵器時代文化的分期和譜系》一文〔註30〕，根據不同地區遺存中陶器類型，結合地層關係進行分組研究，

〔註28〕 龔國強：《新疆地區早期銅器略論》，《考古》1997 年第 9 期。
〔註29〕 羊毅勇：《新疆古代文化的多樣性和複雜性及其相關文化的探討》，《新疆文物》
　　　　1999 年第 3、4 期。
〔註30〕 韓建業：《新疆青銅時代、早期鐵器時代文化的分期和譜系》，《新疆文物》，

根據各組間存在的對應關係進行分類分期，在此基礎上勾畫出各階段的考古學文化，並探討它們的來龍去脈和交互關係。

2005 年，郭物完成題爲《新疆天山地區公元前一千紀的考古學文化研究》博士論文，郭物以天山周圍的早期鐵器時代爲研究視域，通過典型遺存的考古學分析，建立了該地區的考古學文化體系，並探討了文化之間的關係及文化變遷。

2007 年，邵會秋完成了題爲《新疆史前時期文化格局的演進及其與周鄰地區文化的關係》博士論文，邵會秋將新疆史前諸遺存劃分爲三階段，對每階段遺存進行考古分析，建立起新疆史前考古文化時空框架。並將其與相關的境外和甘青地區的多支考古學文化進行對比研究，歸納出東西方文化因素影響新疆史前文化時西方因素的斷裂性和東方因素的連續性特徵。

2009 年，宋亦蕭完成題名爲《新疆東部的青銅時代——以考古學爲主要手段的早期東西交流探索》博士論文，從新疆東部地區考察了新疆青銅時代考古學文化的發生、發展以及這一時期的經濟社會狀況。

除此之外，還有不少專家和學者從墓葬、陶器、銅器等重要遺跡遺物，以及經濟形態、意識形態等方面進行了專題性討論。可以說新疆地區的青銅時代考古學文化理論體系已經基本完備。

關於伊犁河谷青銅時代的專題文章較少，所見成果多爲研究新疆或西北地區青銅時代考古學文化中的附帶，多數成果對伊犁河谷青銅時代和青銅器的劃分還不太清楚。2000 年陳戈在《歐亞學刊》第 2 期發表題爲「伊犁河流域文化」〔註 31〕一文，系統闡述了伊犁河流域史前考古學文化的特徵、屬性和文化內涵，提出命名「伊犁河流域文化」概念。這樣的命名雖然體現了地域性，但不符合考古學文化命名的基本原則，不能準確反映這一地區多樣的史前考古學文化。2002 年李溯源在《伊犁師範學院學報》上發表「伊犁河上游地區考古述略」一文，對這一地區考古工作及研究情況進行了全面的梳理，嘗試性提出各個階段考古學文化的發展序列〔註 32〕，但只是一個粗淺的框架。到目前爲止還沒有人以這一地區爲獨立研究課題進行專門的研究。在以往不少研究新疆青銅時代涉及伊犁河谷銅器文章中，將伊犁河谷出土的阿尒

2005 年第 3 期。

〔註31〕陳戈：《伊犁河流域文化》，《歐亞學刊》第 2 輯，2000 年。

〔註32〕李溯源：《伊犁河上游地區考古述略》，《伊犁師範學院學報》2006 年第 2 期。

爾森窖藏銅器和七十一團漁塘遺址出土的銅器，以及努拉塞古銅礦遺址等一併歸於青銅時代。其實這些青銅器完全屬於兩個不同的文化，阿尕爾森窖藏銅器屬於青銅時代廣泛分佈於歐亞草原典型的安德羅諾沃文化類型，這一特徵一開始就為發現者所認識，時代在公元前 2000 年到公元前 1000 年間。而七十一團漁塘遺址出土的銅器與努拉塞古銅礦的使用年代基本一致，大約在公元前 5～前 3 世紀，這一時期的墓葬文化已經普遍出現小件鐵器工具，銅器僅以祭祀用具和小件裝飾品出現，實為鐵器時代產物。

　　本篇將從伊犁河谷考古發現、發掘的青銅時代遺址、墓葬和出土器物進行分類整理，運用地層學、考古類型學及相關考古學研究方法，以及前人研究成果進行綜合研究，對這一地區青銅時代遺存的文化特徵、文化屬性、年代、經濟形式、社會結構等方面展開討論。絕對年代界定於公元前 2000 至公元前 1000 年。

第一章　窮科克下層遺存類型遺址

　　窮科克下層遺存——指窮科克遺址所包含的青銅時代及更早時期考古學
文化遺存。窮科克遺址包括窮科克一號墓地和窮科克生活居住遺址兩大部
分，窮科克一號墓地爲早期鐵器時代墓葬文化，墓葬封堆疊壓在窮科克遺址
上，墓室打破遺址。窮科克生活居住遺址文化層共分四層，爲青銅時代考古
學文化遺存。四層下戈壁層上出土有 2 枚細石核和大量的碳渣和灰燼，可能
屬於新石器時代遺跡和遺物。爲區別兩種不同文化概念，本文稱窮科克生活
居住遺址爲窮科克下層文化遺存，墓葬文化仍使用窮科克一號墓地文化遺存。
　　本章所討論窮科克下層遺存類型遺址，以窮科克下層遺存〔註1〕爲代表，
包括：尼勒克縣小喀拉蘇居住址〔註2〕、尼勒克縣阿克布早溝居遺跡〔註3〕和
新源縣阿尤塞溝口遺址〔註4〕等四處相同文化內涵的青銅時代遺址和遺跡。

一、窮科克下層遺存類型遺址

　　窮科克遺址，位於尼勒克縣城東 25 公里處，喀什河南岸的一處沖積臺地
上，地理座標爲：東經 43°51'05"，北緯 82°49'10.6"，海拔高度 1271 米。臺地

〔註 1〕　新疆文物考古研究所：《尼勒克縣窮科克一號墓地發掘報告》2002 年第 3～4
　　　　期；遺址資料待發表，由新疆師範大學劉學堂教授提供。
〔註 2〕　新疆考古研究所等：《尼勒克縣小喀拉蘇遺址考古發掘簡報》，《新疆文物》2008
　　　　年 3～4 期。
〔註 3〕　資料未發表，由新疆文物考古研究所提供。
〔註 4〕　資料由新疆文物考古研究所阮秋榮研究員提供。

東、南、西三面為低山環繞，北隔喀什河與窮科克岩畫〔註5〕點相鄰，向東翻越低山是一個袋狀河谷盆地，向南隔低山是一個東西延伸的谷地，向西沿河谷通向尼勒克盆地。遺址位於臺地中部偏北靠近喀什河南岸，東西長約150、南北寬約 50 米。遺址範圍內及附近分佈有 60 餘座地表封堆標誌明顯、出土大量彩陶和小件鐵器的墓葬。2003 年，新疆文物考古研究所主持發掘，共發掘11 個探方，發掘面積275 平方米。

（一）遺址材料

遺址文化層距地表最淺處 1.5、最厚處達 2 米，可分四層〔註6〕：

第一層：為風積土層，厚25～35 釐米，地表分佈有墓葬封堆和擾亂的石圈，土層中含少量的陶片。

第二層：為黃土夾卵石層，厚30～60 釐米，地層中含有大量的陶片、石器、動物骨骼等。

第三層：為黃土層，厚40～50 釐米，土層中含有少量陶片。

第四層：為黃土夾紅膠土層，厚30～50 釐米，未見陶片，土層中夾雜有灰渣。

重要遺跡 T2 一層下，疊壓 1 座豎穴石棺墓（圖三），墓室開口東西向，平面近似橢圓形，長 2.93、寬 1.7 米，墓坑深 0.44 米。墓室底部四周堆砌卵石為石棺，石棺上封蓋長條形石塊。單人二次葬，仰身直肢，頭西腳東，胸骨以上散亂，僅見 1 片有人工切割和打磨痕跡的頭骨。死者為成年男性，無隨葬品。墓坑東側有一堆砌均勻的圓形卵石堆。

〔註5〕 何軍鋒、陳新儒、王建新：《新疆尼勒克窮科克岩畫調查》，《考古》2006 年第5 期。

〔註6〕 新疆文物考古研究所：《尼勒克縣窮科克一號墓地發掘報告》2002 年第 3～4 期；遺址資料待發表，由新疆師範大學劉學堂教授提供。

圖三　T2②M1 平剖面圖

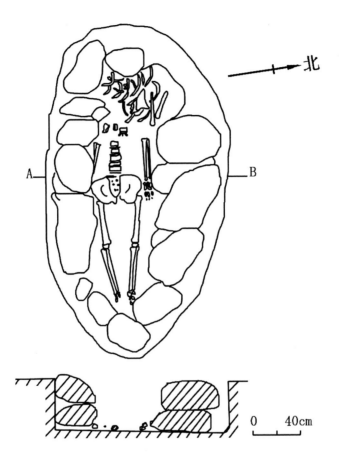

T2 二層下，發現 1 個石圈建築基址、1 座燒坑和 2 座灰坑。建築基址
為卵石堆砌的橢圓形石圈，石圈寬窄不一，斷斷續續，南北長 6.2、東西寬
6 米，內有硬地面。石圈內及周圍發現有大量的陶片和動物骨骼等。石圈南
側有踩踏面和路面，石圈西側有 1 個燒坑，東北和東南面各有 1 座灰坑。燒
坑為圓形，直徑 50 釐米，坑壁上有數釐米厚的燒結面，坑內堆集大量的木
碳渣。T2H1 位於探方的東北部，橢圓形，寬 1.8、深 0.9 米，坑內有灰渣的
紅燒土塊。T2H2 位於探方的東南角，橢圓形，寬 0.75、深 0.7 米，坑內塡
滿沙土，未見其他遺物。（圖四）

　　T4 北部三層下卵石層上，發現 1 具人骨，無明顯墓室。死者頭西腳東，
一次葬，骨骼嚴重腐朽。無隨葬品。

圖四　T2②房址平面圖

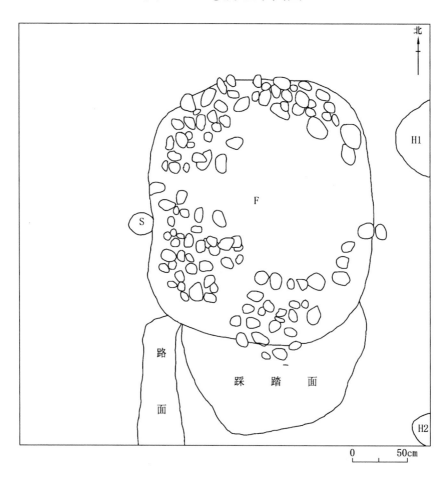

　　T5 一層下和四層下，分別發現 2 個灰坑。四層下灰坑平面爲橢圓形，灰坑的壁不明顯，坑口長徑 3.75、短徑 2.6、坑深 0.35 米。灰坑表層灰渣、燒土顆粒分佈均勻，底層有紅燒土，坑中填以大量動物碎骨和陶片。

　　T8 東北部二層下，發現部分用卵壘砌的弧形石牆基，西部被沖溝破壞，殘留有一段長 5、寬 1、高 0.2 米的牆體，在牆體西側有 1 個長 2.3、寬 2 米、深 0.25 米的橢圓形坑，坑口鋪卵石，坑內發現 1 具完整的羊骨。

　　T11 二層下，發現有部分用卵石砌築的石圈建築基址，石圈被兩條沖溝打破。

　　出土物：遺址文化層中出土陶片共計 3000 餘件，另有大量的動物骨骼、石器、骨器、木碳渣和灰燼等。第二層出土有骨鏃、盤狀研磨器、人工切割

痕跡的頭骨片、鹿角等。T7 四層下河卵石層上出土有 2 枚細石核。另外，2001
年在遺址西北部 1 座祭祀壇下發現 1 件完整的平底缸型陶器，地層關係對應
於遺址第二層。

（二）出土陶器類型分析

窮科克下層遺存出土遺物多為殘陶片，只有極少部分能夠復原，其餘較
小陶片，只能依局部的形態進行類型劃分。從口沿上可分為直口、侈口、斂
口、卷沿，從腹部特徵可分為弧腹和折腹，從器底可分為平底、圈足和假圈
足等。

1. 各層出土陶器類型分析

第一層：僅 T4 中出土陶片，陶質為夾砂褐陶，器形為平底罐，從口沿和
腹部特徵可分為弧腹罐和折腹罐兩種類型：

A 型：弧腹罐，2 件。夾砂褐陶，斂口或直口，腹壁剖面呈弧形。如：
2002YNQT4①：8（圖五，1）；2002YNQT4①：3（圖五，2）。

B 型：折腹罐，2 件。夾砂褐陶，斜沿或平沿，侈口，折腹。如：2002YNQT4
①：2（圖五，4）；2002YNQT4①：4（圖五，5）。

器底，僅有 1 件。為平底罐，夾砂褐陶，平底，斜腹。如：2002YNQT4
①：10（圖五，3）。

第二層：所有探方均出土陶片，僅在探方以外對應於第二層出土 1 件完
整的陶罐。器形依口沿和腹部特徵可分為弧腹罐和折腹罐，從底部特徵上可
分為平底罐和圈足罐。

依陶器口沿和腹部特徵可分二型：

Aa 型：直口弧腹罐，3 件。夾砂褐陶，平沿，直口或斂口，弧腹。如：
2002YNQT2②：235（圖六，1）；2002YNQT2②：224（圖六，2）；2002YNQT2
②：230（圖六，3）。

Ab 型：侈口弧腹罐，4 件。夾砂紅陶或夾砂褐陶，平沿，侈口，弧腹。
如：2002YNQT2②：136（圖六，5）；2002YNQT1②：35（圖六，6）；2002YNQT1
②：43（圖六，7）；2002YNQT1②：36（圖六，8）。

Ba 型：折腹罐，3 件。夾砂褐陶，圓唇或平沿，侈口，折腹，高領。如：
2002YNQT3②：45（圖六，9）；2002YNQT3②：14（圖六，10）；2002YNQT4
②：9（圖六，11）。

Bb 型：折肩罐：夾砂褐陶，圓唇，侈口，折腹，短領。如：2002YNQT2②：130（圖六，12）；2002YNQT2②：130（圖六，13）；2002YNQT4②：6（圖六，14）。

圖五　窮科克下層遺存第一層陶器圖

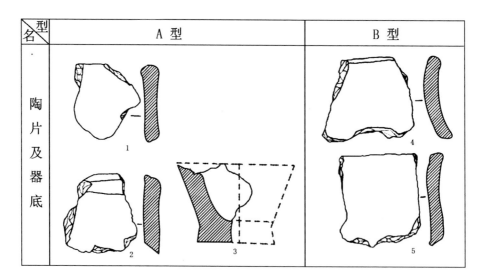

1.弧腹罐口沿（T4①：8）　2.弧腹罐口沿（T4①：3）　3.平底器底（T4①：10）　4.折腹罐口沿（T4①：2）　5.折腹罐口沿（T4①：4）

依陶器底部特徵可分爲三型：

Aa 型平底罐，夾砂褐陶，斜壁，底部剖面呈曲尺形。如：2002YNQT1②：22（圖七，1）；2002YNQT1②：3（圖七，2）；2002YNQT1②：7（圖七，3）。

Ab 型：平底罐。夾砂褐陶，斜腹，底部突出。如：2002YNQT2②：83（圖七，4）；2002YNQT2②：3（圖七，5）；2002YNQT2②：24（圖七，6）。

Ba 型：橋形圈足罐。夾砂褐陶，直腹或斜腹，圈足較高呈橋形。如：2002YNQT3②：8（圖七，7）；2002YNQT2②：40（圖七，8）；2002YNQT2②：16（圖七，9）。

Bb 型：內斂圈足罐。夾砂褐陶，腹斜直，圈足內收。如：2002YNQT2②：89（圖七，10）；2002YNQT1②：2（圖七，11）；2002YNQT1②：10（圖七，12）。

圖六　窮科克下層遺存第二層陶片口沿圖

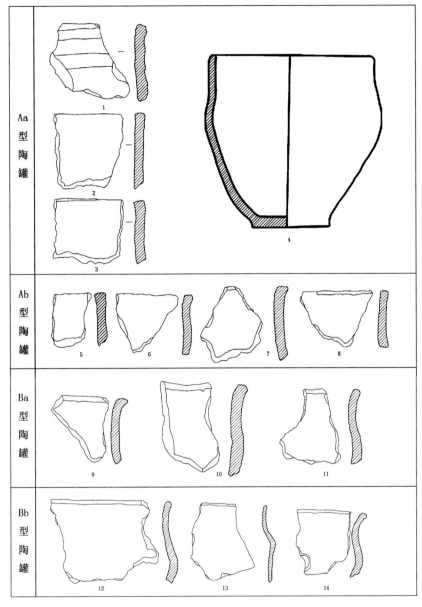

1.弧腹罐口沿（T2②：235）　2.弧腹罐口沿（T2②：224）　3.弧腹罐口沿（T2②：230）　4.弧腹罐（2002YNQJ）　5.弧腹罐口沿（T2②：136）　6.弧腹罐口沿（T1②：35）　7.弧腹罐口沿（T1②：43）　8.弧腹罐口沿（T1②：36）　9.折腹罐口沿（T3②：45）　10.折腹罐口沿（T4②：9）　11.折腹罐口沿（T4②：9）　12.折腹罐口沿（T2②：130）　13.折腹罐口沿（T2②：130）　14.折腹罐口沿（T4②：6）

圖七 窮科克下層遺址第二層陶器器底圖

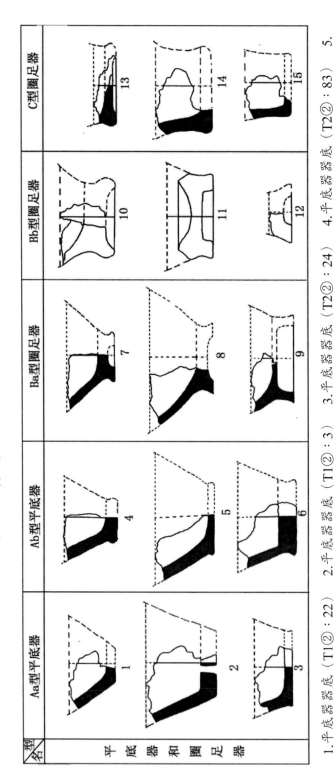

1.平底器器底（T1②：22）　2.平底器器底（T1②：3）　3.平底器器底（T2②：24）　4.平底器器底（T2②：83）　5.
平底器器底（T2②：3）　6.平底器器底（T2②：24）　7.圈足器器底（T3②：8）　8.圈足器器底（T2②：40）　9.
圈足器器底（T2②：16）　10.圈足器器底（T2②：89）　11.圈足器器底（T1②：2）　12.圈足器器底（T1②：10）　13.
圈足器器底（T2 ②：24）　14.假圈足器器底（T2②：89）　15.平底器器底（T2②：？）

　　C 型：矮圈（假）足罐。夾砂褐陶，矮圈足或假圈足，器壁③直。如：
2002YNQT1②：10（圖七，14）；2002YNQT2②：8（圖七，15）；2002YNQT2
②：3（圖七，16）。

　　第三層：出土陶片較少，陶質有夾砂褐陶和夾砂黑陶兩種，出土的 3 件
器底均為平底，從陶片口沿看有弧腹和折腹罐。一些陶片上帶有刻畫紋，紋
飾有弦紋、楔形文字等（圖八）。

圖八　窮科克下層遺址第三層典型陶片舉例[註7]

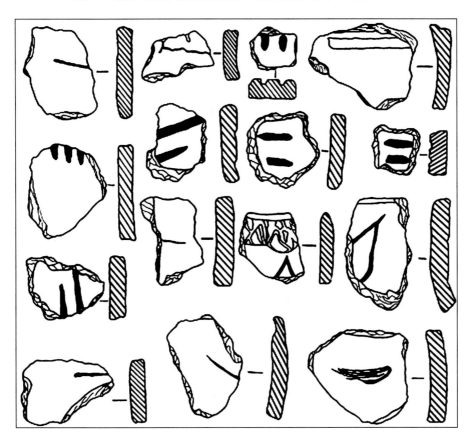

　　遺跡單位：T5②H1 和 T8③H2 出土陶片多件（圖八），其中器底 2 件，依
口沿和腹部特徵可分二型：

　　Aa 型：直口弧腹罐，1 件。平沿，斂口，深腹，手製，夾砂褐陶，沿下
帶刻畫的弦紋。如：T8③H2：4，夾砂黑陶，平沿，直口，腹微鼓，頸部飾三

〔註 7〕 資料待公佈，由新疆文物考古研究所提供。

道弦紋，殘高約 15.6 釐米，壁厚約 0.7～1.4 釐米（圖九，1）。

Ab 型：折沿弧腹罐，1 件。圓唇，口微侈，深腹，手製，夾砂褐。如：T5②H1：1，夾砂褐陶，平沿，侈口，微鼓腹，口部有等距離的乳狀堆紋，腹壁上部較薄，下部較厚，殘高約 34.4 釐米，壁厚約 1.6 釐米，殘長約 44 釐米（圖九，3）。

圖九　窮科克下層遺存灰坑器物型式圖

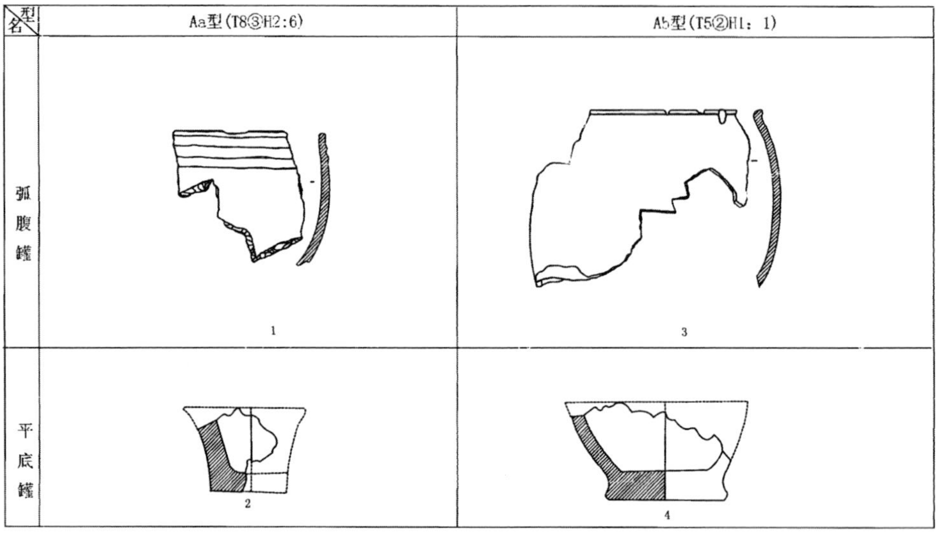

1.弦紋罐口沿（T8③H2：2）　2.弧腹罐口沿（4T8③H2：6）　3.平底器器底（T5②H1：1）　4.平底器器底（T5②H1：2）

Aa 型：平底罐，1 件。小平底，斜腹，手製，夾砂褐陶。如：T8③H2：6，夾砂黑陶，平底，腹斜直，殘高約 3.5 釐米，壁厚約 1.1 釐米（圖九，2）。

Ab 型：平底罐，1 件。平底帶凸棱，斜腹，手製，夾砂褐陶。如：T8③H2：6，夾砂黑陶，平底，腹斜直，殘高約 3.5 釐米，壁厚約 1.1 釐米。（圖九，4）。

2. 遺址出土陶器式的劃分及早晚關係

根據遺址地層關係和出土陶器口沿、腹部特徵可劃分為如下形式：

AaI 式：直口弧腹罐，圓唇，直口，弧腹，帶刻花紋（圖十，8）。

AaII 式：直口弧腹罐，圓唇，直口，弧腹，平底（圖十，4）。

AaIII 式：直口弧腹罐，平唇，直口，弧腹，器形較大（圖十，1）。

AbI 式：斂口弧腹罐，平唇，斂口，鼓腹，器形較大（圖十，9）。

AbII 式：斂口弧腹罐，圓唇，外折沿，鼓腹，器形較大（圖十，5）。

BaI 式：折肩罐，斜平唇，侈口，腹微折，帶刻花紋（圖十，10）。

BaII 式：折肩罐，圓唇，侈口，腹微折（圖十，6）。

BbII 式：折腹罐，圓唇，侈口，折腹，高領圖十，7）。

BbIII 式：折腹罐，斜平唇，侈口，折腹（圖十，3）。

圖十　窮科克下層遺存陶器型式圖

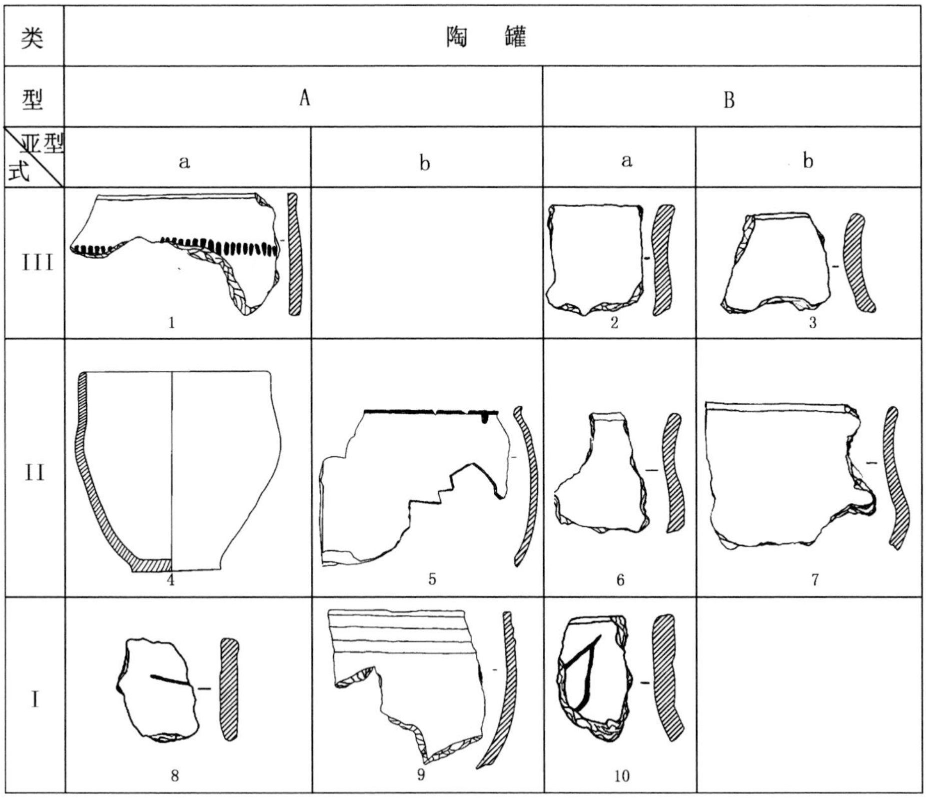

类	陶　罐			
型	A		B	
亚型 式	a	b	a	b
III	1		2	3
II	4	5	6	7
I	8	9	10	

1.刻花紋罐口沿（T4①：5）　2.折腹罐口沿（T4①：8）　3.折腹罐口沿（T4①：3）　4.弧腹陶罐（J②：1）　5.弧腹罐口沿（T5②H1：2）　6.折腹罐口沿（T4②：9）　7.折腹罐口沿（T4②：6）　8.弧腹罐口沿（T③：13）　9.弧腹罐口沿（T8③H2：2）　10.折腹罐口沿（T③：6）

依陶器器底，可劃分為如下型式：

AaI 式：直口平底罐，小平底，底部外側呈直角，下腹呈弧形斜出（圖十

一，3）。

AaII 式：直口平底罐，小平底，底部剖面呈餅狀，下腹壁斜直（圖十一，2）。

AaIII 式：直口平底罐，小平底，底部剖面呈梯形，下腹壁微弧（圖十一，1）。

AbII 式：斂口平底罐，小平底，腹壁與底部剖面呈曲尺形，下腹壁向外斜度較大（圖十一，4）。

BaII 式：折肩圈足罐，小圈足，圈足外張，下腹壁向外斜度較大（圖十一，5）。

BbII 式：折腹圈足罐，圈足較高，刮面呈橋形，下腹壁呈弧形（圖十一，6）。

CII 式：假圈足罐，底部突出，平底或凹底形成假圈足（圖十一，7）。

圖十一　窮科克下層遺存器物型式圖

类 型	陶罐器底				
	A（平底）		B（圈足）		C（假圈）
亚型 式	a（直）	b（斜）	a（小）	b（大）	
III	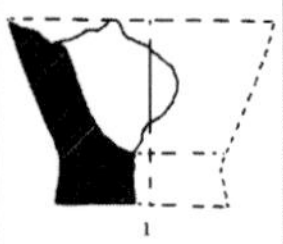 1				
II	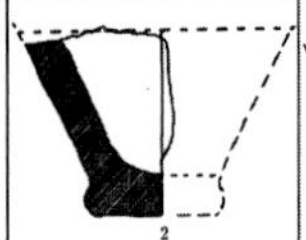 2	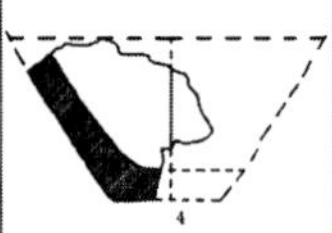 4	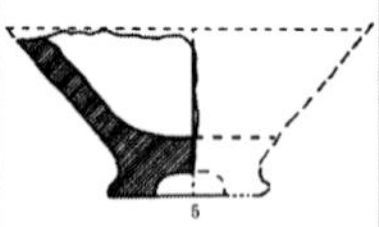 5	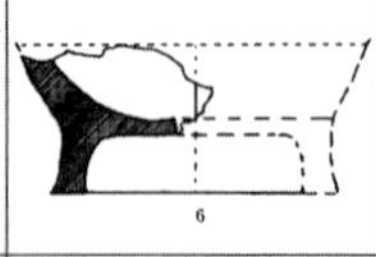 6	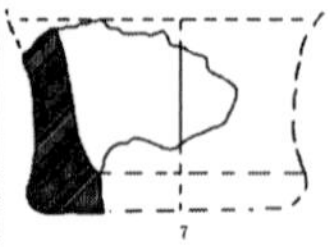 7
I	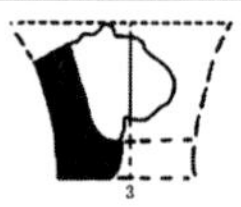 3				

1.平底器器底（T4①：4）　2.平底器器底（T2②83）　3.平底器器底（T8H③H2）　4.平底器器底（T1②：22）　5.圈足器器底（T3②：8）　6.圈足器器底（T2②：16）　7假圈足器底（T2②：89）

（三）遺址文化特徵

尼勒克窮科克下層遺存是伊犁河谷地區首次發現，具有一定規模的人類早期活動遺址。出土遺跡和遺物所反映文化面貌一致，應為一個獨立的、發

展有序的考古學文化共同體。

陶器均爲手製，採用堆築法，陶器表面粗糙，陶質分夾砂和泥質兩種，陶色以褐色爲主兼有少量紅、灰、黑等。素面爲主兼有刻畫、戳印等紋飾。器形主要有平底缸型器、平底杯、環底碗、環底杯等，亦有較大深腹陶器。

墓葬形制爲豎穴石室和豎穴土坑，墓室東西向，死者頭向西，仰身直肢，人骨有擾動現象，其中 1 件頭骨殘片上有切割和打磨痕跡，未見隨葬品。

房屋基礎爲圓形，直徑在 6 米左右，四周牆基用河卵石鋪築，中間爲居住踩踏面，室內和周邊有燒坑，房址外圍有行走踩踏面。可見房屋是在地面上加蓋的，先在地面上用河卵石鋪築一個圓形的石圈，然後依石圈搭建房屋。因卵石的堆築高度有限，也沒有見土坯或夯土痕跡，所以很難推測當時的建築牆體和屋頂的結構。

出土石器主要有餅狀石器、石杵和條形石磨盤。

可以辨別的動物骨骼中有羊、馬、牛、狗等。

從這些豐富的出土物來看，這裡很可能是一個小型的聚落居址。大量使用陶器，且多爲平底器和圓底器也說明了當時人們是長期定居於此的。文化層中出土有大量的動物骨骼，這些動物骨中可以分辨的有羊骨、牛骨、馬骨等，說明這些動物可能是當時人們肉食的主要來源之一，畜牧經濟已經很發達。同時還發現有石杵、盤狀研磨器等，說明當時經濟生活中農業和採集同樣佔有一定的地位。這裡需要說明的是窮科克下層遺存青銅時代文化層中，雖然沒有發現完整的銅器，但在窮科克下層文化中出土有 1 件小銅片，爲銅錫合金﹝註8﹞。

表二　窮科克遺址出土陶片統計表

文化層（單位）	褐陶（%）	紅陶（%）	黑陶（%）	口沿（片）	器底（片）
第一層	95.3	4.7	—	9	3
第二層	88.08	5.7	5.95	510	152
第三層	82.52	0.87	16.7	22	5
T5H1	88.9	2.8	8.3	1	1
T8H2	10.7	—	89.3	5	2

﹝註 8﹞劉學堂、李文瑛：《新疆史前考古研究的新進展》，《新疆大學學報》（哲學人文社會科學版），2012 年 1 月第 40 卷第 1 期。

二、小喀拉蘇遺址

小喀拉蘇居住遺址，位於尼勒克縣喀拉蘇鄉小喀拉蘇村南 3 公里處，喀什河北岸的一個臺地上。地理座標為：北緯 43°50.955'，東經 82°09.344'，海拔高度 949 米。2006 年，新疆文物考古所主持發掘。居住址南臨喀什河，西面為低山，北面為開闊的河谷地，東面喀什河環繞，探明分佈範圍 500 餘平方米，發掘面積 475 平方米。遺址文化層最深達 2 米，共分四層：

第一層：表土層，厚 10～30 釐米，土質黃色、疏鬆，地表植被稀疏低矮。

第二層：墓葬封堆，最厚 90 釐米，主要分佈在遺址中部，土層中含有卵石和從早期文化層中擾上來的陶片等。

第三層：洪積黃土層，厚 15～40 釐米，含有少量陶片、碎山石。

第四層：黃褐土，厚 20～30 釐米，含白斑點，土質較硬。隨處可見零亂的山石、卵石堆積，分佈較散，排列無規律。有的卵石堆內發現少量陶片。

（一）遺址材料

重要遺跡 第四層中含有大量卵石、石塊和灰燼，部分卵石被砸成碎塊，底部有一些石堆、石圍和一座房屋基址。

房屋基址 F 平面大致呈圓角方形，南北連門道長 15.2 米，室內南北長 11、東西寬 9.5～11 米。房屋為半地穴式建築，北面依山坡下挖 120 釐米及岩石層為牆，南面深度 40 釐米。南面中、東段殘留有部分卵石堆砌的牆體，牆體寬 30、殘高 50 釐米。石牆中部開門，外連斜坡門道，方向 192 度。門道長 400、寬 80 釐米，門檻高 20 釐米。室內堆積分兩層，上層厚 20 釐米，土質為較疏鬆的灰褐土，含有少量的灰陶片，底部有厚 1 釐米斷斷續續的黑褐色硬面。下層為厚 50 釐米鬆散的黑褐色灰土，含有大量灰燼和木炭，還有一些石堆、陶片等。房屋地面厚約 1～3 釐米，呈黑褐色顆粒狀，較堅硬。地面遺留有土石臺 1 個、紅燒面 15 個、圓坑 50 個、灶坑 1 個、灶 1 個，一些陶片和石片等。其中土石臺位於室內中部，檯面呈圓角長方形，長 150、寬 115、高 60 釐米，由泥土和卵石混合砌成，檯面及四壁有火燒的煙灰色，檯面上放置石杵 1 件。紅燒面主要集中在中北部，形狀不規則，燒土面厚約 10 餘釐米（圖十二）。

圖十二　小喀拉蘇遺址房址平剖面圖

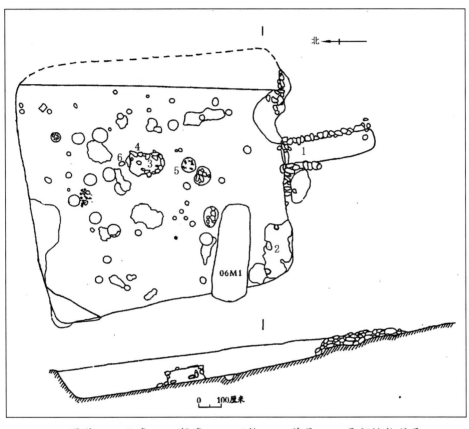

1. 門道　2. 灶臺　3. 祭臺　4. 石杵　5. 羊骨　6. 粟類植物種子

圖十三　小喀拉蘇遺址出土器物及層位關係圖

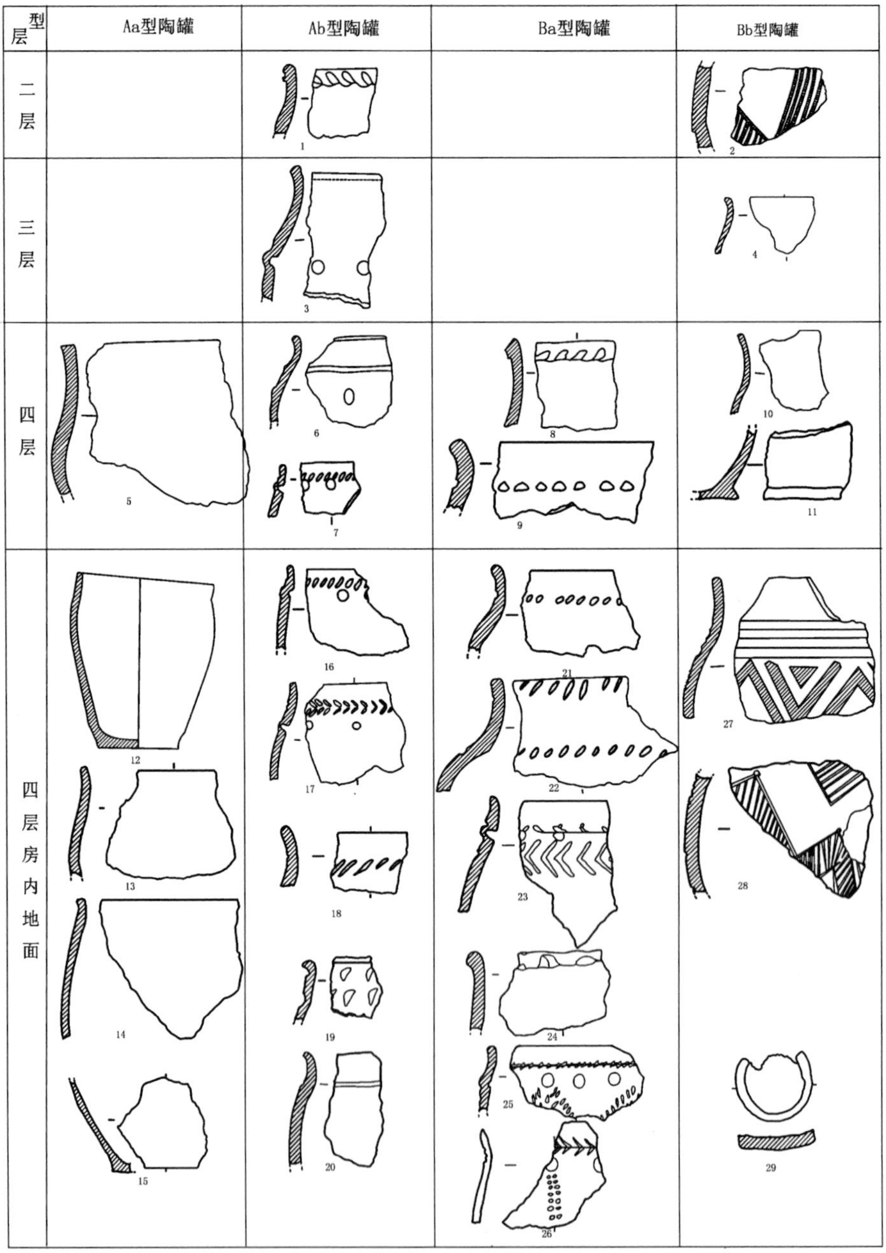

1.陶罐（T10②：1）　2.刻畫紋（T10②：2）　3.陶罐（T3C：1）　4.陶罐（T3C：4）　5.陶罐（T11④：12）　6.陶罐（T7④：1）　7.陶罐（F1：85）　8.花邊罐（T11④：1）　9.陶罐（F1：7）　10.陶罐（T11④：11）　11.器底（T16④：

3）　12.陶罐（F1：59）　13.陶罐（F1：31）　14.陶罐（F：7）　15.器底（F1：49）　16.陶罐（T11④：7）　17.陶罐（T11④：7）18.陶罐（F1：70）　19.陶罐（F1：44）　20.陶罐（F1：45）　21.陶罐（F1：46）　22.陶罐（F1：29）　23.陶罐（F1：42）　24.花邊罐（F1：33）　25.陶罐（F1：1）　26.陶罐（F1：40）　27.刻畫紋（F1：27）　28.刻畫紋（F1：25）　29.器底（F1：59）

出土遺物　出土遺物主要有陶片、石器等，在遺址內填土中還出土有一點銅渣。石器有罐、鋤、杵、馬鞍形石磨盤、柱礎、磨石、石片等，其中馬鞍形石磨盤和石杵最多。陶器多為殘片，僅有 1 件能夠復原，陶質以夾砂灰陶為主，亦有少量夾砂紅陶，胎質較疏鬆，由於火候的問題，陶色不均勻，有的為黃皮灰陶。製作工藝為手製，表面經過刮抹處理。多素面，少部分陶器飾有刻畫紋，主要有附加堆紋、乳釘紋、弦紋、三角形紋、壓印短線紋、戳印紋等。壓印紋和乳釘多裝飾於口及頸肩部，三角形紋、壓印短線紋、戳印紋等多飾於上腹部。

另在房址中部2個土坑中分別出土有一堆粟類植物種子碳化物和2塊羊骨。

（二）出土器物類型分析

1.陶器類型分析

小卡喀蘇遺址出土陶器層位關係清楚，從器形、器底和口沿特徵可分為弧腹罐和折腹罐兩種，型式如下：

A 型　弧腹罐

AaI：直口弧腹罐，平唇，口內斂，腹壁剖面呈弧形，平底（圖十四，1）。

AaII：直口弧腹罐，平唇，口微侈，束頸鼓腹，下腹斜內收（圖十四，2）。

AbI：束頸弧腹罐，圓唇，口微侈，束頸弧腹，帶刻畫紋（圖十四，3）。

AbII：束頸弧腹罐，圓唇，口沿微侈，束頸鼓腹，帶刻畫弦紋（圖十四，4）。

AbIII：束頸弧腹罐，圓唇，口沿微侈，束頸深弧腹，帶刻畫紋（圖十四，5）。

AbIV：束頸弧腹罐，圓唇，口沿微侈，束頸弧腹，帶刻畫紋（圖十四，6）。

B 型　折腹罐

BaI：束頸折腹罐，圓唇，口沿微侈，束頸，折肩，帶刻畫紋（圖十四，7）。

BaII：侈口折腹罐，斜平唇，高領，折腹，帶刻畫紋（圖十四，8）。

BbI：束頸折腹罐，圓唇，束頸，折腹，帶刻畫紋（圖十四，9）。

BbII：束頸高領小罐，圓唇，束頸高領，折腹（圖十四，10）。

圖十四　小喀拉蘇遺址陶器型式圖

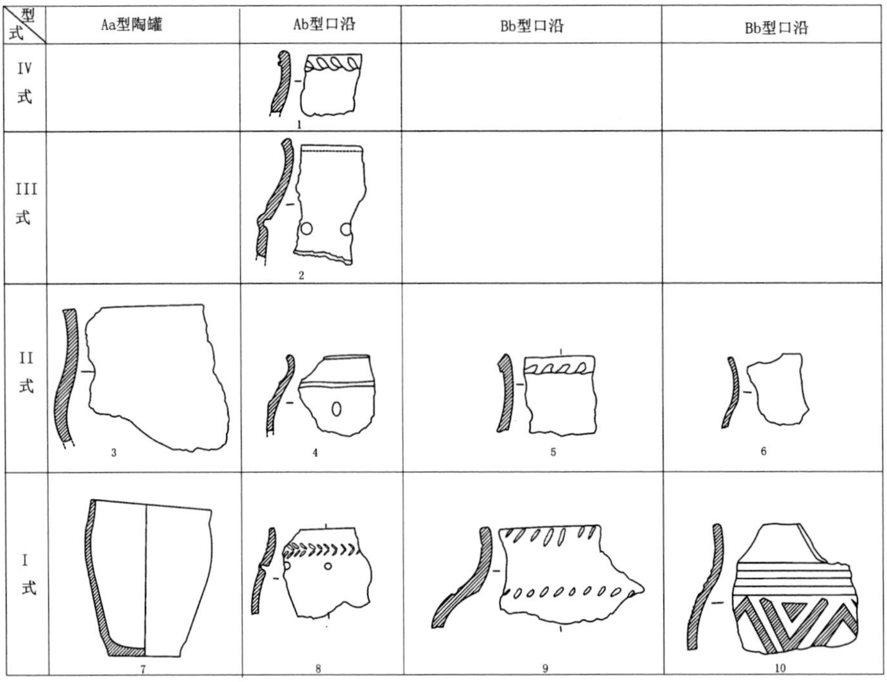

型式	Aa型陶罐	Ab型口沿	Bb型口沿	Bb型口沿
IV式		1		
III式		2		
II式	3	4	5	6
I式	7	8	9	10

1.花邊口沿（T10②：1）　2.帶孔口沿（T3C：4）　3.折腹罐口沿（T11④：12）
4.折沿罐口沿（T7④：1）　5.花邊罐口沿（T11④：1）　6.折腹罐口沿（T11
④：11）　7.陶罐（F1：59）　8.花邊罐口沿（T11④：7）　9.花邊罐口沿（F1：
29）　10.刻花紋罐口沿（F1：27）

2. 石器類型分析

小喀拉蘇遺址出土石器中馬鞍形石磨盤、石杵數量較多，依形制特徵可
分為：

A 型石磨盤 2 件，馬鞍形石磨盤，一端上翹，中部平，係自然石塊經長
期使用形成（圖十五，1、2）。

B 型石磨盤 1 件，馬鞍石磨盤，長方形，底部平直，磨面一端高出，中部
平直，係經長期使用形成（圖十五，3）。

A 型石杵 4 件，棒槌形，一端大一端小，一端有磨損，係然石中選取（圖
十五，4～7）。

B 型石杵 1 件，祖形圓柱體，一端殘損，係選取自然石打磨加工製成（圖
十五，8）。

圖十五　小喀拉蘇遺址石器圖

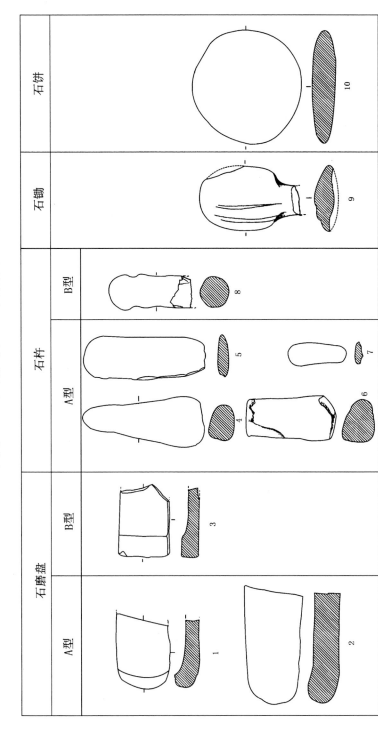

1～3.馬鞍形石磨盤（T7② : 3①、T9④ : 1②、F1 : 59①）　4～8.石杵（F1 : 65、F1 : 63、T7② : 3 ②、F1 : 63①、F1 : 63②）　9.石鋤（T12④ : 9）　10.杵碪（F1 : 64）

（三）遺址文化特徵

小喀拉蘇房屋居址規模較大，居住面積 100 餘平方米。從室內遺跡看，中部偏東北有一個用泥土和卵石砌築的高臺，土臺平整，有一層草木灰，臺上放置 1 件祖形石杵（圖十五，8），這裡應是室內的重要位置，可能是祭祀或居室內的活動中心部位。

西南面靠近牆邊有一個較大的燒土堆，應爲灶臺。地面上有 30 餘個坑洞，其中兩個發現存放有粟類植物的種子和羊骨，其他大部分爲支撐建築物的木樁柱洞。這些柱洞看不出明顯的分佈規律，房屋內可能不存在開間，應該是一個通透的整體活動空間。房屋開挖在一個斜坡上，北、東、西三面依坑壁爲牆，北壁高約 1.5 米左右，南面稍低於地面，在南面殘留有一道東西方向卵石堆築的殘牆。石牆中部有 1 米左右的缺口，缺口向外爲卵石堆砌的斜坡式門道，門道外圍有踩踏面。房屋面積較大，屋頂應爲橫樑依坑壁和立柱搭建主體，然後再在橫樑上搭棚細木和蒿草之類，上面附土或草泥，類似於過去這裡常見的地窩子。從居住面積和室內遺跡分佈情況看，居住者可能是一個大家庭，或者是一個家族。

陶器多爲殘片，僅有 1 件能夠復原，陶質以夾砂灰陶爲主，亦有少量夾砂紅陶，胎質較疏鬆，由於火候的問題，陶色不勻，有的爲黃皮灰陶。製作工藝爲手製，表面經過刮抹處理。多素面，少部分陶器飾有刻畫紋，主要有附加堆紋、乳釘紋、弦紋、三角形紋、壓印短線紋、戳印紋等。壓印紋和乳釘多裝飾於口及頸肩部，三角形紋、壓印短線紋、戳印紋等多飾於上腹部。器形主要有平底的弧腹罐和折肩罐等，多數深腹罐器形較大，說名當時處於定居社會。

石器主要有石杵、條形石磨盤和餅狀石器等。石器中石磨盤和石杵占相當的比例，同時在房址內的一個小坑中存滿了粟類植物的種子（約有 1 千克左右），說明糧食加工和農業生產佔有重要的位置。

有羊、牛、馬骨等。另外在存放種子小坑附近，另有一個小坑中存放有 3 塊羊骨，肉食在當時也佔有相當重要的位置，說明畜牧經濟佔有一定位置。

小喀拉蘇遺址出土陶器，製作方法、質地、陶色、器形和紋飾基本上與窮科克下層遺存第二層出土陶器一致。

三、其他同類遺址

1. 阿克不早溝居住遺跡

遺跡位於尼勒克縣科蒙鄉團結牧場阿克不早溝口臺地上，2003 年新疆考古研究所主持發掘阿克布早溝墓地時發現。YNAM2 打破一處早期人類活動的踩踏面，地層中包含少量的夾砂褐陶陶片，陶質、陶色和器形與窮科克下層遺存和小喀拉蘇遺址陶器一致。由於未做全面發掘，該資料僅在墓地發掘報告〔註9〕中提及。

2. 阿尤賽溝口遺址

阿尤賽溝口遺址，位於新源縣則克臺鎮闊克英村西側，南距縣城約 20 公里。2012 年，新疆文物考古研究所對則克臺鎮阿尤賽溝口墓群進行考古發掘過程中發現。

發掘 12×12 米探方 1 個，並在其東北角和東南角擴方 40 平方米。遺址地層分三層，遺跡遺物主要分佈在第三層。共清理房址 1 座、灰坑 2 個、石灶 1 處，出土有銅器、陶器、石器等。從出土陶器的陶質、陶色、器型、刻畫或壓印紋樣及馬鞍形石磨盤等石器看，與尼勒克縣的窮科克下層遺存和小喀拉蘇遺址基本一致。

另外，2002 年新疆文物考古研究所主持發掘恰普其海 I 區墓地時，發掘 1 座石堆。石堆位於墓地特克斯河岸邊，呈圓形，卵石堆築而成，直徑約 10 餘米，高 0.8 米左右。堆築石堆的卵石多被人為砸成兩半或多塊，石堆下層散見有陶片和零星的碎骨。陶片為夾砂和泥質灰陶，個別帶有刻畫紋、戳印紋等。陶片質地陶色和形制與窮科克下層遺存和小喀拉蘇遺址陶器基本一致。另砸碎石頭堆築石堆現象與窮科克下層遺存一號祭祀壇一致。該資料尚未發表，本文作者曾參與該石堆的發掘〔註10〕。

四、遺址關係及文化屬性

窮科克下層遺存、小喀拉蘇遺址和阿克布早溝口遺址均同處於喀什河岸邊，最遠距離 52 公里。阿尤賽溝口遺址位於窮科克下層遺存東南 51 公里（圖十六）。4 個遺址點所處環境和文化面貌基本一致。

〔註 9〕 資料未公佈，本文作者參與了發掘。
〔註10〕 資料未見發表，本文作者參與了發掘。

窮科克下層遺存1~4層出土物所反映的文化面貌基本一致，僅陶器形制特徵上發生一些變化，說明屬於同一文化不同發展時期。遺址文化層疊壓關係清楚，各層所出土陶器的質地、器形和紋飾也有一定的演變規律，依據地層關係和陶器發展規律可確定早、中、晚三個不同時期。窮科克下層遺存第四層直接疊壓在礫石層（生土層）上，且在礫石層上發現有 2 枚製作細石器的石核和一些木炭渣，在相對年代關係上無疑是該遺址類型最早的。

小喀拉蘇遺址為單一的居住遺址，文化層堆積面積與深度同半地穴式房屋範圍等同，雖然在堆積上亦能分出不同的層位關係，但從各層所出陶器質地、形制和紋飾沒有明顯差異，石磨和石杵的形制也基本相同，可見遺址堆積屬於房屋廢棄短期堆積，不同堆積層的時間差異並不大，屬於同一時期文化。小喀拉蘇遺址陶器質地、形制和紋飾與窮科克下層遺存第三層陶片基本一致，應屬於窮科克下層類型中期。

圖十六　窮科克下層遺存類型分佈圖

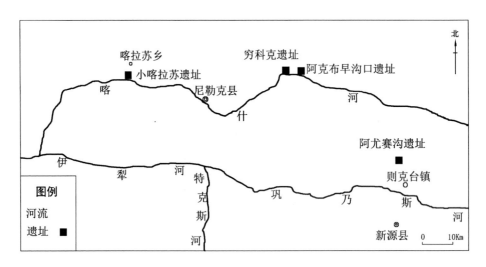

阿克布早溝遺址和阿尤賽溝遺址出土陶器與窮科克下層遺存三層和小喀拉蘇遺址陶器基本一致，應屬於窮科克下層類型中期。

窮科克下層類型遺址陶器中的平底缸形器、折腹罐和花邊罐，以及陶器上刻畫和戳印的幾何紋、弦紋、針麥紋等，都是廣泛分佈於歐亞大陸草原上的青銅時代安德羅諾沃〔註11〕文化中最為常見的器物和紋飾。窮科克下層類

〔註11〕【蘇】吉謝列夫著、中國社會科學院考古研究所資料室譯：《南西伯利亞古代

型遺址陶器尤與相鄰哈薩克斯坦安德羅諾沃文化七河類型〔註12〕一致。安德羅諾沃文化類型墓葬在伊犁河谷、塔城地區、塔里木北緣以及帕米爾高原等地亦有發現（下一章將做專題討論）。

　　小喀拉蘇遺址半地穴式房屋居址的形制和布局，也同 20 世紀 30、40 年代，前蘇聯在托波爾河畔阿列克謝葉夫卡村的安德羅諾沃遺址發掘德羅諾沃居址〔註13〕相同。

　　窮科克下層遺存和小喀拉蘇居住址均被早期鐵器時代墓地〔註14〕所疊壓和打破，墓地年代上限在公元前 1000 年前後〔註15〕，遺址文化層中出土木質碳十四數據經樹輪校正，年代在公元前十六世紀〔註16〕。時代與安德羅諾沃文化中期吻合。

　　多方因素表明窮科克下層遺存類型屬於安德羅諾沃文化範疇，即應稱之為「安德羅諾沃文化窮科克下層遺存類型」。

五、遺址分佈規律和文化特徵

1. 分佈規律

　　伊犁河谷的幾處青銅時代遺址，均位於海拔在 900 米以上、2300 米以下的山前河邊臺地上。這是因為伊犁河谷屬於典型的內陸型半乾旱氣候區，主要降水是靠西風環流受地勢抬升形成降雨。河谷底部最低海拔在 500 米左右，自東向西開闊，降雨量相對較少而且夏季氣溫高蒸發量大，常常出現乾旱情況，只有河邊灘塗和一些濕地範圍才有樹木、蘆葦等高草生長，在沒有灌溉以前，只有沿河兩岸才具有一定的適宜人類生存的空間。這從現代農牧業生產條件即可以看出，在伊犁河中下游兩岸，雖然有大面積的黃土地，但

　　　史》（上冊），烏魯木齊市：新疆社會科學院民族研究所刊印，1981 年。
〔註12〕Elena E. Kuzmina, The Origin of the Indo-Iranian, pp.9～16.
〔註13〕【蘇】吉謝列夫著、中國社會科學院考古研究所資料室譯：《南西伯利亞古代史》（上冊），烏魯木齊市：新疆社會科學院民族研究所刊印，1981 年。
〔註14〕新疆文物考古研究所：《尼勒克縣窮科克一號墓地考古發掘報告》，《新疆文物》，2004 年第 3 期。
〔註15〕窮科克一號墓地碳十四測年數據：M11 朽木，碳十四數據經數值年輪校正公元前 984～830 年；M52 朽木碳十四數據和數值年輪校正公元前 1040～906。來源於正在整理出版的《吉林臺考古報告》。
〔註16〕劉學堂、李文瑛：《新疆史前考古研究的新進展》，《新疆大學學報》（哲學人文社會科學版），2012 年 1 月第 40 卷第 1 期。

也只能在有水源灌溉的地方才能進行農業種植，否則基本上為閒置的荒漠。
而河谷兩岸靠山前地帶，海拔逐漸增高，降雨量也逐漸加大，在海拔 900 米
到 2300 米之間，多為山前開闊的黃土地帶，夏季降雨量相對較多，氣溫適
度，蒸發量較小，土壤發育和草原植被良好，適宜於畜牧業、狩獵、採集和
小面積旱地種植。在 2300 米到 3300 米之間為高草和森林帶，山勢陡峭氣溫
較低，只適宜於夏季放牧、狩獵和採集，不具備常年居住條件。在 3300 米
以上則多為裸露的石山，不少山峰常年為積雪或冰川覆蓋，人跡罕至。

　　伊犁河上游水系支流發達，有數百條支流源自天山，這也就很自然形成
了適宜人類生存環境。有關狩獵的記載我們可以從遠古以來的岩畫窺見一
斑，在伊犁河上游的鞏乃斯河、喀什河和特克斯河流域的山前地帶，經常可
以看到一些岩畫上刻畫有大角羊、野鹿等野生蹄類動物圖案，有些還有馬和
人形。西北大學王建新教授曾經專門對窮科克岩畫做了調查和研究〔註17〕，
研究發現這些岩畫屬於不同時期人類活動遺存，最早的可以到青銅時代，並
與窮科克臺地 1 號墓地和窮科克下層遺存有一定的關係。

　　根據 2007 年到 2010 年第三次全國文物普查資料看，伊犁河谷共發現古
代墓葬 5.6 萬餘座，其中大部分屬於漢唐以前的墓葬，這些墓葬絕大部分分佈
在海拔 900 米到 2300 米之間的山前丘陵地帶，而且這些墓地一般臨近水源。
這一分佈規律也說明了主要依賴畜牧業和游牧業為生產方式的古代牧民是依
水草而居，在天山南北的古代牧民都有這樣的一個分佈規律。

　　從以上青銅時代遺址和早期墓葬分佈規律來看，可以初步對伊犁河谷及
其周邊古代牧業民族做一個活動範圍的界定。東北面，依北天山延及準噶爾
盆地南緣，西連塔爾巴合台山，東到烏魯木齊以西。西南面，依南天山延及
塔里木盆地北部邊緣，西南及帕米爾高原和費爾干納盆地東部邊緣，包括伊
塞克湖周邊地區。西面到伊犁河中下游地區。亦即以烏魯木齊、帕米爾高原
西南邊緣、北天山西段這樣一個三角形地帶。這個大的三角地區雖然多為山
區，但彼此卻有溝谷相通，氣候和植被條件基本一致。從區域考古學劃分上
亦應作為一個統一的整體來考察和研究，這裡與中亞兩河流域、哈薩克斯坦
的七河地區從自然環境上是有很大差異的。考古發現早在青銅時代初期中亞
兩河流域就已經有了發達的綠洲農業，人們使用人工水渠引河水灌溉，出現

〔註17〕王建新、何軍鋒：《窮科克岩畫的分類及分期研究》，《新疆文物》2006 年第 2
　　　 期。

有很多農莊和城市。而包括伊犁河谷在內的三角地帶，尚未發現灌溉農業的迹象和大面積聚落遺址，這是因爲一方面山地草原氣溫較低不適宜農作物的生長，另一方面也無法引河水灌溉，天然的草場更適宜於畜牧和游牧業生產。但並非沒有農作物的種植，從遺址中發掘出土的石磨以及採集到的石鋤、石磨以及銅鐮來看，在青銅時代伊犁河谷小範圍的農業生產是存在的。

2. 文化特徵

遺址文化層堆積較厚，且有明確的層位關係，說明遺址是經過人類長期居住形成的。房屋形制爲長方形或圓形半地穴結構，屋頂用原木支撐，屋內有隔牆、石灶等設施，這些固定的生活居住設施也說明了當時人們是定居的。

遺址出土物含有大量的陶器、石器和動物骨骼，還發現有零星的銅器。陶器均爲手製，器形主要有罐形器和缸形器等，有平底器和圈足兩種，器表飾刻畫紋，主要有篦形器壓出的杉針紋、三角紋、「之」字紋、鋸齒紋、折線幾何紋等，也有用小棒端頭壓捺的圓形、橢圓形或三角形印紋。遺址中出土石鋤、石磨盤、石杵等耕作和加工糧食所使用的工具，也有碳化的植物種子伴出，說明農業經濟佔有重要地位。還發現有大量羊、馬等動物骨骼，說明畜牧經濟同時並存。

第二章　大西溝類型墓地

　　大西溝類型墓地，以霍城縣大西溝墓地〔註1〕爲代表，包括：尼勒克縣湯巴拉墓地〔註2〕、特克斯縣闊克蘇西 2 號墓群〔註3〕及一些零星發掘的同類型墓葬。

一、大西溝墓地

　　墓地位於霍城縣大西溝鄉附近。1988～89 年文物普查時發現，這裡共有兩處墓地，一處位於鄉政府西北 1 公里，其中 1 座墓葬封堆殘存直徑 40、高 1.5 米，填土中含有很多小卵石。另 1 處位於鄉政府南 2 公里處的小西溝河床西岸的臺地上，封堆被磚場取土破壞，採集到一些卵石、人骨、碎陶片、8 件石球和 3 件完整的陶器。

（一）墓地材料

　　墓葬封堆已被破壞，封堆和墓室結構形制不清楚〔註4〕。出土遺物包括：

　　陶罐 1 件，夾砂紅陶，高 12.7、口徑 12.4、底徑 7.5 釐米，侈口、束頸、鼓腹、平底，製作粗糙，外壁有煙炱（圖十七，1）。

〔註1〕 新疆文物普查辦公事、伊犁地區文物普查隊：《伊犁地區文物普查報告》，《新疆文物》1990 年第 2 期。
〔註2〕 新疆文物考古研究所：《新疆伊犁尼勒克湯巴勒薩伊墓地發掘簡報》，《文物》2012 年第 5 期。
〔註3〕 新疆文物考古研究所：《特克斯縣闊克蘇河西 2 號墓地發掘簡報》，《文物》2011年第 5 期。
〔註4〕 新疆文物普查辦公事、伊犁地區文物普查隊：《伊犁地區文物普查報告》，《新疆文物》1990 年第 2 期。

　　陶杯2件，均爲手製、夾砂紅陶，一件高7.6、口徑8.2、底徑6.2釐米，口微侈，斜腹，平底，有煙炱（圖十七，2）；另一件高5.3、底徑5.1釐米（圖十七，3）；

　　石球8件，砂岩質，直徑4、5、6釐米不等，有的表面有凹窩，有的表面有乳釘。

　　另有一些陶片，亦是夾砂紅陶，手製，從器底和口沿殘片看有釜、罐、杯之類，紋飾有凸棱紋、錐刺紋和乳釘紋。

（二）出土陶器類型分析

3件陶器均爲平底弧腹罐，從口沿特徵可分爲：

Aa型：折沿弧腹罐，1件。侈口，弧腹，平底（圖十七，1）。

Ab型：直口弧腹罐，2件。斂口，弧腹，平底（圖十七，2、3）。

圖十七　大西溝墓地出土陶器類型圖

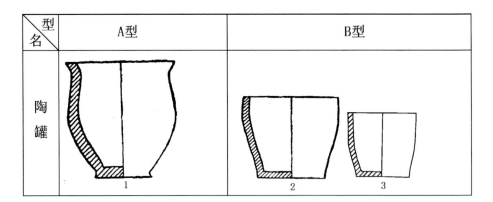

型 名	A型	B型
陶 罐	1	2　　3

1、2、3.陶罐

（三）墓葬文化特徵

　　大西溝墓地墓葬形制、葬式、葬俗不明。發現者根據採集到的平底缸型陶器與周邊文化對比，認定爲安德羅諾沃文化文化遺存〔註5〕。Aa型陶器與窮科克下層遺存三層AaII式和小喀拉蘇遺址Aa型陶罐形制一致，應與窮科克下層遺存類型中期文化同期。

〔註5〕新疆文物普查辦公室、伊犁地區文物普查隊：《伊犁地區文物普查報告》，《新疆文物》1990年第2期。

二、湯巴勒薩伊墓地

湯巴勒薩伊墓地，位於尼勒克縣喀拉托別鄉喀爾沃依村東湯巴勒薩伊溝口東側階地上。地理座標爲北緯 43°41'48.5"，東經 083°41'52.4"，海拔 1811 米。2010 年，新疆文物考古研究所主持發掘。該地共有發現墓葬 30 餘座，發掘 26 座，其中 9 座爲青銅時代墓葬〔註6〕。

（一）墓地材料

墓葬形制　墓葬地表封堆平面呈不規則圓形，直徑 8 米左右。墓室開口近似方形，邊長 1.5～2.5 米，一般東西稍長，東西向。墓室爲豎穴土坑，深 60～100 釐米之間。葬式以單人葬爲主，M17 爲雙人合葬（圖十八），M16 爲火葬。其中 M16 和 M26 被晚期墓葬打破，M23 被晚期殉馬坑打破。死者均側身屈肢，頭西腳東，面朝北，一般死者在頭部放置 2～3 件陶器，陶器旁放置 1～2 根羊肋骨，無葬具。個別墓出土銅飾件。

出土物　除 M12、M13 外，每座墓葬均出土有隨葬器物，隨葬品以陶器爲主，另有少量的青銅飾件。其中陶罐 14 件，陶杯 3 件，銅飾件 9 組。

陶器均爲手製。陶質以夾砂灰陶爲主，兼有少量夾砂紅陶。器表均爲素面，有磨光和施紅色陶衣現象。器底可分平底和類圈足兩種。圈足器均爲侈口折腹，平底器中有侈口折腹的也有斜壁折沿的。口沿可分平唇和斜平唇兩種。

〔註6〕新疆文物考古研究所：《尼勒克縣湯巴勒薩伊墓地考古發掘報告》，《新疆文物》2012 年第 2 期；新疆文物考古研究所：《新疆伊犁尼勒克湯巴勒薩伊墓地發掘簡報》，《文物》2012 年第 5 期。

圖十八　湯巴勒薩伊墓地 M17 平面圖

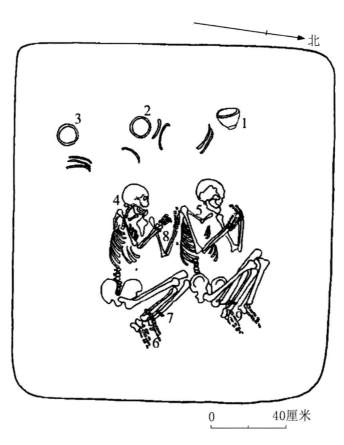

1、2、3.陶罐　4、5.銅耳環　6、7、9.銅足鏈　8.銅手鏈

（二）出土器物類型分析

1. 陶器，17 件。其中罐 14 件，杯 3 件。根據底部特徵可分平底罐和圈足罐二型：

A 型：平底陶罐，10 件。均為平底，敞口，腹壁剖面略有變化，或為弧形或微折。如：M14：1，夾砂灰陶，素面磨光。方唇，微侈口，微折肩，小平底。口徑 16.8、底徑 5.2、高 12.2 釐米（圖十九，1）；M15：1，夾砂灰陶，素面磨光。外斜平沿，短束頸，鼓腹，下腹較瘦，餅狀平底。口徑 15.1、底徑 8.2、高 13.8 釐米。（圖十九，2）；M17：2，夾砂灰陶，圓唇，微侈口，短束頸，微折肩，下腹較瘦，餅狀平底。口徑 16.1、底徑 8.0、高 13.2 釐米（圖十九，5）；M17：1，夾砂灰陶，方唇，微侈口，短束頸，折肩。口徑

16.7、底徑 7.1、高 15.4 釐米（圖十九，6）；M24：1，夾砂灰陶，器表殘留紅色陶衣，內外均有煙炙。方唇，微侈口，短束頸，微折肩，餅狀平底。口徑 18.6、底徑 10.2、高 15.9 釐米（圖十九，9）；M16：1，夾砂灰陶，方唇，微侈口，微短束頸，折肩，餅狀平底。口徑 16.4、底徑 7.2、高 14.5 釐米（圖十九，10）；M18：1 夾砂紅陶，方唇，微侈口，短束頸，微折肩，餅狀平底。口徑 16.0、底徑 9.5、高 1.9 釐米（圖十九，11）；M24：2，殘片復原，夾砂紅陶，方唇，微侈口，短束頸，微折肩，餅狀平底。口徑 13、底徑 7.4、高 11 釐米（圖十九，12）。

圖十九　湯巴勒薩伊墓地陶器類型圖

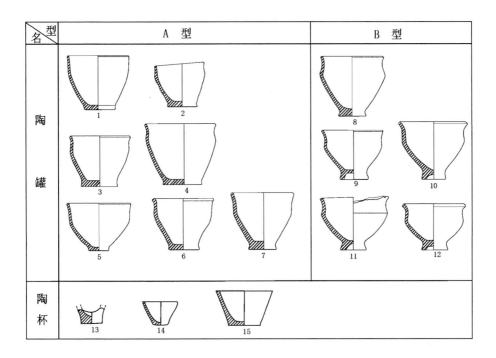

1.陶罐（M15：1）　2.陶罐（M24：2）　3.陶罐（M26：1）　4.陶罐（M24：1）　5.陶罐（M14：1）　6.陶罐（M17：2）　7.陶罐（M16：1）　8.陶罐（M17：1）　9.陶罐（M15：2）　10.陶罐（M16：2）　11.陶罐（M17：3）　12.陶罐（M14：2）　13.陶杯（M15：8）　14.陶杯（M15：3）　15.陶杯（M15：4）

　　B 型：圈足陶罐 4 件。均為矮圈足，敞口外折沿，腹壁下半部向外斜出上半部形成折肩。分別為：M14：2，夾砂灰陶，素面磨光，外斜平沿，短束頸，折肩，圈足，口徑 16.7、底徑 6.1、高 11.9 釐米（圖十九，3）；M15：2，

夾砂灰陶，外斜平沿，方唇，短束頸，折肩，圈足，口徑 16.0、底徑 7.2、高 12.5 釐米（圖十九，4）；M17：3 夾砂灰陶，外斜平沿，短束頸，折肩，圈足，口徑 18.1、底徑 6.7、高 13.9 釐米（圖十九，7）；M16：2 殘片復原，夾砂灰陶，內外布滿煙炙，外斜平沿，方唇，侈口，短束頸，折肩，圈足，口徑 18.3、底徑 6.3、高 14.8 釐米（圖十九，8）。

陶杯 3 件，分別爲：M15：5，殘，夾砂紅陶，僅剩餅狀平底，器形較小，底徑 2.8、殘高 2 釐米（圖十九，13）；M15：3，夾砂紅陶，圓唇，敞口，斜腹，餅狀平底，器形較小，口徑 4.6、高 3.0 釐米（圖十九，14）；M15：4，夾砂紅陶，方唇，敞口，斜直腹，平底，器形較小，口徑 7.4、底徑 4.3、高 4.5 釐米（圖十九，15）。

2. 銅器 9 件（組），其中耳環分 3 件（組），足鏈 4 件，手鏈 1 件。

足鏈和手鏈可根據串珠形制分爲二型：

A 型：鼓形串珠足鏈，3 件。由若干枚穿孔銅珠組成，珠呈鼓狀。分別爲：M17：7，由 43 枚組成，直徑 0.4、孔徑 0.3 釐米（圖二十，3）；M15：6，由 97 枚組成，直徑 0.3、孔徑 0.2 釐米（圖二十，1）；M17：9，由 46 枚銅珠組成，直徑 0.4、孔徑 0.3 釐米（圖二十，2）。

B 型：環形串珠足鏈，1 件。串珠爲短銅條對接而成，呈環狀，由 36 枚組成，直徑 0.7、孔徑 0.5，厚 0.3 釐米（圖二十，4）。

手鏈，1 件（M17：8）。由 5 枚穿孔銅珠組成，珠呈扁平環狀，以短銅條對接而成。直徑 0.4、孔徑 0.3 釐米。

耳環可根據喇叭口根部有無節分爲二型：

A 型：帶節喇叭口耳環，2 組 4 件。均爲成對出土，針形環一端尖一端爲喇叭形，尖端伸入喇叭口內，喇叭口根部帶節。分別爲：M15：5，直徑 4.2、絲徑 0.1～0.2、喇叭口徑 1.11.3 釐米（圖二十，6）。標本 M17：4，直徑 3.5、絲徑 0.1～0.2、喇叭口徑 1.6 釐米（圖二十，5）。

B 型：無節喇叭口耳環，製作工藝同前兩者相同，區別僅在於喇叭口根部無突出的節。見：M17：5，直徑 4.2、絲徑 0.1～02、喇叭口徑 1.21.4 釐米（圖二十，7）。

圖二十　湯巴勒薩伊墓地出土銅器圖

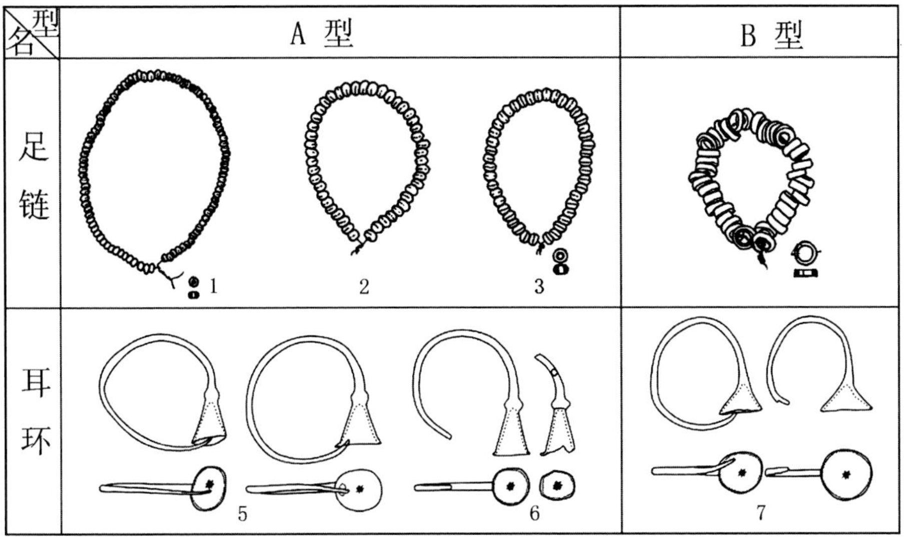

名\型	A 型			B 型
足鏈	1	2	3	
耳環	5		6	7

1.足鏈（M15：6）　2.足鏈（M17：9）　3.足鏈（M17：8）　4.足鏈（M17：5）　5.耳環（M17：6）　6.耳環（M15：5）　7.耳環（M17：.4）

（三）墓葬特徵和文化屬性

湯巴勒薩伊墓地 9 座早期墓葬中有 8 座集中分佈在一起，說明墓地使用者應在附近具有相對穩定的居住地，墓葬出土陶器以平底和圈足陶器為主，器形較大，也說明當時社會應當以定居為主。

墓室內填黑色泥土和在屍骨上灑赭石粉，應是原始宗教意識的反映。這種在死者身上塗灑紅色天然礦石顏料現象，在新疆下阪地安德羅諾沃文化類型墓葬也有所發現〔註7〕。

墓地位於海拔 1810 米左右的山前階地上，這裡不具備大面積農業生產所需要的水熱條件，但這一海拔高度草甸豐厚，適宜畜牧業生產，墓葬中隨葬羊骨也證明了這一點。

墓葬中普遍隨葬銅飾件，有的墓主人頭戴耳環，腳戴足鏈，以青銅作裝飾品現象普遍。同時，從這些裝飾品的製作工藝上看，一粒粒銅串珠，圓潤精緻，喇叭形耳環形態自然，製作工藝精細，說明青銅製造業已經達到相當發達的水平。

〔註 7〕新疆文物考古研究所編著：《新疆下阪地墓地》，文物出版社，2012 年。

　　這種喇叭形銅耳環在安德羅諾沃文化中普遍存在〔註8〕，在中國北方系青銅器中的夏家店下層文化、大坨頭文化〔註9〕和新疆下阪安德羅諾沃類型墓地〔註10〕也有同樣的喇叭形銅耳環（圖二十一）。

<h3 style="text-align:center">圖二十一　中外喇叭形銅耳環對比圖</h3>

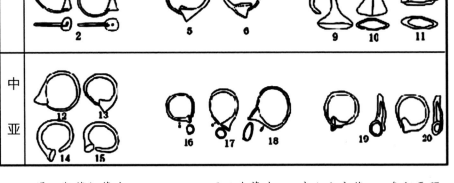

1、2.湯巴勒薩伊墓地　3、4、5、6.下阪地墓地　7.唐山小官莊　8.阜新平頂山　9.平谷劉家河　10.彰武平安堡　11.遷安小山東　12、13.Tashtube　14、15.Dun Bei　16.黑湖 IM76　17.洛夫卡 IIM3　18.姆米納巴德 M3　19、20.寇澤爾布拉克 I 墓地

　　墓葬出土陶器，均爲手製，陶質有夾砂灰陶和夾砂紅陶兩種，器表有磨光和塗飾紅色陶衣現象，器形有平底罐和圈足罐，從口沿和腹部特徵又可分爲斂口（或直口）弧腹罐、侈口弧腹罐和侈口折肩罐、侈口折腹罐等。M15：1 出土的平底缸型陶器與窮科克下層遺存類型 AII 式陶罐形態完全一致，B型圈足器器底特徵與窮科克下層遺存類型 BII 型圈足形態基本一致，口沿和腹部形態也同前者基本相同。這些均說明湯巴勒薩伊墓地文化與窮科克下層遺存類型中後期文化屬於同期。

〔註8〕【蘇】阿吉舍夫著、中國社會科學院考古研究所編譯：《南西伯利亞古代史》（上冊），新疆社會科學院民族研究所出版，1985 年。

〔註9〕林澐：《夏代的中國北方系青銅器》，《邊疆考古研究》（第 1 輯）

〔註10〕新疆文物考古研究所編著：《新疆下阪地墓地》，文物出版社，2012 年。

三、闊克蘇西 2 號墓群

　　闊克蘇西 2 號墓群，位於特斯克縣城東南，喬拉克鐵熱克鄉阿特恰比斯村東約 3 千米處，地理座標：北緯 43°08'28.3"、東經 081°52'59.5"海拔 1350米。墓群地處南天山北麓、闊克蘇河河口西岸的第三階臺的農田和草場中，北距特克斯河約 5.5 千米，地勢開闊平坦。在東西約 1.9 千米，南北 1.6 千米的範圍內有墓葬 200 餘座。1978 年，新疆社科院考古所曾對該墓群 30 座墓葬進行過發掘，墓室爲長方形豎穴土坑墓，葬式以仰身直肢爲主，頭向朝西，少見葬具。出土隨葬品有陶器、小鐵刀、銅鏃、銅、金耳環、料珠等。2010年，新疆文物考古研究所主持發掘 93 座，其中青銅時代墓葬 9 座〔註 11〕。

（一）墓地材料

　　墓葬形制　墓葬封堆呈圓形，純土或夾雜少量卵石結構，中部塌陷呈平頂，直徑在 8～16.9 米之間。根據墓室結構的不同，可分爲豎穴石室和豎穴木槨墓兩種類型：

　　豎穴石室墓　墓葬封堆墓室開口呈方形，墓室壁垂直地面，底部四周壘砌卵石至墓口。該類墓葬在墓室西部均有較短斜坡墓道，墓主均側身屈肢，頭西腳東，面朝北。如：

　　M51 豎穴石室墓。封堆平面呈圓形，土結構，平面呈圓形，頂部略平，直徑 16.9、高 0.85 米。封堆中部距頂部 30 釐米處出土一具人骨，仰身直肢，頭向西，無任何隨葬品，骨質保存較差，埋葬性質不明。距墓口上 50 釐米的封土中出土一具馬頭骨。墓室分斜坡墓道和方形豎穴土坑。墓道位於墓坑的西側，東西向，斜坡，長 274 釐米，寬 157 釐米。豎穴土坑呈長方形，南北358、東西 342 釐米，深 132 釐米。土坑四壁用卵石砌築有石室，石牆寬約 50釐米，與墓口齊平。墓室底部石牆內有殘存的朽木板。墓室東南角出土一具中年男性個體，側身屈肢，頭向西，面朝北。東北角堆放有經過火燒的大塊人骨，未見紅燒土和灰燼，應爲異地火化後遷入的拾骨葬。隨葬品放置在墓室西北角，共有陶罐 2 件，銅珠 1 枚，另在墓室墳土中出土有 1 件殘陶罐（圖二十二）。

〔註 11〕新疆文物考古研究所：《特克斯縣闊克蘇西 2 號墓群發掘簡報》，《新疆文物》
　　　　2012 年第 2 期；新疆文物考古研究所：《特克斯縣闊克蘇西 2 號墓群的發掘》，
　　　　《考古》2012 年第 9 期。

圖二十二　闊克蘇西 2 號墓群 M51 室平剖面圖

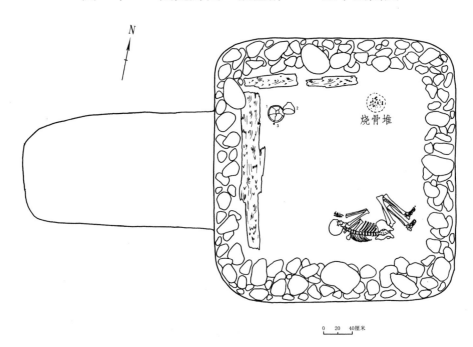

M53 豎穴石室墓。墓葬封堆呈圓形，黃土堆築，堆土中夾雜有少量石塊，直徑 8、高 0.7 米。墓室位於封堆下中部，墓口呈長方形，東西長 3.2、南北寬 3 米，深約 1.2 米。墓室西壁向外有以一短墓道，呈箕形，東寬西窄，內填卵石，長 1.41 米，寬約 0.6～1.0 米之間。墓室底部靠近土壙四壁堆砌卵石構成石室，石牆寬約 40～50 釐米，局部已坍塌。距離口 54 釐米處，有一層南北方向橫鋪松木板，木板長約 2.0 米，寬約 25～35 釐米，厚 5 釐米，共計 8 塊，局部已經腐朽殘失。石室的底部四邊各一根放原木，構成簡單的木槨。石室內出土一具人骨，死者爲一中老年女性，頭向西，面朝北，側身屈肢，一次葬。隨葬有陶罐 4 件，有多段馬肋骨散亂分佈在人骨的北側。

豎穴木槨墓　封堆呈圓形，土結構。墓室分長方形土坑和小偏室兩部分構成，土坑東西向，在土坑東頭一側底部向外掏出一橢圓形小偏室。土坑底部四周用原木構築成方形木槨，木槨上面或鋪木板封蓋，或直接填土。死者安放於小偏室內，側身曲肢，頭向北，隨葬品或放在死者身邊，或置於方形墓室中。如：

M24，封堆呈圓形，黃土結構，堆土中夾雜有少量石塊，平面呈圓形，直徑 5、高 0.3 米。墓室位於封堆下方中部，墓室口呈長方形，東西向，長

2.40、寬 1.62、深 1.58 米。填土中夾雜有少量石塊，土質疏鬆。豎穴底部殘
存有原木堆築的木槨，墓室底部四壁用原木堆砌成牆，上面南北方向橫鋪原
木，墓室曾經擾亂，木槨內未發現人骨和任何遺物。清除完木槨後，在墓室
東壁底部發現一偏室，偏室口被木槨原木封堵，偏室進深約 50 釐米，高 60
釐米，弧頂。偏室內出土一具人骨，一次葬，側身屈肢，頭向北，面向東，
爲一成年男性個體。死者肩部上方隨葬 1 件陶罐（圖二十三）。

圖二十三　闊克蘇西 2 號墓地 M24 平剖面圖

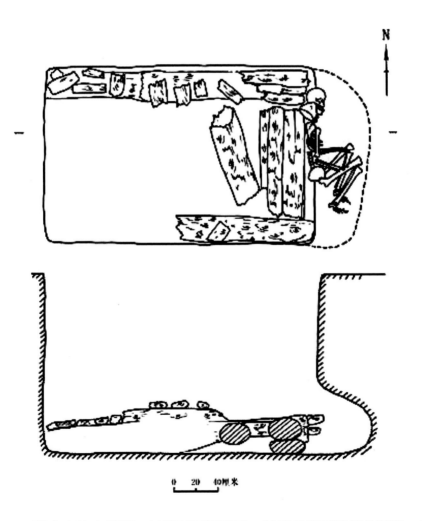

M82 豎穴土坑木槨墓，封堆平面呈圓形，結構爲卵石堆築的石堆，直徑
7.15、高 0.42 米。墓室位於封堆下中部，墓室口平面呈長方形，東西向，長

2.32、寬 1.84 米，深 1.40 米。墓室中填黃土，夾雜有大量卵石。墓室深 0.40
米處，見有散亂人骨。豎穴土坑底部四壁用原木 4 到 5 根疊砌構築成簡單木
槨，搭建呈井字形，沒有榫卯結構，原木與墓壙之間用黃土填充，形成熟土
二層臺，二層臺上鋪一層卵石。木槨內出土 1 件陶罐和 1 件銅耳環，未見人
骨。與 M24 一樣，在墓室東壁底部向外掏有一個小的偏室，進深 0.50 米，橢
圓形，穹頂。偏室內出土一具人骨，中年男性，一次葬，仰身屈肢，頭向東
北，面朝上，死者右側隨葬陶罐 1 件（圖二十四）。

圖二十四　闊克蘇西 2 號墓地 M82 平剖面圖

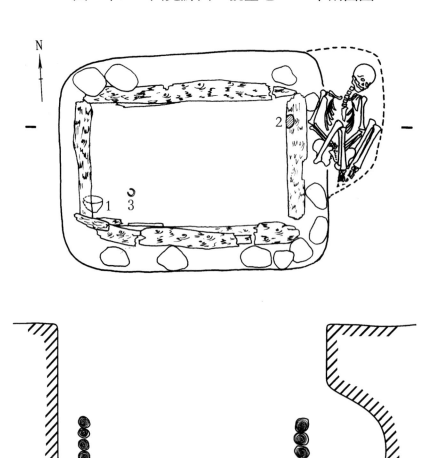

（二）出土陶器類型分析

　　闊克蘇西 2 號墓群 9 座早期墓葬共出土陶器 12 件，銅珠 1 件，銅箔卷成的銅環 2 件。陶器基本爲素面，手製，陶質爲夾砂灰、褐、黑三種，表面有磨光現象，燒製侯火較高。按照陶器器底特徵可分爲平底缸形器和圈足罐二型：

　　Aa 型：缸型平底器，1 件。如：M51：1，夾砂黑陶，方唇，侈口，束頸，折肩不明顯，斜腹，平底，口徑 22.7、腹徑 22.8、底徑 11 釐米，通高 20.4 釐米，壁厚 0.7～1 釐米。（圖二十五，1）

　　Ab 型：罐形平底器，2 件。分別爲：M82：2，夾砂灰陶。方唇，敞口，束頸，斜腹，假圈足底微凹。口徑 16、腹徑 17.2、底徑 7.1 釐米，通高 14.2 釐米；M24：1，夾砂褐陶。方唇，敞口，微束頸，斜腹，平底。口徑 16.8、腹徑 17、底徑 8.8

圖二十五　闊克蘇西 2 號墓群出陶器類型圖

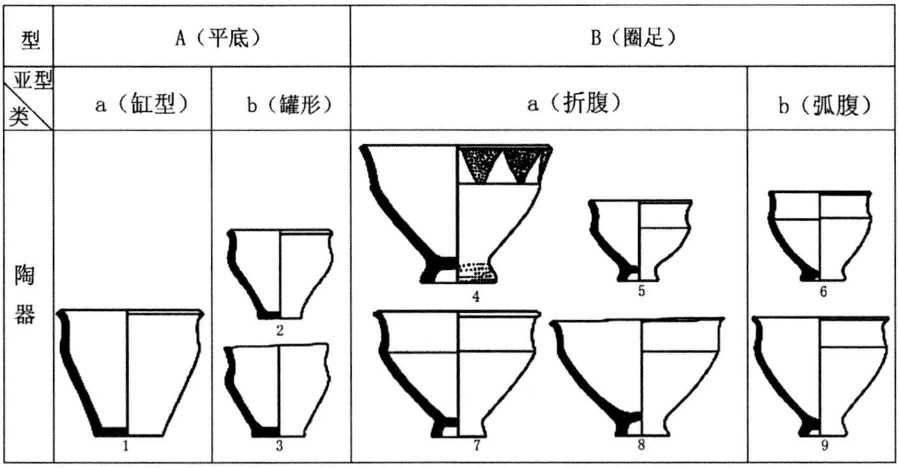

型	A（平底）		B（圈足）		
亞型 類	a（缸型）	b（罐形）	a（折腹）		b（弧腹）
陶 器	1	2、3	4、5、7	8	6、9

1.缸型平底器（M51：1）　　2、3 罐形平底器（M82：2、M24：1）　　4、5、7、8.折腹圈足器（M53：2、M53：4、M51：2、M53：3）　　6、9.圈足器（M82：1、M53：1）釐米，通高 14.6 釐米，壁厚 0.8～1.4 釐米。（圖二十五，2、3）

　　Ba 型：折腹圈足器，4 件。分別爲：M53：2，夾砂黑陶。器型厚重，製作精良。方唇，侈口，微束頸，折肩，斜腹，圈足。器表及內部磨光。頸部刻畫倒三角紋，三角紋內戳刺成排的圓點紋，圈足也飾一周戳刺圓點紋。口徑 31.4、腹徑 27.8、底徑 12.0 釐米，通高 22.3 釐米，壁厚 0.7～1.3 釐米；

M53：4，夾砂灰陶。方圓唇，束頸，折肩，弧腹，高圈足。口徑 16.9、腹徑 16.3、底徑 6.5 釐米，通高 13.9 釐米，壁厚 0.7～1.1 釐米；M51：2，圓唇，小斜沿，侈口，束頸，折肩，斜腹，圈足。口徑 27.2、腹徑 25.8、底徑 8.9 釐米，通高 20.3 釐米，壁厚 0.7～1.3 釐米；M53：3，夾砂，褐胎灰皮。圓唇微外翻，侈口，微折肩，斜腹，高圈足。器型整體外展。器表部分灰皮脫落，裸露褐胎，局部有煙炱。口徑 28.3、26.5、底徑 8.9 釐米，通高 18.8 釐米，壁厚 0.7～1.4 釐米。（圖二十五，4、5、7、8）

Bb 型：弧腹圈足器，2 件。分別為：M82：1，夾砂，褐胎黑灰皮。圓唇，束頸，折肩，弧腹，圈足。口徑 16.8、腹徑 17.1、底徑 7 釐米，通高 14.3 釐米，壁厚 0.7～1 釐米；M53：1，夾砂黑灰陶。圓唇，小斜沿，侈口，束頸，微折肩，腹微鼓，高圈足。口徑 22.5、腹徑 22、底徑 7.9 釐米，通高 19.2 釐米，壁厚 0.5～1.3 釐米。（圖二十五，6、9）

（三）墓葬文化特徵

闊克蘇西 2 號墓群，封堆明顯，均為純土堆築而成，且最大直徑在 17 米左右，墓室大致呈長方形，分豎穴石室墓和豎穴木槨墓兩種形制，兩種形制墓室西面一般都有聯通的墓道，值得注意的是有一部分墓葬中人骨不在墓室內，而是安葬於墓室一側掏出的小型偏室中，隨葬品或放置在墓室內或在偏室中。這種形制可能反映出為死者設置的寢臥和活動空間（事死如生）。隨葬陶器形制較為單一，均為侈口折肩罐，形制上僅有平底和圈足之分。兩種形製陶器在湯巴勒薩伊墓地出土陶器中均能找到完全一致的器形，說明與前者屬於時期。Aa 型缸型平底器與窮科克下層遺址類型中、晚期的缸型平底器形制基本相同，與窮科克下層遺存類型有一定的聯繫。

四、其他同類型墓葬

同類缸形平底陶器，2003 年在尼勒克縣吉林臺庫區阿克布早溝墓地 M56 〔註12〕中發現 1 件，同年在特克斯縣葉什克列克墓地 CM1 〔註13〕中也發現 1 件形制基本相同的陶器。但這兩座墓都是孤立處於早期晚期墓群中，沒有更多的隨葬品可以證明，發掘者在報告中也未能做出肯定的判斷。

〔註12〕 待公佈，資料由新疆文物考古研究所提供。
〔註13〕 新疆文物考古研究所、伊犁州文物管理所：特克斯縣葉什克列克墓葬發掘簡報，《新疆文物》2005 年第 3 期。

五、墓葬文化特徵、屬性及年代

上述大西溝類型墓地，除霍城縣大西溝墓葬屬於生產建設中偶然發現外，其餘均爲正規發掘。尤其是湯巴勒薩伊墓地和闊克蘇河西 2 號墓地中各有 9 座此類集中分佈的墓葬，形成具有一定規模的墓地。這兩處墓地的發現和發掘，對於研究伊犁河谷早期墓葬的分佈規律、封堆結構、墓室結構、葬俗葬式以及文化屬性等具有十分重要的意義。

（一）墓葬特徵

封堆結構　地表封堆標誌明顯，封堆爲圓形或不規則圓形，純土結構，直徑大小不一，墓葬數量較少。

墓室形制　分豎穴土坑、豎穴石棺、豎穴木槨和豎穴石棺木槨帶小偏室四種，墓室口近似爲方形，沒有固定的方向，墓室壁垂直地表，深度 0.5～2 米之間。有的墓室一側有斜坡形墓道，墓室底部有的靠墓室四壁堆砌河卵石爲石室，石室上封蓋原木；有的靠近四壁堆放原木，原木上棚原木作爲墓室；有的在石棺或木槨一側掏出小型偏室；有的則直接以土坑爲墓室。墓坑內塡土。

葬俗葬式　死者或安放在土坑中部、或安放在石棺或木棺內，也有安放在小的偏室內。有單人一次葬和多人一次葬，側身曲肢，頭向大部分隨墓室順長方向，偏室中的人骨隨偏室順長方向。一般都隨葬有陶器，也有死者隨身佩戴的銅飾件等。亦有個別墓葬中出土馬骨和羊骨。陶器爲夾砂灰陶，以圈足爲主，亦有假圈足和平底器，器形有碗形陶器、缸型陶器和陶杯等。器表有磨光和施黑色陶依，紋飾有壓印、戳印和刻畫的三角形紋、弦紋、水波紋、點劃紋等。

（二）墓葬文化屬性和年代

大西溝類型墓地出土的平底陶器，從製作工藝、陶質和形制上看，與窮科克下層遺存類型 AII、BII 式陶器基本一致，屬於同期考古學文化。

湯巴勒薩伊墓地和闊克蘇西 2 號墓群中的早期墓葬，同屬於曲肢葬，但兩個墓地的墓葬形制並不完全相同。唐巴拉墓地墓墓室形制單一，均爲近於方形的豎穴土坑，死者安放於墓室中部，多爲單人一次葬，並見有 1 座雙人合葬和 1 座火葬拾骨葬，墓室方向爲東西向，死者側身曲肢頭向西，有殉馬現象。闊克蘇西 2 號墓群墓室結構較爲複雜，分豎穴土坑石室、豎穴土坑木

榔兩種，墓室一側均帶有斜坡形墓道，而且豎穴木榔墓均分爲兩室，墓主人安放在豎穴木榔以外的偏室中，隨葬品有的放置在死者身邊，有的則放置於木榔室內。後者木榔偏室尚屬首次發現。但從兩者出土的隨葬陶器來看，均以平底器和圈足器爲主，陶器形制沒有太大的區別，應爲同一時期、同一文化類型墓葬。

湯巴拉薩伊墓地和闊克蘇西 2 號墓群所出平底缸型器、折肩折腹罐，圈足器在窮科克下層遺存和小喀拉蘇遺址中均大量相同形制的陶片。說明墓地文化和遺址文化亦屬於同類文化。參考闊克蘇西 2 號墓群 M24、M51、M52、M53、M82、M153 碳十四數據（表三：），墓葬年代均在距今 3300 年左右，年代在公元前 15～前 13 世紀，應與窮科克下層遺存類型遺址中晚期文化同期。

表三　闊克蘇西 2 號墓群碳十四測年表

Lab 編號	樣品	樣品原編號	碳十四年代（BP）	樹輪校正後年代（BC）	
				1σ（68.2%）	2σ（95.4%）
BAO110434	木	2010YTKM24	3355±35	1730BC（3.7%）1710BC 1700BC（64.5%）1600BC	1740BC（95.4%）1530BC
BAO110436	木	2010YTKM51	3355±30	1690BC（68.2%）1610BC	1740BC（95.4%）1530BC
BAO110438	指骨	2010YTKM52b	2765±40	980BC（7.8%）　950BC 940BC（60.4%）　840BC	1010BC（95.4%）820BC
BAO110439	木	2010YTKM153	3295±35	1615BC（68.2%）1525BC	1680BC（95.4%）1490BC
BAO110440	肢骨	2010YTKM53	2765±40	980BC（7.8%）　950BC 940BC（60.4%）　840BC	1010BC（95.4%）820BC
BAO110444	木	2010YTKM82	3400±30	1745BC（27.6%）1665BC	1770BC（95.4%）1610BC

注：所用碳十四半衰期爲 5568 年，BP 爲距 1950 年的年代〔註14〕

〔註14〕 新疆文物考古研究所：《特克斯縣闊克蘇河西 2 號墓地發掘簡報》，《新疆文物》2012 年第 2 期。

第三章　阿尒爾森類型銅器

　　1976 年，鞏留縣阿尒爾森鄉修築水渠時，在特克斯河與鞏乃斯河交匯處的西南岸三角地帶地下挖出 13 件銅器和 1 件殘的夾砂紅陶罐，經有關專家調查清理認定爲青銅時代安德羅諾沃文化類型銅器，亦稱之爲「阿尒爾森窖藏青銅器」〔註1〕。此後，在伊犁河谷地區陸續發現多批此類銅器，跟據目前掌握資料，伊犁州博物館、特克斯縣博物館、霍城縣博物館，新疆博物館、新源縣博物館共計收藏此類銅器 104 件。按照最先發現定名原則，這裡稱之爲「阿尒爾森類型銅器」。這批資料除阿尒爾森銅器組和則克臺銅器組〔註2〕之外，均未作過報導。本章將對其進行全面整理，通過對交叉器物和周邊地區的對比研究，按照器物類型學研究方法進行型式分析，最終確定時代和文化屬性。

一、成組出土的銅器

　　這些銅器絕大部分是成組出現的，其中阿尒爾森銅器組 13 件〔註3〕、那孜托別銅器組〔註4〕19 件、昭蘇 74 團銅器組〔註5〕40 件、則克臺銅器組〔註6〕

〔註1〕　王炳華：《新疆地區青銅時代考古文化試析》，《新疆社會科學》，1985 年第 4 期；王博、成振國：新疆鞏留縣發現一批銅器，《文物》1989 年第 8 期。

〔註2〕　李溯源：《新疆新源縣出土一批青銅器》，《中國文物報》，2005 年 9 月 23 日第 2 版。

〔註3〕　王博、成振國：《新疆鞏留出土一批銅器》，《文物》1989 年第 8 期。

〔註4〕　伊犁州博物館檔案資料：1982 年，當地牧民在特克斯縣喬拉克鐵熱克鄉那孜托別村發現一批青銅器，其中包括 2 件銅矛、9 件銅刀、4 件銅鏡、2 件銅鏟、5 件銅錐、1 件銅鐮和 4 件銅鏡。

6 件。器形分別爲：有戰斧、短劍、長矛、鏃、刀、鐮、鏟、錘、鑿、錐、鏡、
扣、耳墜等。

1. 阿尕爾森銅器組

　　1976 年，鞏留縣阿尕爾森鄉修築水渠時，在特克斯河與鞏乃斯河交匯處
的西南岸三角地帶地下挖出 13 件銅器和 1 件殘的夾砂紅陶罐。出土器物埋藏
於地面以下 2.2 米深的土層中，經新疆博物館有關人員考察，發現附近有一些
小石堆墓，可能是墓葬的隨葬品。

　　管銎銅斧 3 件，斧體呈鳥喙形，鑄造，上端爲圓形中間帶橢圓形橫向銎，
銎兩側有蕉葉形紋飾，下段爲楔形，斧身爲六棱形，向下逐漸變爲扁體，雙
面刃，其中 1 件上端突起。尺寸分別爲：長 23、刃寬 6.7 釐米（圖二十六，1），
長 20、刃寬 6.8 釐米（圖二十六，2），長 25，2、刃寬 6.5 釐米（圖二十六，
3）。

　　銅鐮 3 件，月牙形，弓背弧刃，末端有一圓形孔，背部向刃部逐漸變窄。
其中 1 件穿孔下面鑄有斜線紋。尺寸分別爲：長 20、最寬 5.4 釐米（圖二十
六，4，長 22、最寬 4.9 釐米（圖二十六，5），長 20.9、最寬 4.8 釐米（圖二
十六，6）。

　　銅鑿 4 件，其中 2 件上段橫剖面呈方形，中部突出方形格擋，下端逐漸
呈扁體（圖二十六，8）。1 件，鑿身呈圓柱形，圓形豎銎，刃部扁平，刃部以
上有一凹槽，長 18.8、銎經 2 釐米（圖二十六，7）。另 1 件殘損較爲嚴重。

　　銅斧 1 件，斧體上端橫斷面爲中空半圓形，下段近於長方形，斧背平直
與銎一體，通長長 8.4、刃寬 2.2 釐米（圖二十六，10）。

　　銅錘 1 件，錘體呈方形，上段帶方形豎銎，下段圓鈍，上部鑄 4 道弦紋，
弦紋下爲一周倒三角紋，高 8、口徑 5.3 釐米（圖二十六，11）。

　　另有殘銅器 1 件，形似柳葉，雙面刃。長 7、寬 2.5 釐米。

〔註 5〕伊犁州博物館檔案資料：1998 年，昭蘇縣 77 團職工丁銀忠在廢品收購站發現
　　　　一批銅器，並主動與原伊犁地區文物管理所聯繫，李溯源與趙德榮一同前去
　　　　徵集，經調查該批文物出自昭蘇縣 74 團團部西面公路北側的一個水渠附近，
　　　　共 40 件。其中包括 1 件管銎銅斧、2 件銅鏟、1 件銅鑿、1 件半月形銅鐮、2
　　　　件銅錐和 33 件銅扣。
〔註 6〕李溯源：《新疆新源縣出土一批青銅器》，《中國文物報》，2005 年 9 月 23 日第
　　　　2 版。

圖二十六　阿尒爾森銅器組

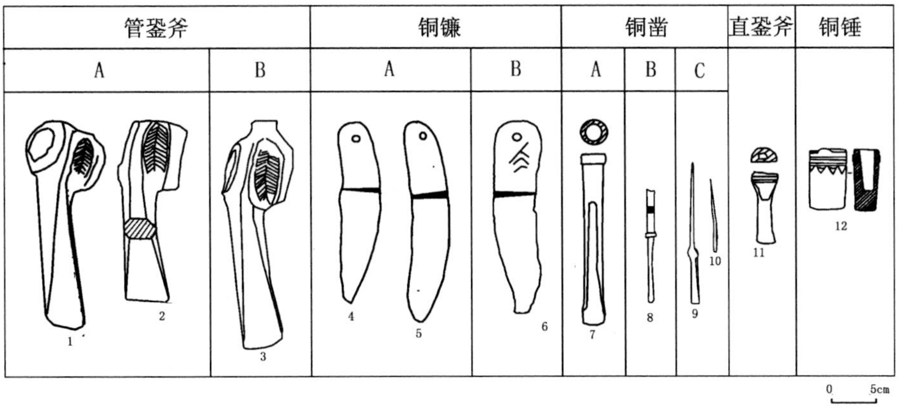

管鎏斧		銅鐮		銅鑿			直鎏斧	銅錘
A	B	A	B	A	B	C		

1.2.3.橫鎏斧　4.5.6.鐮　7.8.9.10.鑿　11.直鎏斧　12.銅錘

2. 那孜托別銅器組

1982 年，當地牧民在特克斯縣喬拉克鐵熱克鄉那孜托別村發現一批青銅器，其中包括 2 件銅矛、9 件銅刀、4 件銅鏡、2 件銅鏟、5 件銅錐、1 件銅鐮和 4 件銅鏡。

銅矛 2 件，1 件前段呈柳葉形，中不起脊線，雙面刃，末段爲扁體帶 2 個穿孔，長 31、最寬 5 釐米（圖二十七，1）。另 1 件前段呈柳葉形，中部起脊線，雙面刃，圓筒形豎鎏，長 28.5、鎏經 2.4 釐米（圖二十七，2）。

銅刀 9 件，4 件刀背呈弓形，直刃或稍帶弧度，刀身後窄前寬，柄部帶凹槽，或柄部帶穿和橫豎條紋（圖二十七，5、9、10、10）。4 件刀身瘦長，刀尖外挑，刀背向前弧度變大，弧形刃，柄部帶凹槽（圖二十七，3、4、5、6、8）。1 件刀身前段寬後端窄，刃和背向外呈弧形，柄部帶凹槽，形似戰國刀幣（圖二十七，7）。

銅錐 5 件，棱柱形，一端呈楔形，一端呈圓錐形，長 10.8～18.5 釐米（圖二十七，12）。

銅鐮 1 件，新月形，弧形刃，末端圓形鎏爲鍛打對接。長 15、寬 5 釐米（圖二十七，13）。

銅鏟 2 件，1 件近於方形，上寬下窄，弧形兩面刃，肩部向上斜出，中間有直式管狀鎏，長 8.2、寬 9.5、鎏經 3.6 釐米（圖二十七，14）。另 1 件，近

似梯形，上寬下窄，肩部向下斜，直式管狀銎，兩側分別鑄有 2 組弧形紋，弧形兩面刃（圖二十七，15）。

銅鏡 4 面，均爲圓形，邊輪到中心厚度一致，雙面平滑素面，剖面呈弧形，直徑 10、厚 0.25 釐米左右（圖二十七，16、17、18、19）。

圖二十七 那孜托別銅器組

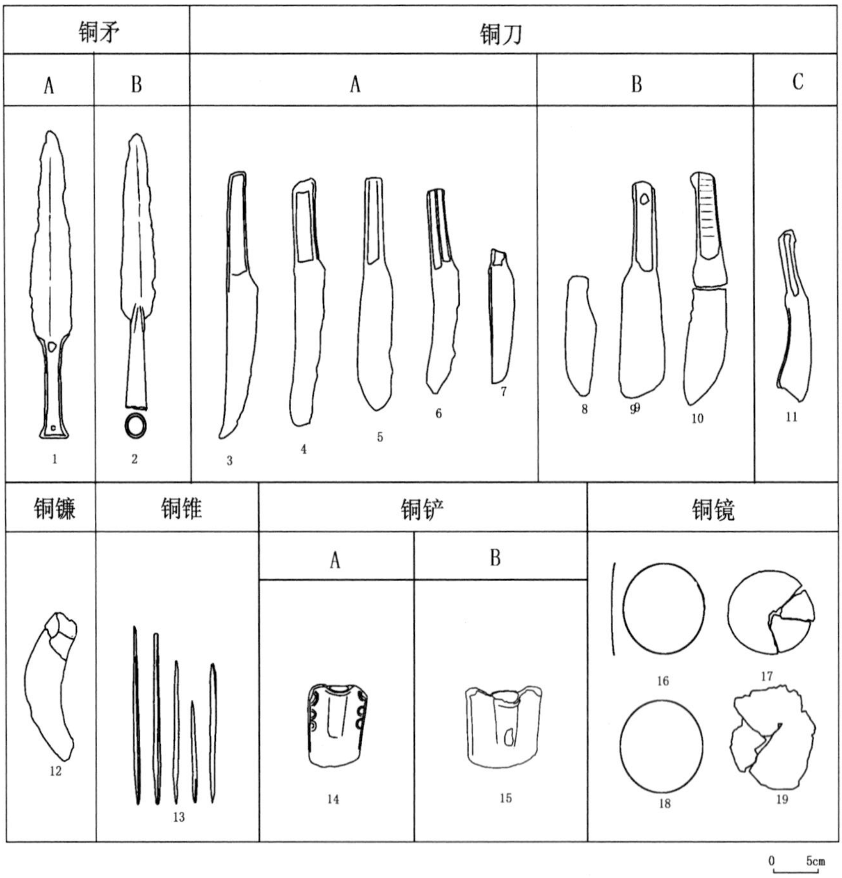

铜矛		铜刀			
A	B	A	B	C	

1、2.銅矛　3～11.銅刀　12.銅錐　13.銅鎌　4.15.銅鏟　16～19.銅鏡

3. 昭蘇縣 74 團銅器組

1998 年，昭蘇縣 77 團職工丁銀忠在廢品收購站發現一批銅器，並主動與原伊犁地區文物管理所聯繫，本文作者與時任所長趙德榮一同前去徵集，經調查該批文物出自昭蘇縣 74 團團部西面公路北側的一個水渠附近，共 40 件。其中包括 1 件管銎銅斧、2 件銅錛、1 件銅鑿、1 件半月形銅鎌、2 件銅錐和

33 件銅扣。

　　銅斧 1 件，斧體呈喙形，上段爲圓形帶橢圓形銎，下段呈楔形，弧形雙面刃，長 24.5、銎經 6 釐米（圖二十八，1）。

　　銅鐮 1 件，呈月牙形，弧形雙面刃，尾端有 1 圓孔，長 24、寬 4.5、厚 0.1～0.8 釐米（圖二十八，2）。

　　銅鑿 1 件，圓柱形，上端略粗帶圓形直銎，下段帶凹槽，弧形刃。長 20、刃寬 2、銎經 2.9 釐米（圖二十八，3）。

　　銅錛 2 件，上段爲扁體段，下段呈楔形，單面刃。長 18 釐米左右（圖二十八，4、5）。

　　銅錐 2 件，四棱柱體，一端呈楔形，一端呈錐形。長分別爲 17 和 11 釐米（圖十九二十八，6）。

　　銅扣 33 件，圓泡形，外面鼓出內面凹，內面中部帶 1 鈕，直徑在 3 釐米左右（圖二十八，7）。

圖二十八　昭蘇縣 74 團銅器組

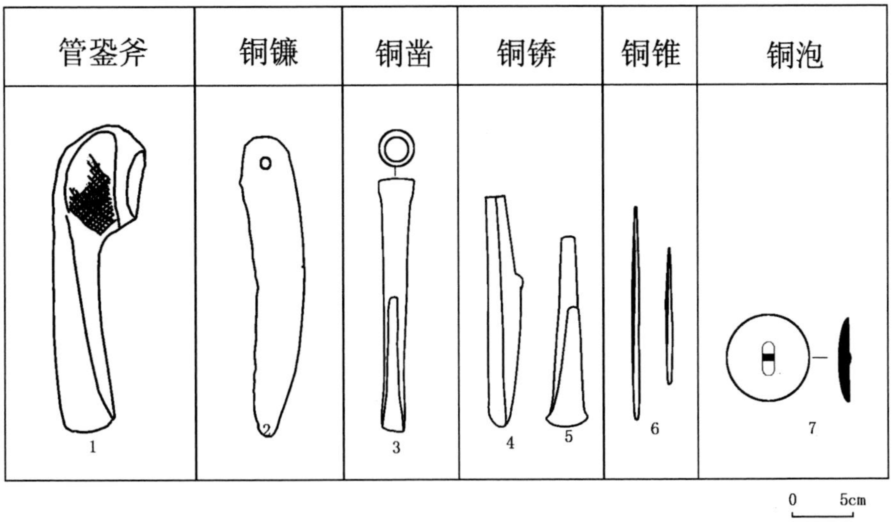

管銎斧	銅鐮	銅鑿	銅錛	銅錐	銅泡
1	2	3	4　5	6	7

0　　5cm

1、銅斧。2、銅鐮。3、銅鑿。4、5、銅錛。6、銅扣。

4. 則克臺銅器組

　　2005 年 8 月，新源縣電力公司兩名工人在新源縣則克臺鎮西天山南坡的草原裏栽電線杆取土中發現一堆 6 件青銅器，隨報經原伊犁地區文物管理

部門進行實地考察和對出土文物點進行清理，未發現其他遺跡和早期人為埋藏痕跡（可能已遭破壞）。所出器物可能屬於當時埋藏或攜帶過程中遺失物品。

銅鑿 1 件，鑿身呈圓柱形，末端帶圓形豎銎，前端刃部扁平，刃部以上有一凹槽。鑿身長 18.6、銎深 6、銎經端口內徑 1.8、外徑 2.5、刃寬 2.5 釐米（圖二十九，1）。

銅刀 1 件，柄刃長度各占 1／2 左右，刀背中部平直前端向內弧，刀刃部分殘損，柄部曲首帶凹槽。刀身通長 26、刀柄長 11.7、刃部 0.3～0.4 釐米（圖二十九，2）。

銅鏡 3 面，出土時扣在一起，均為圓形，鏡的輪邊到中心厚度一致，鏡面向外弧出，弧度在 1 釐米之間，兩面皆為平滑的素面。直徑分別為 10.6、10.7 和 9.7 釐米，厚 0.25 釐米左右（圖二十九，3、4、5）。

銅鏟 1 件，近似梯形，上寬下窄，圓筒形直銎，兩肩聳起，弧形雙面刃，刃部呈「V」字形，有磨損和使用痕跡，銎兩側鑄有三角形和直線組成的紋飾。高 14、肩部寬 9.7、刃部寬 8.6、銎深 7、銎端內徑 2.8、外徑 3.5、厚 0.7～0.9 釐米，（圖二十九，6）。

圖二十九　則克臺銅器組

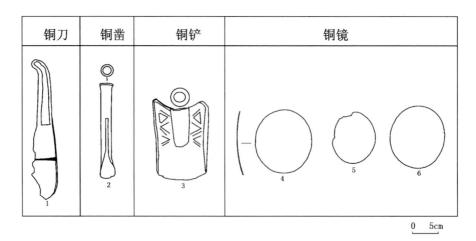

1.銅刀　2.銅鑿　3.銅鏟　4.5.銅鏡

二、類型學分析

　　阿尒爾森類型銅器中，有多種形制完全相同的器物交叉出現。通過對這些交叉器物的對比研究，可以確定爲同一時期文化遺存。同時，根據這些銅器的特徵將其他一些零星發現的同類器物歸類整理，發現展現在我們面前的是一個龐大的銅器群。根據不同用途和形制特徵分爲以下類型：

（一）兵器類

　　1. 銅矛 3 件，其中兩件同出於特克斯縣喬拉克鐵熱克那孜托別。根據矛鋒和尾端特徵分爲帶鋋矛和帶柄矛二型：

　　A 型：帶鋋矛，1 件。前段呈柳葉形，中部脊線兩側向外逐漸變薄，雙面刃，鋒銳利。後段爲鋋，鋋的前段兩側各有 3 條凸棱，尾端呈楔形。長24、最寬3.8釐米（圖三十，1）。

　　Ba 型：扁體柄矛，1 件。前段呈柳葉形，中部脊線兩側向外逐漸變薄，雙面刃，鋒銳利，後段爲扁體柄，柄部雙面帶凸棱兩端各有 1 個圓形孔。長31、最寬5釐米（圖三十，2）

　　Bb 型：管銎矛，1 件。前段呈柳葉形，中部脊線兩側向外逐漸變薄，雙面刃，鋒銳利，後段爲圓形直式管銎。長28.5、最寬2.4釐米（圖三十，3）。

圖三十　阿尒爾森類型銅矛

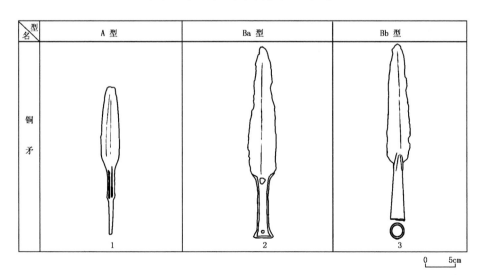

1.霍城縣三宮鄉出土。　2.3.特克斯縣喬拉克鐵熱克那孜托別出土。

2. 管銎斧 9 件，青銅質、範鑄，圓形或橢圓形橫式管銎，斧體呈楔形，弧形刃，2 件素面、6 件飾蕉葉紋、1 件飾網紋。

A 型：圓背管銎斧，5 件。圓管銎，斧背呈圓形（圖三十一，1～5）。

B 型：弓背管銎斧，2 件。圓管銎，斧背起弓形脊（圖三十一，6、7）。

C 型：突背管銎斧，2 件。橢圓形管銎，斧背突出（圖三十一，8、9）。

圖三十一　阿尕爾森類型管銎銅斧

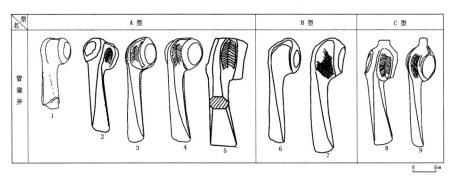

1.鞏留縣出土　2、5、8、9.鞏留縣阿尕爾森出土　3、4.伊犁河谷　6.昭蘇縣天山牧場出土　7.昭蘇縣 74 團徵集　5.6.伊犁河谷出土

3. 劍 2 件，根據柄部特徵可分爲裝柄短劍和帶柄短劍二型：

A 型：裝柄短劍，1 件。劍鋒雙面刃，中部起脊，末端帶鋌，長 18.7、寬 5 釐米（圖三十二，1）；

B 型：帶柄短劍，1 件。劍鋒雙面刃，中部起脊，柱體柄、斜肩格、平首、飾水波紋，長 24.5、最寬 6.5 釐米（圖三十二，2）。

圖三十二　阿尔爾森類型銅劍

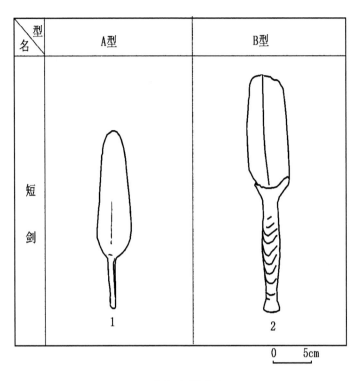

1.2. 尼勒克縣出土。

（二）工具類

1. 刀 17 件，按照柄部和刃部特徵分爲如下類型：

Aa 型：弓背直柄刀，4 件。刀背前段呈弓形，刀刃直，直柄（圖三十三，1～4）。

Ab 型：弓背曲首刀，4 件。刀背前段呈弓形，刀刃直，柄首內曲（圖三十三，5～8）。

Ba 型：直柄弧刃挑尖刀，5 件。直柄帶凹槽，弧背弧刃，刀尖外挑。（圖三十三，9～13）。

Bb 型：直柄弧刃斜尖刀，4 件。直柄帶凹槽，弧背弧刃，刀尖內斜（圖三十三，14～17）。

C 型：寬面刀，1 件。刀柄內曲，帶凹槽，刀身前寬後窄，弓形背，弧刃，齊頭，形似戰國刀幣（圖三十三，18）。

圖三十三　阿尕爾森類型銅刀

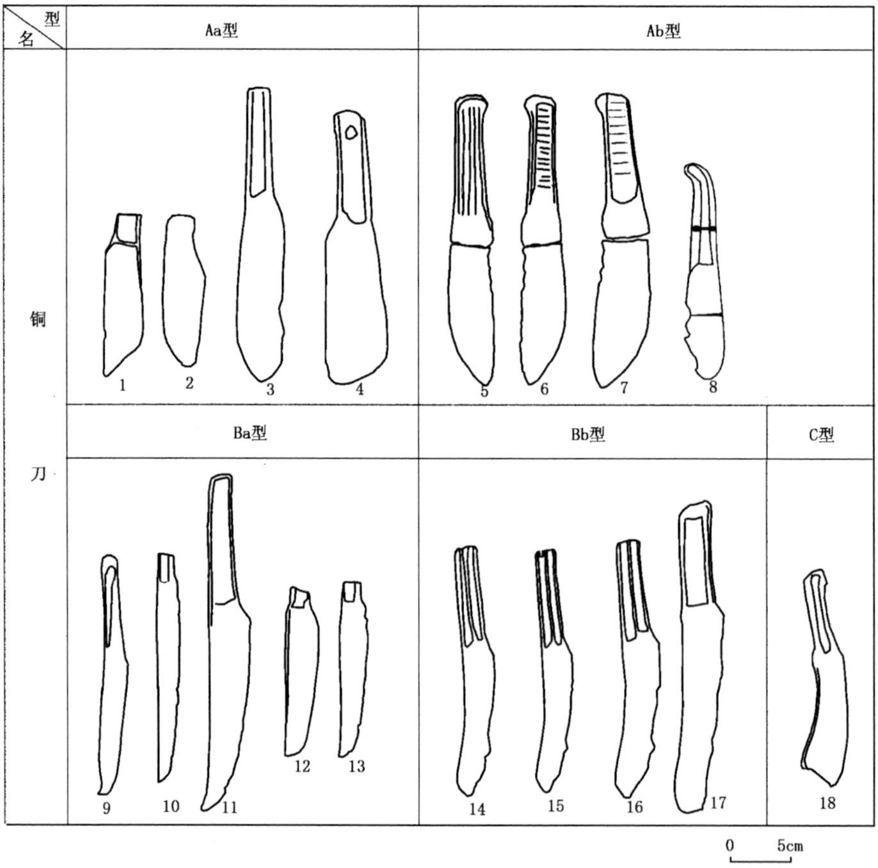

1～6、10～13、15～17. 特克斯縣喬拉鐵熱克那孜托別出土　7～9.14 新源縣出土

2. 銅鏃 4 件，依肩部特徵分斜尖和聳肩兩種：

A 型：斜肩鏃，1 件。範鑄，近似梯形，直式管銎，斜肩，弧形雙面刃，兩面鑄弧形紋。長 13.5、寬 9、銎徑 3.5 釐米。霍城縣三宮鄉沙灣村出土（圖三十四，1）。

B 型：聳肩鏃，3 件。分別出土於新源縣則克臺鎮和特克斯縣喬拉克鐵熱克鄉那孜托別。範鑄，近於方形，直式管銎，聳肩鏃，弧形雙面刃。其中 2 件素面，1 件兩面鑄直線和三角組成的圖案。尺寸分別為：長 12、寬 9、銎經 3.5 釐米（圖三十四，3），長 13.5、寬 9、銎經 3.5 釐米（圖三十四，2），長 8.2、寬 9.5、銎經 3.6 釐米（圖三十四，4）。

圖三十四　　阿尕爾森類型銅鏟

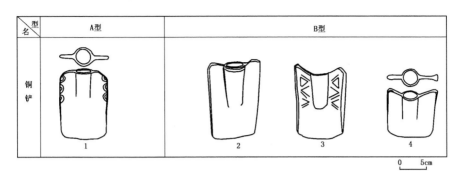

1.特克斯喬拉克鐵熱克那孜托別出土　2.霍城縣三宮鄉出土　3、4.新源縣則克
臺鎮出土

　　3. 銅鑿 5 件，均為圓柱形，末端帶圓形銎，前段帶凹槽，弧形刃。分別
為：昭蘇縣 74 團團部出土，長 20、銎經 2.9 釐米（圖三十五，1）；鞏留縣
阿尕爾森出土，長 18.8、銎經 2 釐米（圖三十五，2）；新源縣則格臺鎮出土，
長 18.6、銎經 2.5 釐米（圖三十五，3）；鞏留縣出土，長 16.7、銎經 3.5 釐
米（圖三十五，4）；鞏留縣出土，殘長 14 釐米（圖三十五，5）。

圖三十五　　阿尕爾森類型銅鑿

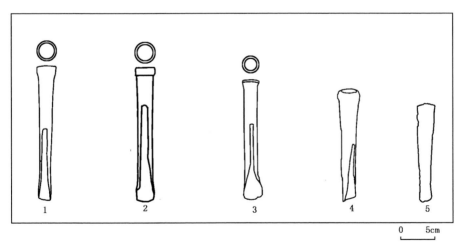

1.昭蘇縣 74 團出土　2. 鞏留縣阿尕爾森出土　3.新源縣則克臺鎮出土　4.5.
鞏留縣出土。

　　4. 銅錛 5 件，通體呈楔形，上段呈扁圓形，下端呈梯形，一面平直，一

側中部突起，弧形單面刃。尺寸分別為：長 19.5、寬 4.3 釐米（圖三十六，1），長 18.2 釐米（三十六，2），長 17.2、寬 3.5 釐米（圖三十六，3），長 15、寬 3.5 釐米（圖三十六，4），長 15、寬 4.5 釐米（圖三十六，5）。

圖三十六　阿尕爾森類型銅錛

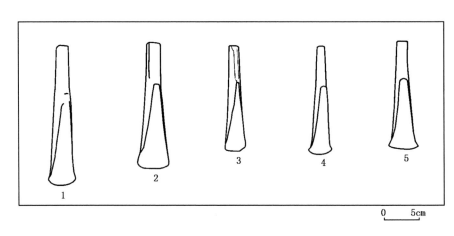

0　　5cm

1.4.昭蘇縣 74 團出土　2.特克斯縣庫克鐵熱克鄉出土　3.新源縣科克鐵熱克鄉出土　5.尼勒克縣烏拉斯臺鄉克克加村出土

5. 銅鐮 9 件，根據鐮身形制和裝柄特徵，分為二型：

A 型：曲柄帶銎鐮，2 件，弓背、弧刃。分別長 15、寬 5 釐米（圖三十七，2），後者長 28、寬 8 釐米（圖三十七，1）。分別出土於特克斯縣喬拉克鐵熱克鄉和新源縣。

B 型：月牙形鐮，7 件。鐮身成月牙形，弓背弧刃，末端為弧形帶一圓形孔，前帶鋒內刃。尺寸分別為：長 24、寬 4.5 釐米（圖三十七，3），長 24、寬 5.3 釐米（圖三十七，4），長 23、寬 6 釐米（圖三十七，5），長 24、寬 5.5 釐米（圖三十七，6），長 20、最寬 5.4 釐米（圖三十七，7，長 22、最寬 4.9 釐米（圖三十七，8），長 20.9、最寬 4.8 釐米（圖三十七，9）。

圖三十七　阿尔尔森類型铜鐮

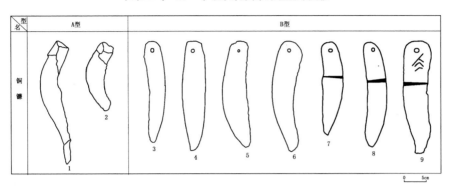

1.新源縣塔勒德鄉出土。2.特克斯縣喬拉克鐵熱克鄉出土。3.昭蘇縣74團出土。4.尼勒克縣烏拉斯臺鄉出土。5.鞏留縣出土。6.尼勒克縣出土。7.8.9.鞏留縣阿尔尔森出土。

6. 铜錐 7 件。棱柱形，一端呈楔形，一端呈圓錐形，長 10.8～18.5 釐米（圖三十八，1、2）。

7. 铜錛 4 件。橢圓形銎，兩側帶半圓形繫耳，斧身呈梯形，弧形雙面刃，1 件長 14、銎經 6.5 釐米（圖三十八，3），1 件長 11、最大銎經 5.5 釐米（圖三十八，4）。

8. 直銎铜斧 2 件。斧身略呈梯形，上端口為半圓形中空一面為橋形，背部平直。1 件長 10、寬 4 釐米（圖三十八，5），1 件長 8.4、刃寬 2.2 釐米（圖三十八，6）。

圖三十八　阿尔尔森類型其他工具

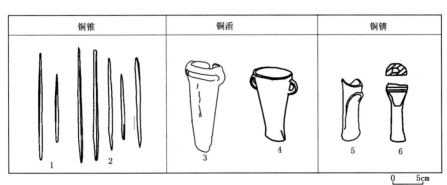

昭蘇縣 74 團出土　2.特克斯喬拉克鐵熱克那孜托別出土　3.鞏留縣出土　4.伊犁河谷出土　5、6.鞏留縣阿尔尔森出土。

（三）生活及裝飾用品

1. 銅鏡，7 件。均爲圓形，邊輪到中心厚度一致，雙面平滑素面，剖面呈弧形，直徑 8～14 釐米，厚 0.25 釐米左右（圖三十九）。

圖三十九　阿尕爾森類型銅鏡

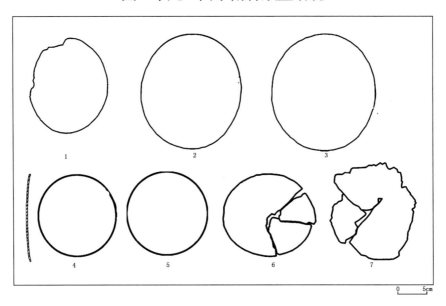

1～3.新源縣則克臺鎮出土　　4～7.特克斯縣喬拉鐵熱克那孜托別出土。

2. 銅扣，33 件。圓泡形，外面鼓出內面凹，內面中部帶 1 鈕，直徑在 3釐米左右（圖四十）

圖四十　阿尕爾森類型銅扣

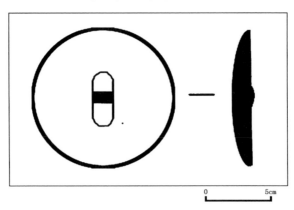

昭蘇縣 74 團出土

三、文化屬性及年代分析

　　關於阿尕爾森銅器的文化屬性及年代，1985 年新疆文物考古研究所王炳華在《新疆地區青銅時代考古文化試析》一文中，指出阿尕爾森出土的銅斧、銅鐮的形制與前蘇聯境內的「安德羅諾沃文化」〔註7〕銅斧和銅鐮形制基本一致，蕉葉紋飾也完全相同，年代與新疆羅布淖爾古墓溝文化最爲接近，並提出新疆最早在公元前 2000 年進入青銅時代〔註8〕。1989 年，新疆博物館王博和成振國在《文物》上發布了阿尕爾森銅器資料，並提出該批銅器的年代可能屬於春秋時期，最遲不晚於戰國〔註9〕。之後隨著新的考古材料不斷發現以及研究的不斷深入，學術界基本上一致認定阿尕爾森類型銅器爲安德羅諾沃文化遺存。

　　通過對伊犁河谷出土的阿尕爾森類型銅器的整理，可以清楚看到這個銅器群中的幾乎所有銅器類型在七河地區和北疆其他地區安德羅諾沃文化銅器中都能找到完全相同的器物（圖四十一），甚至比周邊地區的還要豐富。

　　銅斧是歐亞草原地帶最常見的一類器物，從整個歐亞大陸發現情況看，青銅時代主要有橫銎斧、豎銎斧、管銎斧、穿銎斧和垂背斧五大類。橫銎斧很早就流行於歐亞草原的西部，並由西向東傳播，管銎斧、穿銎斧和垂背斧出現時間較晚。豎銎斧最早西方見有鍛打的，斧的銎一般不閉合，留有銎縫，年代在公元前 2 千紀前後〔註10〕。鑄造的橫銎斧出現時間晚，較早的實例出現於塞伊馬－圖爾賓諾銅器群中。塞伊馬－圖爾賓諾青銅器群的年代學術界有爭論，但不會晚於公元前 2 千紀中葉〔註11〕。目前從形態上很難將塞伊馬－圖爾賓諾鑄造的豎銎斧和歐亞草原鍛打的豎銎斧聯繫起來，塞伊馬－圖爾賓諾青銅器群中所見的豎銎斧鑄有雙耳，斧的頸、肩部鑄有紋飾，顯然不是豎銎斧最早的形態，起源目前學術界尚無定論。形態比較原始的鑄銎斧在天山北路墓地發現過。所以，這類銅器最早源於天山東部地區的可能性不能完全排除。

〔註7〕【蘇】吉謝列夫著：《南西伯利亞古代史》（上冊），新疆社會科學院民族研究
　　　所翻譯出版，1981 年，第 35～53 頁。
〔註8〕王炳華：《新疆地區青銅時代考古文化試析》，《新疆社會科學》1985 年第 4 期。
〔註9〕王博、成振國：《新疆筆留出土一批銅器》，《文物》1989 年第 8 期。
〔註10〕Ancient Metallurgy in USSR.P.121.
〔註11〕梅建軍、高濱秀：《塞伊馬－圖爾賓諾現象和中國西部地區的早期青銅文化》，
　　　《新疆文物》2003 年第 1 期。

　　矛是考古常見的一種古代兵器，在新石器時代就已經出現了石質和骨質製作的矛，最早的銅矛見於歐亞草原的西部，在青銅時代早期那裡就流行一種帶鋬銅矛，矛身呈柳葉形，有的中部起脊。帶鋬矛最早出現在公元前 2 千紀前半葉，這種矛是鍛打而成的，一般鋬部都有接縫〔註 12〕，管鋬矛起源尚不清楚。不過，新疆阜康的 1 件石範上同刻有矛和鏃，鏃爲柳葉形管鋬，形態很像矛。這樣的鏃在新疆哈密天山北路墓地、甘肅火燒溝墓地都有所發現，火燒溝墓地還發現有鑄造此類鏃的石範，所以很可能鋬柄矛與管鋬鏃有一定的淵源關係。管鋬矛有可能最初源於天山地區。〔註 13〕範鑄矛最早見於塞伊馬─圖爾賓諾青銅器群，可推測到公元前 2 千紀中葉，或更晚一些。塞伊馬─圖爾賓諾的典型遺存西伯利亞鄂木斯克附近的茹斯托夫卡墓地出土 1 件鋬柄矛，鋬的一側帶有小耳和倒鉤，這種銅矛在塞伊馬─圖爾賓諾文化中比較常見。在齊家文化銅器群中也見有 1 件類似的銅矛，只是耳和倒刺分別在柄的兩側。〔註 14〕中原地區青銅矛出現於商代晚期。新疆塔城博物館和昌吉州博物館各收藏 1 件銅矛，這兩件銅矛形態略有變化，矛體較短，鋬較長，時代可能較晚些。新疆和靜縣察吾乎溝一號墓地發現一件鋬柄銅矛，鋬很長，矛體呈子彈頭狀，時代晚於戰國前後。〔註 15〕我國北方地區管鋬銅矛也有少量發現，時代一般不早於西周，多屬於春秋戰國時期〔註 16〕。

　　在歐亞草原的西部，青銅時代早期流行一種平面爲梯形背部平直的扁斧，這種器物一直到青銅時代晚期形態上一直沒有發生變化。〔註 17〕新疆阜康發現的窄鏟範，與歐亞草原很早流行的扁斧屬於同一系統的生產工具。新疆尼勒克縣鐵木里克溝口墓地戰國時期墓葬的墓壁上，清晰地留有用這種窄鏟修整的痕跡，〔註 18〕表明窄鏟在新疆流行的年代至少晚到戰國前後。

〔註 12〕Ancient Metallurgy in the USSR，p.112、113、121、137，圖 35、36、47.
〔註 13〕梅建軍、高濱秀：《塞伊馬─圖爾賓諾現象和中國西部地區的早期青銅文化》，《新疆文物》2003 年第 1 期。
〔註 14〕劉學堂、李溯源：《新疆發現的鑄銅石範及其意義》，《西域研究》2008 年第 4 期。
〔註 15〕李海榮：《北方地區出土夏商周時期青銅器研究》，第 138～140 頁。
〔註 16〕劉學堂：《再論中國早期銅鏡起源西域說》，《新疆歷史與文化》，新疆人民出版社，2007 年。
〔註 17〕劉學堂：《再論中國早期銅鏡起源西域說》，《新疆師範大學學報》（哲學社會科學版）1999 年第 3 期。
〔註 18〕E.N.Chernykh，Ancient Metallurgy in the USSR，Cambridg Uniwersity Press，1992.

圖四十一　伊犁河谷及其周邊地區銅器比較圖

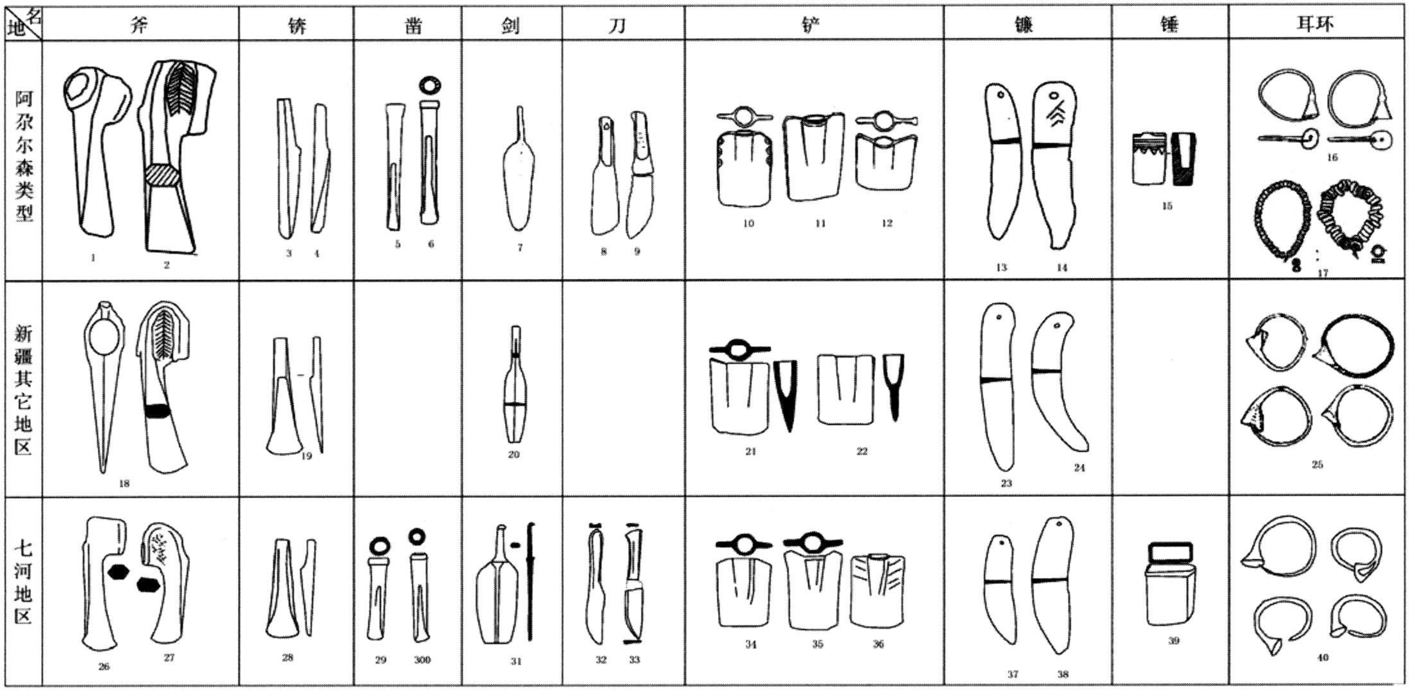

1、6、13、14、15.阿尔爾森出土　2.昭蘇縣出土　3、5.昭蘇縣 77 圍出土　4.特克斯縣 74 圍出土　7.尼勒克縣鐵集　8、9、10.特克斯縣喬拉鑲熱克那孜托別出土　11.霍城縣三宮鄉出土　12.新源縣則克臺鎮出土　16、17.尼勒克縣湯巴勒薩伊墓地出土　27.托克里縣沃雪特特鄉出土　19、20、21、23.塔城地區出土　22.烏魯木齊農科院出土　24.阜康出土　25.下阪地墓地出土　26、28、29、31、38、39.Shamshi　27、30.Ivanovka　32.Issy-Kul　33、36.Sad0voe　34.楚河流域　40.Tashtube&Dunbei

寬刃鏟的起源目前尚不清楚，同類器物在中亞公元前 2 千紀後半葉安德羅諾沃文化中比較常見，在安德羅諾沃文化中寬刃鏟的銎一般不高出鏟體，未形成銎柄，圓銎深入到鏟體內，這樣便在鏟的中部形成明顯突起的圓脊。新疆阿勒泰克爾木齊墓地出土的銅鏟有明顯銎柄，它與安德羅諾沃同類鏟之間的關係尚不清楚。新疆阿勒泰哈巴河採集的寬刃鏟範，銎明顯高出鏟體，形成銎柄，同類寬刃鏟十分罕見，其時代可能要晚一些。

本章第二節青銅時代墓葬中唐巴拉薩伊 M17：6、M17：4、M15：5 共出土三組喇叭形銅耳環，這種耳飾屬典型的安德羅諾沃文化類型器物，在歐亞大陸草原有普遍分佈在中國北方系青銅時代文化中也有所發現。

從以上多件典型器物與周邊文化對比研究，該組銅器屬於典型的安德羅諾沃文化是無疑的。但伊犁河谷所出青銅器主要是通過採集所得，缺乏地層關係。同時，青銅時代遺址和墓葬也只是剛剛嶄露頭角。要想短期內理清這些器物的絕對年代和早晚關係，還是一件比較困難的事。也只能將其歸於一體，有待於以後進一步發現和更多人進行深入細緻的研究。

四、鑄銅石範

石範的製作和使用，是金屬鑄造過程中的一項重要發明。伊犁河谷地區出土了大量的安德羅諾沃文化和卡拉蘇克文化銅器。同時，還見有一些早期的鑄銅石範，這對研究這一地區青銅文化以及古代青銅鑄造業的發展也有極其重要的意義。

斧範，3 件。1 件伊犁河谷徵集。範石呈梯形，合範僅存一面。圓形豎銎，口部直徑較大，向下微收，束頸部刻一周網紋，網紋下刻一周折線三角紋，兩側各有一半環形耳繫，斧體向下變窄，弧形刃。範高 15、下端寬 8 釐米（圖四十二，1）；1 件伊寧縣俞其翁鄉採集，範石呈長方形，合範，保存完好。長 16、寬 6 釐米。圓形豎銎，銎的一側刻有 1 半環形耳繫，斧體上窄下寬，弧形刃（圖四十二，3）。1 件尼勒克縣尼勒克溝採集。範石呈長方形，合範，一面完整，另一面殘，圓形豎銎，斧體上窄下寬，完整一面範長 17.5、寬 9 釐米（圖四十二，2）。

帶柄鏡範，2 件。1 件伊寧縣余其翁鄉採集，合範，範石呈圓角三角形，一塊刻鏡和錐形，一塊為平面。鏡面為桃形，柄前端寬後端窄，柄部鑄兩側各刻有一個半環形耳繫，長 16.5、寬 12 釐米（圖四十二，4）。另 1 件特克斯

縣採集，僅存一面。鏡面爲圓形，柄呈長方形，只刻出鏡的邊緣輪廓，尚未完全成型。長 18、寬 9 釐米（圖四十二，5）。

　　簪狀石範 1 件，特克斯縣採集合範，僅存一面。外形象是帶柄鏡，前端爲圓形，圓形的中間和外側爲兩個同心圓環，兩圓環中間刻有放射狀線，酷似「車輪」狀。長圓柱形柄，並部兩側刻有半環形耳繫。殘長 13.5 釐米（圖四十二，6）。

圖四十二　伊犁河谷出土鑄銅類型石範圖

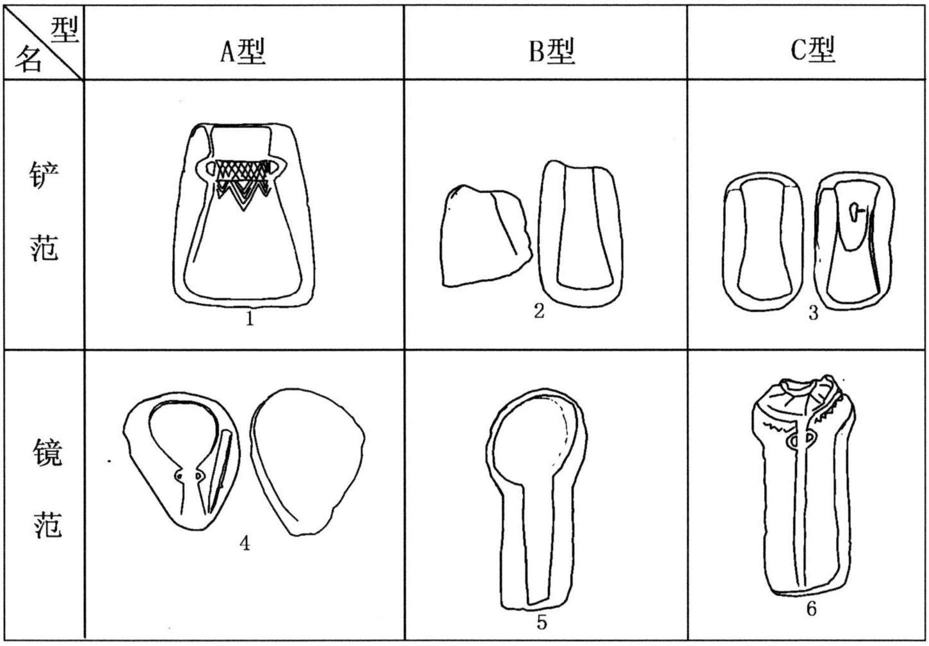

型名	A型	B型	C型
铲范	1	2	3
镜范	4	5	6

1.徵集　2.尼勒克縣尼勒克溝出土　3、4.伊寧縣俞其翁鄉出土　5、6.特克斯縣出土

　　類似的石範在新疆其他地區也有發現。從目前歐亞範圍的考古發現看，青銅範鑄技術最早出現在西方。歐洲地區最早的鑄銅石範發現於保加利亞，特利波利耶（Tripokye）文化遺存中發現有大量的青銅工具和裝飾品，年代可早到公元前第 5 千紀到公元前第 4 千紀早期，這些青銅工具多爲石範澆注而成。環黑海冶金區的早期青銅時代的許多遺址中亦發現有大量的鑄銅石範，年代在公元前第 4 千紀，另外還有少量的泥範。環黑海冶金區的青銅時代中期，絕對年代在公元前 3 千紀上半葉的後段到公元前 3 千紀中葉，鑄銅石範

發現更爲普遍，如豎穴墓文化（Pit-grave）中出土有不少範鑄的管銎戰斧。遲至公元前 3 千紀下半葉，源於歐亞草原西部的青銅器傳至薩彥—阿爾泰地區，阿爾泰地區的阿凡納羨沃文化中發現的短劍、刀、錐和耳環等銅器，其中出土的 4 件銅斧與烏拉爾地區豎穴墓文化的戰斧非常相似。此後在中亞奧庫涅夫文化、塞伊馬—圖爾賓諾青銅器群以及安德羅諾沃文化和卡拉蘇克文化中都發現有大量的範鑄銅器和少量的石範。

在甘肅省東鄉林家馬家窯文化遺址中出土 1 件青銅刀，它是目前中國發現最早的青銅器，也是中國最早的一件鑄造銅器，碳十四年代爲公元前 2740（經樹輪校正）。〔註 19〕其後，在馬廠文化遺址中偶見有鑄造的紅銅塊，在甘肅齊家文化遺址中發現銅器 130 多件〔註 20〕，其中大多數不早於公元前 2 千紀，少量刀爲鑄造銅器。新疆哈密天山北路墓地林雅文化中不少銅器係鑄造而成〔註 21〕通過對 79 件標本進行組織結構分析，發現 28 件示出鑄造組織，4件是鑄造後冷加工形成，二者占 40%。鑄造器物中有串珠、手鐲、管飾、刀、牌、鏃、扣、耳環等〔註 22〕。林雅文化與四壩文化有許多相似之處，尤其是兩者的青銅器器類和形態都很接近。四壩文化的玉門火燒溝墓地出土了數百件銅器〔註 23〕，經鑒定的 65 件銅器中，除 4 件爲鍛造外均爲鑄造。屬於同一文化的民樂東灰山、酒泉乾骨崖墓地出土的數十件銅器，有近一半是鑄造。火燒溝墓地出土的 1 件四羊首權杖頭是一件鑲嵌鑄件，表現出了極高的範鑄工藝。〔註 24〕在火燒溝文化遺址中，發現 1 件鑄銅石範，爲合範，一次可鑄 2件銅鏃。被認爲是目前中國最早的鑄銅石範。

範鑄技術在我國北方系青銅器分佈區、中原以及山東地區早期青銅文化遺址中也有發現。內蒙古朱開溝文化，絕對年代在公元前 2 千紀中葉前後，

〔註 19〕孫淑雲、韓汝芬：《甘肅早期銅器的發現與冶煉、製造技術的研究》，《文物》1997 年第 7 期。

〔註 20〕李水城：《西北與中原早期冶銅業的區域性特徵及交互作用》，《考古學報》2005年第 3 期。

〔註 21〕梅建軍、劉國瑞、常喜恩：《新疆東部地區出土早期銅器初步研究》，《西域研究》2002 年第 2 期。

〔註 22〕潛偉著：《新疆哈密地區史前時期銅器及其與相鄰地區文化關係》，北京：知識產權出版社，2006 年，第 43～61 頁。

〔註 23〕李水城、水濤：《四壩文化銅器研究》，《文物》2000 年第 3 期。

〔註 24〕孫淑雲、韓汝芬：《甘肅早期青銅器的發現與冶煉、製造技術的研究》，《文物》1997 年第 7 期。

遺址中出土有少量的青銅器，經金相組織分析，11 件標本中有 4 件是鑄造。〔註
25〕分佈在內蒙古東北和遼寧西部的夏家店下層文化絕對年代在公元前 2 千紀
前半葉，這一文化層出土有 60 件銅器，極少爲鑄造，遺址中偶見有陶範，遼
寧北票康家屯遺址出土有石範。〔註 26〕山西夏縣東下馮遺址第三期到第五期
文化層中有石範出土，其中一件是鏃、鑿、斧的多用範，年代在公元前 2 千
紀前半葉到公元前 2 千紀中葉。〔註 27〕山東岳石文化在公元前 2 千紀的前半
葉，這裡出土的十多件銅器中，只有一件是鑄造。二里頭的銅器一部分爲範
鑄，不過這裡發現的有陶範，這些泥、陶範爲中原冶金工業中陶範技術的發
展奠定了基礎，繼後成爲中國古代鑄造技術的主流方式。

　　從以上考古發現看，我國範鑄技術最早出現在西北地區。西北發現的早
期鑄銅石範，除玉門火燒溝遺址發現 1 件，其餘均在新疆發現。從整個歐亞
地區早期青銅器的傳播看，石範技術主要沿著歐亞草原由西向東展開，由歐
洲的多瑙河向東延伸到我國的長城地帶。公元前 5 千紀，石範技術最早出現
在歐亞草原的西部，公元前 4 千紀已在中亞西部的草原地帶有所分佈，公元
前 3 千紀末前後，範鑄技術進入中亞北部的薩彥—阿爾泰地區。大概在這一
時期，範鑄技術在我國北方出現，公元前 3 千紀末到公元前 2 千紀前半葉，
包括新疆東部、甘青地區在內的中國西北地區，青銅文化驟然興起，在當時
亞歐東部一時領先〔註 28〕，終使這裡成爲當時我國境內青銅文化起源與發展
的策源地。西北早期青銅文化的興起並非偶然，它是整個歐亞草原地帶青銅
冶煉和鑄造技術、青銅文化不斷向東傳播的結果。

　　青銅鑄造技術的傳播主要沿著兩條道路，一條在進入中亞腹地後傳播至
阿爾泰山地並繼續東傳；另一路是沿天山向東傳播，進入河西、甘青地區，
並繼續向東進入中原腹地或中國北方地區。

　　歐亞草原西部石範，一般一套範只能鑄出 1 件器物，只有個別範同時能

〔註 25〕孫淑雲主編：《中國古代冶金技術專論》，北京：中國科學出版社，2003 年，
　　　　第 212 頁。

〔註 26〕孫淑雲主編：《中國古代冶金技術專論》，中國科學文化出版社，2003 年，第
　　　　146 頁。

〔註 27〕中國社會科學院考古研究所等：《夏縣東下馮》，北京：文物出版社，1988 年，
　　　　第 75、122、167 頁。

〔註 28〕劉學堂、李文瑛：《中國早期青銅文化的起源其相關問題新進展》，《新疆大學
　　　　學報》（哲學人文社會科學版），2012 年 1 月第 40 卷第 1 期。

鑄 2 件器物。而我國包括新疆在內發現的範往往一範多用，一套範能鑄出 2
件或多件器物。另外，新疆的一些石範在上下範面留有對應的小孔，以便更
爲準確地合範，這種形式的範在歐亞西部草原地帶很早就已經出現。

　　伊犁發現的 3 件斧範，均爲豎銎，銅斧的形態完全不同。圖 1 鑄銅石範
爲豎銎斧，紋樣和形態很接近塞伊馬一圖爾賓諾青銅器群中的同類器物，頸
部有網紋、肩部爲折線三角紋，對稱雙半環形耳，這是豎銎斧中偏早階段最
流行的風格。這件器物的年代大體可斷在公元前 2 千紀中葉前後。後兩件斧
範，斧的形體變得細長，刃部呈弧形，其中一件斧範爲豎銎單耳銅斧。公元
前 2 千紀中葉以後，豎銎斧在歐亞草原地區十分寬闊的地域裏廣泛使用，並
且出現了不同形態，特別是在卡拉蘇克文化以及其後的塔加爾文化遺存中十
分常見，中國北方的許多地區也都發現有豎銎斧。〔註 29〕新疆地區是這類豎
銎斧的主要分佈區，伊犁、塔城、哈密、阿克蘇、和田等地區都有發現。豎
銎斧或單耳或雙耳斧，器形一般較爲窄長，不鑄紋樣，它們的年代早在公元
前 2 千紀的後半葉，晚到公元前 1 千紀的前半葉，個別可能晚到公元前 1 千
紀後半葉。這類銅斧發現的較多，時代特徵、器形演變軌跡也比較清楚。

　　帶柄銅鏡，歐亞草原銅鏡可分兩大體系，一是圓板具紐鏡系統，二是圓
板具柄鏡系統，學術界常將前者稱爲東方體系銅鏡，後者稱爲西方體系銅鏡。

　　從考古發現看，圓形鏡狀銅器最早可能源於西方，時代可早到公元前 3
千紀末到公元前 2 千紀初。在新疆天山東部地區得到很大發展，成爲這裡早
期青銅文化的重要構成因素，圓形鏡正從這類圓形銅牌飾中分離出來，並向
東傳播至中原及中國北方地區。〔註 30〕帶柄銅鏡在西亞很早就已出現，南土
庫曼斯坦的納馬茲加文化四期出土有帶柄銅鏡，時代在公元前 3 千紀〔註 31〕。
新疆哈密天山北路墓地見有 1 件帶柄的圓形牌飾，外形似帶柄銅鏡，但由於
是孤例尙不能與晚期的帶柄銅鏡直接聯繫起來。

　　早期帶柄銅鏡的柄較長，鏡面爲圓形，柄呈細柱形，個別在柄與鏡是分

〔註 29〕 李海榮著：《北方地區出土夏商周時期青銅器研究》，北京：文物出版社，2003
　　　　年，第 147～149 頁。

〔註 30〕 劉學堂：《再論中國早期銅鏡起源西域說》，《新疆歷史與文化》，新疆人民出
　　　　版社 2007 年。

〔註 31〕 V.W.馬松：《呼羅珊與外阿姆河地區的青銅時代》，中國對外翻譯公司、聯合
　　　　國教科文組織編：《中亞文明史》第一卷，中國對外翻譯公司出版，2002 年，
　　　　第 169 頁。

鑄後接到一起的。公元前 1 千紀開始，帶柄銅鏡在整個中亞地區流傳開來，開始出現了很多柄部較短的帶柄銅鏡，並在柄上進行裝飾。特別是進入公元前 1 千紀後，游牧民族逐漸出現並活躍在歐亞草原上，帶柄銅鏡成爲游牧民族用於宗教活動和裝飾的重要器物，被攜帶到森林草原地帶大多區域，這些游牧者常在銅鏡的背面鑄出各種動物或其他紋樣，極大地豐富了銅鏡的文化內涵。新疆的伊犁、和靜、庫車、輪臺、吐魯番等地的史前墓葬中發現多枚帶柄鏡，時代多在戰國前後。新疆伊寧發現的這面帶柄銅鏡範，鏡柄兩側有小環耳，很可能是受到中亞西部帶柄銅鏡的影響，年代可推斷在公元前 1 千紀中葉。

　　從目前考古發現情況來看，早期（漢代以前）東西方文化交流有兩條主要通道：一條是歐亞草原通道；另一條是天山南北兩麓和山間綠洲通道。前者早在新石器時代就已經開通，成爲早期東西方文化交流與互動的坦途，歷來受學術界關注，而後者在早期東西方文化交流過程中，也起著非常重要的作用，但是過去對它的研究重視不夠。

　　近年的考古發現與研究表明，以天山山脈爲紐帶的這條通道，從青銅時代早期就已經形成。西方的冶銅和鑄造技術，就是順著這條通道自西向東傳播的。有學者研究並將新疆早期青銅器劃分爲以伊犁河谷爲中心的西部天山系統和以哈密爲中心的東部天山系統。西部天山系統位於歐亞草原西部很早就發展起來的青銅文化向外傳播的外環區域，這裡的青銅器以工具、武器等實用器爲主。早期青銅文化一路沿歐亞草原道進入薩彥—阿爾泰地區，並繼續向東傳播；另一路也可能由西部天山進入今天的新疆，東部天山系統青銅文化在當時歐亞青銅文化格局中顯得十分特別，地方特徵明顯，它主要以裝飾器爲主，此外是實用的小刀等，這支青銅文化很可能是在東西文化交流的基礎上，由當地發展起來，它的形成對中國早期青銅文化的發展具有重要意義，尤其是對中原和中國北方青銅文化的形成產生一定的影響。

第四章　相關問題的討論

一、文化特徵

　　窮科克下層類型遺址和墓葬，多分佈在河谷和山前地帶。房屋形制爲長方形或圓形半地穴結構，屋頂用原木支撐，屋內有隔牆、石灶等設施。墓葬地表封堆標誌有的不太明顯，有的則留有較大的封堆，封堆一般爲純土結構，有的封堆下有石圍和石堆。墓室形制以長方形豎穴爲主。葬具有木槨或石棺等。流行單人葬，也有男女合葬，也有火葬和撿骨葬。葬式爲側身曲肢。隨葬品較少，主要有陶器、木器、銅金飾品等。陶器爲手製，器形主要有罐形器和缸形器等，有平底器和圈足器兩種，器表飾刻畫紋，主要有箆形器壓出的杉針紋、三角紋、「之」字紋、鋸齒紋、折線幾何紋等，也有用小棒端頭壓捺的圓形、橢圓形或三角形印紋。也有一些附加堆紋。遺址和墓葬中發現有牛、馬、羊等家畜的骨骼和碳化了的穀物種子，以及青銅鐮刀、石刀和石鋤、石磨盤、石磨棒等工具。馬在中期已用於騎乘。金屬冶煉業比較發達，鍛造或鑄造技術得到使用，鑄造時只用了合範法。從出土隨葬品的種類來看，社會已出現貧富分化。

二、文化定名

　　「考古學文化」是指代表同一時代、分佈於共同地區，並具有一群有特徵性的文化遺物和遺跡的文化遺存〔註1〕。窮科克下層遺存類型、大西溝類型

〔註1〕夏鼐：《關於考古學上文化的定名問題》，《考古》，1959 年第 4 期；張之恒主編：《中國考古通論》南京大學出版社，2009 年。

和阿尕爾森銅器類型考古學文化面貌一致，基本上反映了伊犁河谷青銅時代文化的整體特徵，屬於同一文化系統。

根據考古學文化定名原則，阿尕爾森窖藏銅器和大西溝墓地雖然發現較早，但窖藏銅器和墓葬陶器均屬於生產建設中偶然發現，沒有經過正規發掘，不具備完整性。窮科克下層遺存是第一次正規發掘的青銅時代遺存，且遺址文化層深厚清晰，出土遺跡、遺物豐富，具有典型性和代表性。因此確定「窮科克下層遺存」來代表伊犁河谷青銅時代考古學文化比較合理。

窮科克下層遺存類型屬於安德羅諾沃文化範疇。安德羅諾沃文化，是廣泛分佈於歐亞大陸的一種青銅時代考古學文化，它最早由前蘇聯考古學家 C.A. 捷普勞霍夫在 1929 年，根據 1914 年在米努辛斯克盆地阿欽斯克州附近安德羅諾沃村旁的墓地而定名〔註2〕。安德羅諾沃文化器皿以陶器爲主，保留了阿凡納謝沃時期陶器紋飾特徵。典型的安德羅諾沃陶器紋飾是沿口緣分佈填滿刻畫線的三角紋，三角紋線面往往有幾條橫線；內含劃線和小窩的三角形齒紋；分佈在陶器上部的橫溝。在安德羅諾沃遺址中發現有大量的家畜骨骼，也有一些獸骨，說明畜牧和狩獵是並存的。同時，安德羅諾沃文化遺址中還發現有大量的石器，諸如石鋤、石磨盤、銅鐮等農業採集和加工工具，安德羅諾沃人除了畜牧外，顯然農業經濟也佔據著重要的位置。

此後在西起烏拉爾地區，東到葉尼塞河中游和天山地區，南到原蘇聯中亞的土庫曼斯坦地區都有所發現，而米努辛斯克盆地只不過是安德羅諾沃文化的東北邊緣。有人將安德羅諾沃文化聯合體的文化遺存劃分爲三個階段：第一階段形成期，以彼得羅夫卡（Petrovka）遺存爲代表，主要分佈於南烏拉爾、哈薩克斯坦北部和中部，年代在公元前 2 千紀初到公元前 17～公元前 16 世紀。第二階段繁榮期，以阿拉庫（Alakul）類型、費德羅沃（Fedorovo）類型和二者的混合類型（Kozhumberdy）爲代表，此外還包括與之相聯繫的阿塔蘇（Atasu）、七河（Semirechye）類型等多個文化變體和地方類型，其中阿拉庫類型主要分佈於庫里亞賓斯克、托博河流域、北哈薩克斯坦草原和森林草原地區以及西哈薩克斯坦，費德羅沃類型以及變體分佈於烏拉爾、北哈薩克斯坦、東哈薩克斯坦、額爾齊斯河附近、鄂畢河上游、葉尼塞河前中游、天山地區、帕米爾高原和中亞南部地區，年代在公元前 15～前 13 世紀。第三階

〔註2〕中國大百科全書考古編輯委員會編：《中國大百科全書（考古卷）》，中國大百科全書出版社，1986 年，第 15～16 頁。

段衰落期，阿拉庫和費德羅沃類型的安德羅諾沃文化遺存已經衰落，在西部東歐草原的木槨墓（Timber Grave）文化遺跡米努辛斯克盆地的卡拉蘇克文化的擴張使安德羅諾沃文化聯合他分佈範圍大大縮減，而且聯合體內部發生了一些明顯的變化，此時主要以中央哈薩克斯坦的阿列克謝耶夫卡（Aleksevka）類型以及七河地區的七河類型為代表，年代在公元前 12～前 9 世紀〔註3〕。

　　窮科克下層遺存類型具有安德羅諾沃文化的共性，同時也具有較強的地域特徵，因此本文將伊犁河谷青銅時代考古學文化定名為「安德羅諾沃文化窮科克下層遺存類型」（簡稱「窮科克下層文化」）。

三、文化分期

　　安德羅諾沃文化窮科克類型，在伊犁河谷已有 2 處較大的遺址、3 處墓地和上百件銅器發現，尤其是窮科克下層遺存的發現和發掘，為伊犁河谷青銅時代考古學文化的分期奠定了科學的基礎。

　　窮科克下層遺存文化層共有四層，第一層為現代擾土和早期鐵器墓葬封堆層，第二至四層為青銅時代文化層，亦即窮科克下層文化。第二層陶片所反映的陶器器形種類較少，陶質粗糙，陶片口沿出現外卷，器壁口沿部分或內收、或平直，多為素面，個別有戳印紋；第三層陶器種類和數量較多，器形有平底器、圈足器，陶質細膩，陶器口沿部多為圓唇，口沿外折，器表多有磨光現象。有紋飾陶片較多，紋飾有戳印的點組成三角形、條形、杉針型等，有刻畫的線條紋、弦紋和圓圈紋；第四層陶片多為殘損嚴重的小陶片，絕大部分陶片上有簡單的刻畫紋，刻畫紋較短且一端深一端淺，有成組出現也有單個出現，顯得簡單質樸。窮科克下層文化地層疊壓關係清楚，各層所出土陶片的質地、器形和紋飾也有明顯的區別和差異，而且各自有明顯的自身特徵。根據地層學和器物類型學原理，這裡可以將窮科克下層文化的分為：早、中、晚三期。窮科克下層文化早期跌壓在生土（礫石層）之上，且在 T7四層下生土層上發現有 2 枚製作細石器留下的石核和一些早期的陶片，在相對年代關係上無疑是最早的，從遺址碳十四年代推斷該層文化不晚於公元前二千紀中葉，應屬窮科克下層文化早期。但遺憾的是在這一層中沒有發現完整的陶器，無法與周邊地區做比較。中期文化層中平底缸形器、圈足器和典

〔註 3〕艾來娜‧E‧庫茲米娜：《青銅時代的中亞草原：安德羅諾沃文化》，《新疆文物》1996 年第 2 期；Elena E.Kuzmina，The Origin of Inanians，Boston，2007.

型的刻畫、戳印紋,在安德羅諾沃文化中最爲常見。晚期陶器明顯衰落,且與早期鐵器時代文化存在直接疊壓和打破關係,所以時代下限很可能晚到公元前1000年,直接爲早期銅器文化所取代。因此這一早、中、晚關係的確定與整個安德羅諾沃文化的發生發展關係是對應的。

小喀拉蘇遺址爲單一的居住遺址,堆積面積與深度同半地穴式房屋範圍等同,雖然在堆積上亦能分出不同的層位關係,但從各層所出陶器質地、形制和紋飾沒有明顯差異,石磨和石杵的形制也基本相同,可以看出遺址堆積屬於房屋廢棄短期堆積,不同堆積層的時間差異並不大,屬於同一時期同一文化。小喀拉蘇遺址出土陶片的質地、形制和紋飾與窮科克下層遺存第三層陶片基本一致,應屬於窮科克下層文化中期。

湯巴拉薩伊墓地和闊克蘇西 2 號墓群出土的平底罐和圈足碗形器從質地、形制和紋飾同窮科克下層遺存第三層亦同窮科克下層遺存三層和小喀拉蘇遺址陶器一致,同屬於窮科克下層文化中期。

窮科克下層遺存石堆下、大西溝墓地、阿克布早溝墓地出土的平底缸型陶器形制一致,質地與形制與窮科克下層遺存第二層陶器一致,應歸於窮科克下層文化晚期。

通過以上對比研究,目前伊犁河谷所發現、發掘的青銅時代的遺址和墓葬均能對應歸入窮科克下層文化的不同時期(圖四十三)。

根據以上分期,考察伊犁河谷青銅時代窮科克下層文化,各期文化特性歸納如下:

早期:僅見於窮科克下層遺存第四層文化遺存,陶質爲夾砂灰色、灰褐色,陶片上有簡單的刻畫紋,刻畫紋較短且一端深一端淺,有成組出現也有單個出現,顯得簡單質樸。這種陶片在窮科克下層遺存第三層中也有發現。

中期:包括窮科克下層遺存第三層遺存文化遺存、小喀拉蘇遺址、湯巴拉薩伊墓地 9 座墓葬(M12～17、M23～26)、闊克蘇西 2 號墓群 8 座墓葬、阿賽溝口墓地部分墓葬。該期陶器數量較多,以夾砂灰陶和夾砂褐陶爲主,陶質細膩,器表多磨光,或飾灰黑色陶依。器形以平底敞口筒形罐器和圈足折肩碗形器爲主,口沿外閃多爲圓唇。有素面和帶紋飾兩種,紋飾有戳印的點組成三角形、條形、杉針型等,有刻畫的線條紋、弦紋和圓圈紋。遺址中伴出有棒槌形石杵、盤狀石器、條形石磨盤、殘損的碎銅片、墓葬、圓形和方形的房屋居址,以及大量平底和圈足陶器殘片,大量的動物骨骼和灰燼等。

圖四十三 窮科克下層文化分期圖

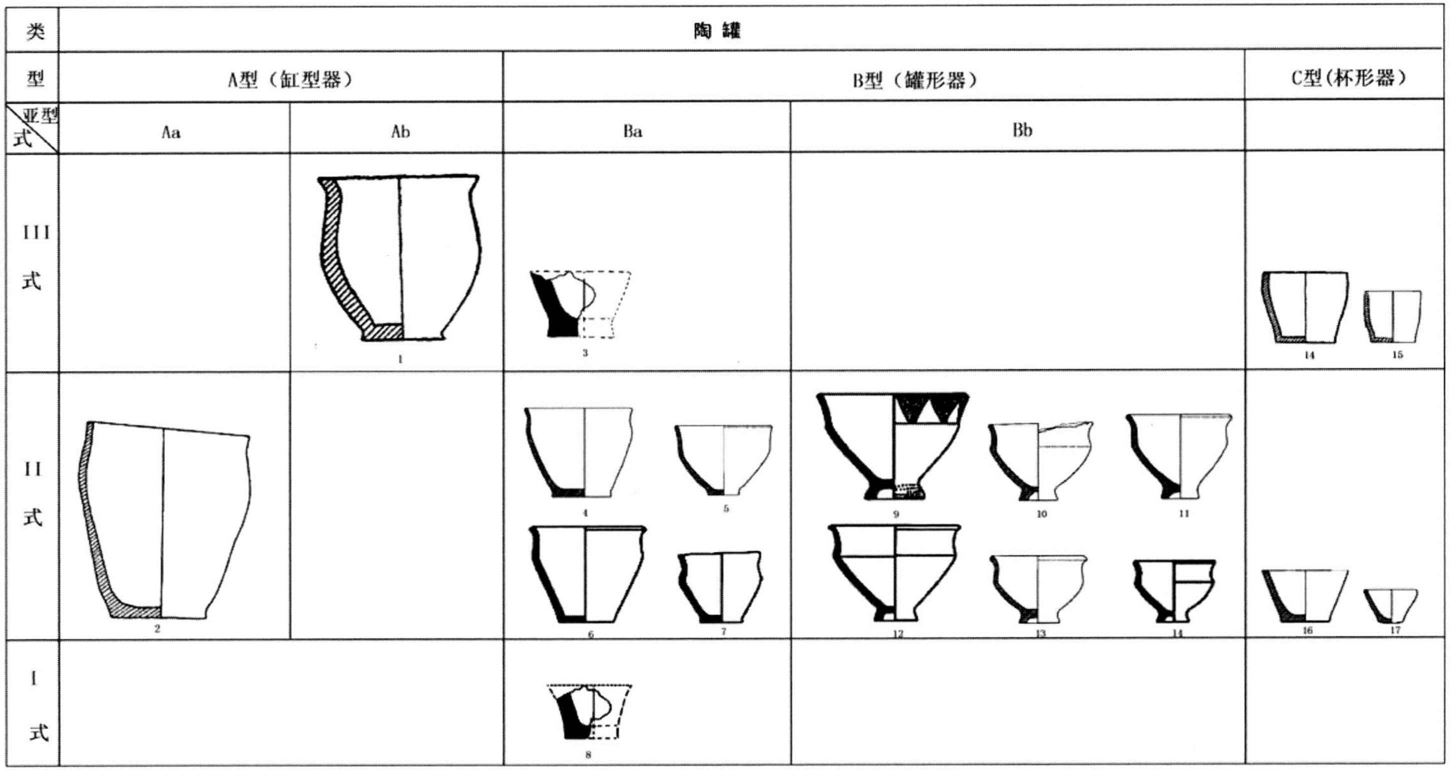

1、14、15.大西溝墓地出土　3.窮科克下層遺存 T4 一層灰坑出土　4、5、10、11、13、16、17.湯巴勒薩伊墓地出土　12、14.闊克蘇西 2 號墓群出土　6、7、8.窮科克下層遺存三層灰坑出土

墓葬有豎穴土坑墓、豎穴石棺墓等。隨葬品中有平底陶罐、陶杯杯、圓底碗形陶器、喇叭形銅耳環、串珠形銅腳鏈、圓形帶鈕銅鏡等。

晚期：包括窮科克下層遺存第二層文化遺存，大西溝墓地、阿克布早溝墓地 M56 等。陶器為砂紅陶或褐陶，製作粗糙，均為素面，缸形平底器器形與早期形態沒有太大變化，不見圈足器。

四、新疆其他地區相關發現

窮科克下層文化遺存類型，在天山南麓、喀什地區、烏魯木齊市、阿勒泰地區和塔城地區也有所發現，基本上可以劃定出安德羅諾沃文化類型在中國境內的分佈情況。即以伊犁河谷為集中分佈區，北面到準噶爾盆地周緣，東抵烏魯木齊周邊，南沿天山南麓一直達塔什庫爾干地區（圖四十四）。

圖四十四　新疆安德羅諾沃文化分佈圖

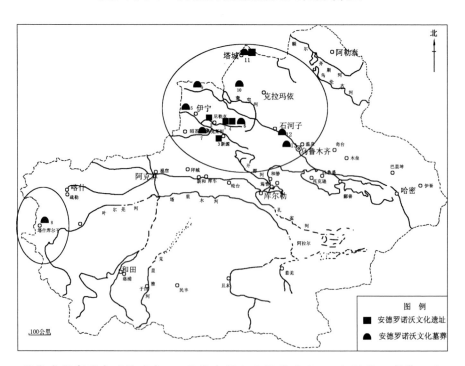

1.尼勒克縣窮科克下層遺存　2.尼勒克縣小喀拉蘇遺址　3.新源縣阿賽溝口遺址　4.尼勒克縣阿克布早溝口遺址　5.霍城縣大西溝墓地　6.尼勒克縣湯巴勒薩伊墓地　7.特克斯縣闊克蘇西2號墓群　8.喀什河地區下阪地墓地　9.溫泉縣阿敦喬魯墓地　10.托里縣墓地　11.塔城市衛校墓地及遺址、塔城市二宮鄉下喀浪古爾遺址　12.石河子總場墓地　13.烏魯木齊市零星發現

1. 托里縣薩孜村古墓

共發掘 4 座，地表封堆爲大小不等的礫石和沙土堆，墓室分豎穴土坑和豎穴土坑石室兩種。M3 出土 2 件灰褐色缸形器，其中 1 件爲敞口、假圈足，通體飾錐刺紋，上部刻畫水波紋、內塡斜線紋（圖四十五），與窮科克下層文化中期陶器基本一致。

圖四十五　托里縣薩孜村墓地 M3 及出土陶器圖〔註4〕

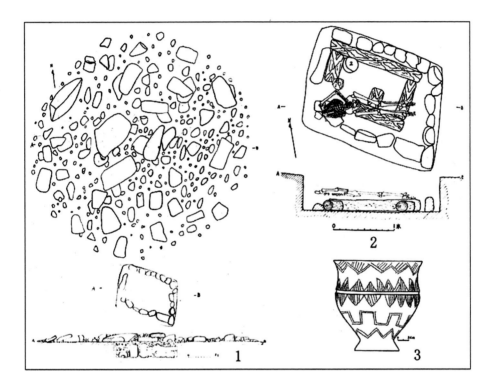

2. 塔城衛生學校墓葬及遺址

遺址位於烏拉斯臺河東西兩岸，墓葬區位於河東岸。墓葬以卵石和石板構建，分火葬和土葬兩種，火葬墓數量較少。墓葬隨葬品以陶器爲主，陶器燒製火候不高，均爲夾砂灰陶。器形以折腹和折肩平底罐爲主，有少量的圓底小陶缽〔註5〕。器表紋飾豐富，有三角形刻畫紋、箆紋、指甲紋等，與窮科

〔註 4〕新疆文物考古研究所、塔城地區文管所：《托里縣薩孜村古墓葬》，《新疆文物》
　　　　1996 年第 2 期。

〔註 5〕李肖：《新疆塔城市考古的新發現》，《西域研究》1991 年第 1 期；李肖：《塔
　　　　城市衛生學校古墓群及遺址》，《中國考古年鑒》，文物出版社，1992 年。

克下層文化中期陶器類似。

3. 塔什庫爾干地區下阪地墓地

下阪地墓地共發掘青銅時代墓葬 92 座，大部分墓葬封堆標誌明顯，分石（土）堆、石圍、石圍石堆和無標誌四中類型。墓室結構分長方形、圓角長方形、橢圓形和圓形等，葬式分仰身曲肢、側身曲肢、俯身曲肢、亂葬以及火葬等，共出土陶、木、銅、銀等 100 多件。陶器主要以平底缸形器爲主，研究者認爲屬於安德羅諾沃文化中、晚期。其中一期陶器與窮科克下層文化的中期陶器基本相同，二期與窮科克下層文化晚期基本一致（圖四十六）。

圖四十六 下阪地墓地出土器物圖〔註6〕

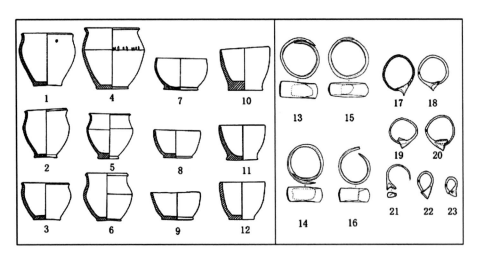

1.（AIIM001：2）　2.陶罐（AIIMO52A：1）　3.AIIM030：1　4.aiim042：1
5.AIIM005D：1　6.AIIM041：1　7.AIIM059：1　8.AIIM035：1　9.AII113：1
10.AIIM062：3　11.AIIM062：7　13.AIIM032：6　14.AII032：5　15.AIIMO42：2　16.AIIMOO4：1②　17.AIIM032：4　18.AII032：3　19.AIIM004：2②
20AIIMOO4：2①　21.AIIM005A：1　22.AIIM042：5　23.AIIMO39：3（1-12爲陶器，17、18爲銀器，其餘均爲銅器）

4. 塔城市二宮鄉下喀浪古爾遺址

遺址未經過發掘，但在調查中發現有房址和墓葬遺存，出土陶器中有 1 件四口壺和一些夾砂紅褐色陶片，很多陶片上有壓印紋和刻畫紋的三角形

〔註6〕邵會秋：《新疆地區安德羅諾沃文化遺存相關遺存探析》，《邊疆考古研究》第8輯，第81～97頁。

紋、十字形紋、窩紋和葉紋等（圖四十七），還採集到一些石磨盤和石杵等。
從器物形態和紋飾上看與窮科克下層文化晚期有一定聯繫。

圖四十七　塔城市二宮鄉下喀浪古爾遺址陶器圖〔註7〕

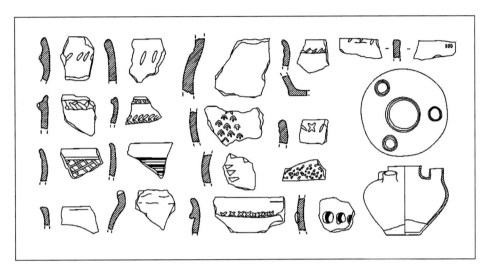

5. 石河子總場墓地

墓地分爲兩處，一處位於石河子總場水泥，一處位於石河子總場一連，
共發掘墓葬 5 座和一條探溝。墓葬已遭破壞，墓室爲豎穴土坑，無葬具。單
人側身曲肢葬，頭向偏東。隨葬品主要有陶器、銅器和石器等。以夾砂紅陶
爲主，夾砂灰陶較少。手製，器表有乳釘紋、刻畫三角紋、網紋和絃紋等。
器形主要有罐、盆、碗等。關於墓葬年代，原報告認爲屬於卡拉蘇克時期。
但從陶器諸特徵看屬於安德羅諾沃文化，與窮科克下層文化中期相似（圖四
十八）。

〔註 7〕于志勇：《塔城市二宮鄉喀浪古爾村古遺址調查》，《新疆文物》1998 年第 2
　　　　期。

圖四十八　石河子總場良種場一連 M1 及出土器物圖〔註8〕

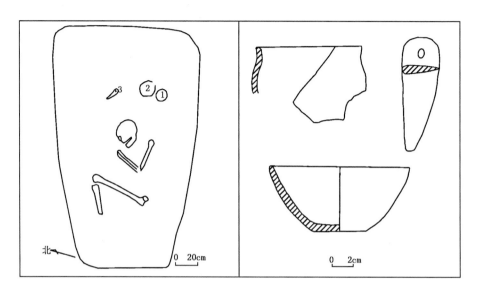

6. 溫泉縣阿敦喬魯遺址

阿敦喬魯遺址內分佈有上百座墓葬，這些墓葬爲分散的單體石圍墓和多個石圍交錯的在一起的網格狀墓葬，研究者認爲同七河類型青銅時代墓葬結構極其相似，屬於安德羅諾沃文化遺存類型〔註9〕（圖四十九）。

窮科克下層文化早期沒有完整的陶器和其他器物可與周邊文化作比較，但中、晚期文化陶器明顯具有廣泛分佈在歐亞草原上的安德羅諾沃文化特徵，和安德羅諾沃文化七河（謝米列契）〔註10〕類型、新疆下阪地類型〔註11〕更爲接近。

〔註8〕邵會秋：《新疆地區安德羅諾沃文化遺存相關遺存探析》，《邊疆考古研究》第8輯，第81～97頁。

〔註9〕李金國、呂恩國：《溫泉縣阿敦喬魯遺存的考古調查和研究》，《新疆文物》2003年1期。

〔註10〕包括：伊犁河、卡拉塔爾河、比延河、阿克蘇河、列菩薩河、巴斯坎河和薩爾坎德河等，共同匯入巴爾喀什湖的河流流經地區。

〔註11〕新疆文物考古研究所編著：《新疆下阪地墓地》，文物出版社，2012年。

圖四十九　溫泉縣阿敦喬魯遺址墓地石圍圖〔註12〕

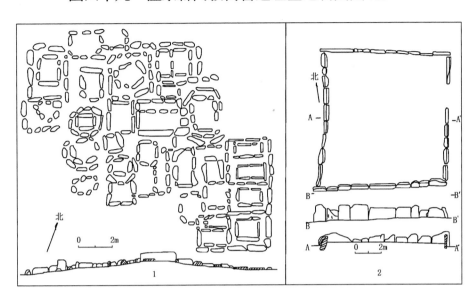

五、周邊文化比較

（一）南西伯利亞和準噶爾盆地

準噶爾盆地以及南西伯利亞地區的薩彥—阿勒泰地區、米努辛斯克盆地均為安德羅諾沃文化分佈區。南西伯利亞地區青銅文化經歷了阿凡納羨沃時期、安德羅諾沃時期和卡拉蘇克時期三個階段〔註13〕。

1. 阿凡納羨沃時期〔註14〕

墓地規模較小，墓葬地表有圓形石臺、石圈或不大的窪坑，石臺直徑在2～7米之間，臺下面均有一個呈橢圓形、圓形或四角形的墓室，墓室內通常填滿石塊。葬俗有單人葬和集體葬，人骨側身曲肢，頭向西南，大部分都用滴血石染色。隨葬品以蛋形尖底器為主，球形圓底器次之，個別為平底器。陶

〔註12〕李金國、呂恩國：《溫泉縣阿敦喬魯遺存的考古調查和研究》，《新疆文物》2003年第1期。

〔註13〕【蘇】吉謝列夫、阿吉舍夫、庫沙耶夫合著：《伊犁河谷塞人和烏孫的古代文化》，阿拉木圖：哈薩克蘇維埃社會主義共和國科學院出版社，1963，第24頁。

〔註14〕因19世紀20年代前蘇聯考古學家捷普樓夫在米努新斯科盆地阿凡納謝沃山下巴貼尼村兩個山坳裏發掘墓葬而得名。時代大約為公元前第3千年後半期到公元前第2千年前期。

器採用泥條盤築法手製，內部用草或齒形器修平，器表多飾拍印的杉針紋。
研究者認爲其與安諾第一期和第二期陶器紋飾有諸多一致，同伊朗和南高加索地區也相同，與南俄地區的洞室墓有一定的聯繫。阿凡納謝沃時期，已經有了畜牧業階段，經常使用弓箭並加工金屬，有發達的製陶業，葬俗上反應了複雜的宇宙起源觀念。他們很大程度上過著定居生活，這些居民分別結成若干個不大的集團，散居在對初級階段的農業非常有利的地方——河流附近土地肥沃的灘塗和臺地上。他們經營著農業和養殖業，同時兼有狩獵和捕魚。

2. 安德羅諾沃時期〔註15〕

墓地規模各不相同，有的墓地只有三、四座墓葬，有的則多達數十座。墓葬地表一般有石板圍成的圓形石垣，有的在封土堆上圍以石圈，還有堆成橢圓形巨冢，巨冢上堆築橢圓形或近四邊形圍牆，牆垣相鄰呈網狀。墓室爲石板或原木構築成四邊形。死者側身曲肢向左，頭向西或偏北，多單人葬，也有雙人和多人合葬的。隨葬品有缸型平底陶器、羊骨、骨簪、銅飾件、毛織物、皮革、膏泥串珠、四棱銅錐、鍛造的銅針、鑿形骨片、短劍等。陶器可分缸形器爲主，兼有罐形器，陶器紋飾有杉針紋、齒形紋、乳釘紋、三角紋等。研究者認爲陶器與阿凡納羨沃時期有著承繼關係〔註16〕。安德羅諾沃人已經開始建造木柱支撐的大屋頂半地穴式房屋，房屋附近有牲畜圍欄，過著長期定居生活。在遺址中發現有大量的家畜骨骼，也有一些獸骨，說明畜牧和狩獵是並存的。還發現有大量的石器，諸如石鋤、石磨盤、銅鐮等農業採集和加工工具，說明農業經濟也佔據著重要的位置。安德羅諾沃文化在西伯利亞地區分佈非常廣，鄂畢河、阿勒泰、謝米帕拉丁斯科諸草原和哈薩克斯坦中部都有大量的發現，其北與前托爾斯克區南界接壤，西及烏拉爾地區東南部。

3. 卡拉蘇克時期

爲南西伯利亞青銅時代晚期文化。墓地規模比較大，大的上百座。墓葬地表標誌明顯，大多數地表有用石板築成的四邊形或圓形圍牆，個別附有小

〔註15〕1914年前蘇聯鋪築阿琴斯克——米努新斯科鐵路時，在安德羅諾沃村附近發現一處墓地，該墓地是繼舊阿凡納謝沃時期之後的遺存，因其最初發掘地點位於阿琴斯克州的安德羅諾沃村附近，故稱安德羅諾沃類型。時代爲公元前2000年到公元前900年。

〔註16〕【蘇】吉謝列夫、阿吉舍夫、庫沙耶夫：《伊犁河谷塞人和烏孫的古代文化》，阿拉木圖：哈薩克蘇維埃社會主義共和國科學院出版社，1963，第42頁。

圍牆，多者三重，圍牆之間還有個別沒有圍牆的墓葬。墓室一般四壁貼石板，墓底平面呈梯形，死者頭部朝向寬的一頭，頭向大部分向東，部分向西。死者仰身直肢葬占多半，部分為曲肢葬，也有個別為火葬，單人葬占絕對地位，也有同一圍牆內兩個或多個石棺葬者。隨葬陶器均為手製，夾砂灰陶，薄壁。器形以圓底器為主，兼有平底器和缸形器。器表有拍打或磨光現象，部分施陶衣。銅器類有錛、錐、刀、短劍、管銎戈、鏃、鐮和飾物等。卡拉蘇克人體質特徵同華北人一致，同時也保留有土著人的特徵。卡拉蘇克銅器群向西，僅在阿勒泰和托木斯克附近有所發現，在東部和東南部的貝加爾湖沿岸、蒙古和中國長城地區有大量典型器物發現。向南在新疆的阿爾泰地區和塔城地區也有所發現，但在伊犁河谷地區尚未發現〔註17〕。

以上表明，在安德羅諾沃時期伊犁河谷與北面廣大地區有著直接的聯繫，但在青銅時代晚期北面的卡拉蘇克文化並沒有跨越北部天山到達伊犁河谷，伊犁河谷地區則仍然處於安德羅諾沃文化統治之下。其後，二者的發展也經歷了不同的途徑，北面的卡拉蘇克文化被早期鐵器時代的塔加爾文化所取代，而伊犁河谷則由安德羅諾沃文化直接過渡到了索墩布拉克文化（本文下篇將專題討論索墩布拉克類文化）。

（二）烏魯木齊市及周邊地區

安德羅諾沃文化向東最遠到達烏魯木齊市及周邊地區，烏魯木齊以東、以南新疆東部青銅時代則呈現出不同的文化面貌。吐魯番盆地和中部天山北麓有洋海文化〔註18〕，哈密地區則有天山北路文化〔註19〕和焉不拉克文化〔註20〕。

〔註17〕 南西伯利亞青銅時代晚期文化，因蘇聯考古學家捷普樓霍夫最先在哈卡斯巴帖尼村附近卡拉—克蘇河畔發掘的青銅時代晚期墓葬而得名。時代為公元前1300年到公元前900年間。

〔註18〕 宋亦簫：《新疆東部的青銅時代——以考古學為主要手段的早期東西交流探索》，南京大學博士論文，2009年，第114頁。

〔註19〕 邵會秋：《新疆史前時期文化格局的演進及其與周邊地區文化關係》，吉林大學博士論文，2007年，第28頁。

〔註20〕 新疆維吾爾自治區文化廳文物處等：《哈密焉不拉克墓地發掘報告》，《考古學報》，1989年第3期；陳戈：《略論焉不拉克文化》，《西域研究》，1991年第1期；陳戈：《焉不拉克文化補說》，《新疆文物》，1999年第1期；王博等：《哈密焉不拉克墓葬的分期問題》《《新疆文物》，1990年第3期；李文瑛：《哈密焉不拉克墓地單人葬、合葬關係及相關問題探討》，《新疆文物》，1997年第2期；水濤：《新疆青銅時代諸文化的比較研究》，《中國西北地區青銅時代考古論集》，北京：科學出版社，2001年，6～46頁。

1. 天山北路文化

亦稱哈密天山北路文化〔註21〕、林雅文化〔註22〕，以洋海一號墓地為代表，墓葬一般用木棍在墓室口搭建橫樑，上面覆蓋蘆葦和駱駝刺，個別在墓室口下部的二層上蓬蓋木棍和樹枝。葬具多為長方形的木屍床，由邊框和四條腿用榫卯連接，上面鋪細木棍和蘆葦等。葬式以單人一次葬為主，兼有雙人和多人合葬，頭向東南，仰身曲肢。部分墓葬屍體保存較好，可以看到死者生前所穿衣服樣式，其中兩具男屍身著毛布圓領式開襟大衣，毛線織的連襠褲，腰繫花紋豔麗的寬腰帶，足登皮靴。另外兩具個男性屍體服飾華麗，其中一位頭戴一圈彩色毛條帶，條帶上縫綴貝殼，脖子上掛一串瑪瑙、綠松石等質地的項鍊，戴單圈的圓形耳環，右邊金質，左邊銅質，小腿上纏繞著毛織帶子，帶子上弔一串銅管、銅鈴，腳穿飾有銅扣的皮鞋。另一位男性頭前立一木棍，上掛一副馬轡頭，右手握木柄管銎銅斧，腰下有兩個皮套，一個套內裝有弧背銅刀，一個套中裝有銅錐，手握一木棍，棍上纏繞著銅片。其他墓葬一般的死者腳下放一羊頭，沒有太大的區別。

墓地出土文物 1000 餘件。有木器、陶器、銅器、貝飾、骨製品、毛織品和皮革製品等。隨葬品多放在腳下，少量放在死者四周。陶器夾砂紅陶，手製彩陶占大多數，均施黑色彩，紋飾主要有三角紋、曲線紋、鋸齒紋、水波紋、垂帳紋、渦紋。器形多單耳平底或圓底器，其次為無耳器，少量雙耳器。器類有單耳罐、橫耳杯、口沿立耳杯、雙耳罐、單耳缽、帶小乳釘的盆、圈足豆、圈足罐、單耳壺、大口罐、勺杯、帶流杯、雙聯罐、四足盤等。木器有盤、桶、罐、缽、杯、盆、橛、弓箭、紡輪、撐板、梳、曲棍、盒、箜篌、鑽木取火器、木杆皮鞭、拐杖等。一號墓地發現的箜篌保存十分完整，很可能是國內發現的時代最早絃樂器之一，其標本十分珍貴。銅器有斧、刀、錐、馬銜、鏃、銅鐵復合的帶扣、銅鈴形器、銅管形器、銅貝等。皮革製品有盒、袖套、靴、馬佩頭、簍、皮繩、扳指等。骨、角、貝、器有骨錐、骨馬鑣、小觸、海貝。金器有金耳環、扳指等。洋海文化早於蘇貝希文化，其上限為到公元前二千紀下半。

〔註21〕 韓建業：《新疆的青銅時代和早期鐵器時代文化》，文物出版社，2007 年，第41～43 頁。

〔註22〕 宋亦簫：《新疆東部的青銅時代——以考古學為主要手段的早期東西交流探索》，2009 年，第 151 頁。

2. 天山北路文化

以天山北路墓地為代表，墓葬分佈密集，存在較多的打破、疊壓關係。墓室多呈長方形，有土坑豎穴墓和豎穴土坑土坯兩種。葬式多單人側身曲肢葬，頭向因性別不同而不同，男向西南，女向東北。隨葬器物有陶器、銅器、石器、骨器、銅飾件等。陶器以夾砂紅陶為主，兼有少量灰陶，手製，器形有罐、缽、杯、壺等。部分陶器器表施紅、紫紅色陶衣，彩陶占一定數量，有黑、紫紅色彩，紋飾以三角、折線、圭形紋為主，另有「之」字、葉脈、草叢及人形紋等。銅器類有劍、鏃、鐮、鏡、扣、管、珠、小刀、錐、牌、手鐲、耳環等。石器有珠、簪等。林雅文化的來源主要有兩組，一組是東來的馬廠─四壩文化，另一組為西來或北來的文化，兩種文化在當地融合後形成的天山北路文化。其年代在公元前 3 千紀末和 2 千紀上半葉之間。

3. 焉不拉克文化

以焉不拉克墓地為代表，墓地地表建築不甚明顯，墓室有豎穴和豎穴二層臺兩種。葬式多單人葬，兼有少量合葬墓，合葬墓最多的有 9 人，頭向東南。隨葬品較多，陶器主要缽、豆、腹耳壺、單耳杯、單耳罐、雙耳罐、碗，彩陶數量較多，有鋸齒紋、S 形紋、十字雙鉤紋、倒三角紋以及由倒三角紋向下延長的豎線紋，以十字雙鉤紋最有特徵。木器保存多完好，有盤、桶。銅器有刀、錐、刻刀、耳環、帶銎鏃、有鈕鏡、紡輪、扣、仿羊距骨及其他小件銅器。另有少量鐵器。

焉不拉克文化包括焉不拉克墓地、拉甫郤克墓地、五堡水庫墓地、哈拉墩遺址、沁城白山遺址、寒氣溝墓地、黃田廟爾溝墓葬、哈密市腐殖酸廠墓葬等，年代的上限為公元前二千紀前半葉，下限在戰國前後。焉不拉克文化來源並非單一，一方面主要來源於林雅文化，另一方面還受到周邊其他文化因素的影響。

（三）天山南麓及境外相鄰地區

塔里木盆地雖與伊犁河谷一山之隔，但南天山山勢險峻阻隔了南北的交往，只有沿極個別山口可以跨越，因而在人類早期活動歷史上南北交流極其困難，同為天山南北坡卻有著不同的考古學文化面貌。相反，在遙遠的塔里木盆地西南的塔什庫爾干地區卻發現有與伊犁河谷相同的青銅時代文化（前文已做介紹）。伊犁河谷以西與哈薩克斯坦七河地區相鄰，西南沿天山西端山

前地帶南北貫通，這裡在考古學文化的發展上有著一致性。從目前發現的青銅時代考古學文化上來看，七河地區以及哈薩克丘陵地帶、伊塞克湖周邊乃至帕米爾高原和費爾干納盆地都有安德羅諾沃文化的發現（圖五十）。

圖五十　安德羅諾沃文化七河類型陶器圖

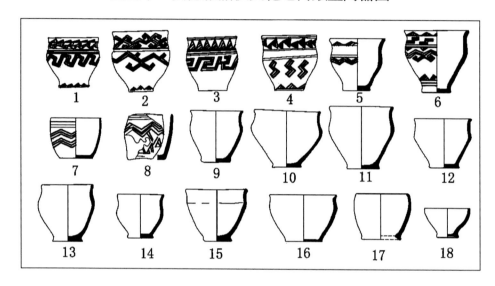

1.Prigrodone. 2.Issyk-kul. 3.4.Arpa. 5.6.Dzhaylyau III.　7.8Tamgaly I　9～14.16
～18.Usunbulak I. 15.Tegermen-say.

六、文化源流分析

　　境外安德羅諾沃文化分佈範圍很廣，類型也比較多樣，與新疆地區較爲接近的是哈薩克斯坦的七河地區（謝米列契）和費爾干納盆地。這些地區的安德羅諾沃文化墓葬大多沒有明顯的封堆，墓葬周圍一般有石圍，墓室位於圍欄的中部。墓室爲方形，豎穴土坑，流行單人側身曲肢葬，存在多個墓室共用圍欄現象。分早、晚兩段，早段在公元前15～前13世紀，發現遺存數量較少，主要有費德羅沃類型，陶器紋飾以通身飾幾何紋爲主（圖四十五，1～8）。晚段在公元前12～前9世紀，遺存數量眾多，墓葬以土葬爲主，兼有少量的火葬，陶器紋飾僅在肩部或口沿飾幾何紋，大部分爲素面（圖四十五，9～18）。同時還發現有很多窖藏青銅器，這些青銅器與伊犁河谷出土的青銅器基本一致。

蘇聯考古學家庫茲米娜將安德羅諾沃發展分爲三個階段〔註 23〕，認爲第一階段形成期以彼得羅夫卡（Petrovka）遺存爲代表，主要分佈於南烏拉爾、哈薩克斯坦北部和中部，年代在公元前 2 千紀初到公元前 17～公元前 16 世紀。第二階段繁榮期以阿拉庫（Alakul）類型、費德羅沃（Fedorovo）類型和二者的混合類型（Kozhumberdy）爲代表，此外還包括與之相聯繫的阿塔蘇（Atasu）、七河（Semirechye）類型等多個文化變體和地方類型，其中阿拉庫類型主要分佈於庫里亞賓斯克、托博河流域、北哈薩克斯坦草原和森林草原地區以及西哈薩克斯坦，費德羅沃類型以及變體分佈於烏拉爾、北哈薩克斯坦、東哈薩克斯坦、額爾齊斯河附近、鄂畢河上游、葉尼塞河前中游、天山地區、帕米爾高原和中亞南部地區，年代在公元前 15～前 13 世紀。第三階段，阿拉庫和費德羅沃類型的安德羅諾沃文化遺存已經衰落，在西部東歐草原的木槨墓（Timber Grave）文化遺跡、米努辛斯克盆地的卡拉蘇克文化的擴張使安德羅諾沃文化聯合他分佈範圍大大縮減，而且聯合體內部發生了一些明顯的變化，此時主要以中央哈薩克斯坦的阿列克謝耶夫卡（Aleksevka）類型以及七河地區的七河類型爲代表，年代在公元前 12～前 9 世紀。

但從窮科克下層遺存類型遺址和墓葬文化來看，並不完全與七河類型相同。七河類型對應於窮科克下層遺存類型第二層文化，窮科克下層遺存類型第三層文化在其他安德羅諾沃文化中幾乎不見。另外，窮科克下層遺存類型中有大量的圈足器，這也與其他安德羅諾沃文化類型有著明顯的差異。考察圈足器，在同時期或者更早中亞兩河〔註 24〕流域比較流行。因此，本文認爲：窮科克下層遺存類型具有較強的本土因素，同時在文化源流上更接近於費爾干納盆地和中亞兩河流域。這也就印證了吉謝列夫早在 1945 年提出考察安德羅諾沃文化來源時應當注意天山地區、七河地區〔註 25〕（圖五十一）。

〔註 23〕Elena E. Kuzmina，The Origin of the Indo-Iranian，pp.9～16。
〔註 24〕指中亞地區阿姆河和錫爾河。
〔註 25〕吉謝列夫著：《南西伯利亞古代史》（上），新疆社會科學院民族研究所翻譯出版，1985 年，第 24 頁。

圖五十一　伊犁河谷及周邊青銅時代考古學文化分佈圖

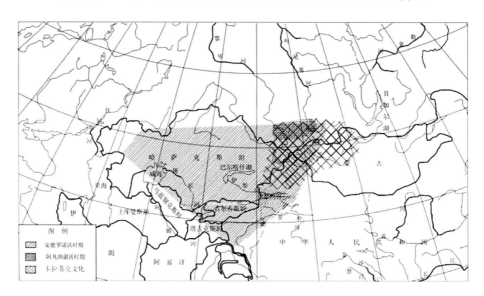

根據庫茲米娜研究結果，公元前 1500 年前後東歐草原和南西伯利亞地區安德羅諾沃文化開始出現衰退，公元前 1300 年前後逐漸爲木槨墓文化和卡拉蘇克文化所代替，公元前 12～公元前 9 世紀，中央哈薩克斯坦和七河地區仍然爲安德羅諾沃文化所佔據。從伊犁河谷考古發現情況看，公元前 1000 年前後，伊犁河谷安德羅諾沃文化直接被早期鐵器時代的索墩布拉克類文化（下篇將具體討論）所取代，隨後七河地區和哈薩克丘陵安德羅諾沃文化也很快走向終結。

七、社會組織形式分析

伊犁河谷發現的幾處居住遺址中，窮科克下層遺存佔地範圍大約在 7000 平方米左右，在發掘的 11 個探方中發現有 3 處房屋基址，應爲一個小型的聚落遺址。小喀拉蘇遺址佔地範圍約 500 平方米左右，發掘出土一座面積較大的半地穴式方形房屋居址。阿賽溝口遺址發現 1 座石結構房屋基址，範圍不清楚。阿克布早溝遺址僅發現一些人類活動的硬地面，範圍不確定。

從考古發掘的遺址規模來看，伊犁河谷的幾處青銅時代遺址的規模都不大，而且多爲分散的單體建築。這一現象也反映出了草原地區牧業和游牧文化的基本特徵，因爲草原牲畜承載量是有一定限制的，牧民不可能像農業民

族那樣集中，他們要與自己的牛羊在一起，居住地的選擇要綜合考慮草場的活動範圍、人畜飲用水源和避風保暖等多方面因素。因此，牧業民族的生產居住只能以一個個家庭或家族爲單位，分散在大草原的各個角落。從出土的房屋結構來看，多爲因地制宜就地取材而建。小喀拉蘇的房屋是半地穴式建築，就地挖出一個地坑，以坑壁爲牆，採用原木搭建屋頂，室內沒有隔間的牆基，這樣的房屋也只能供一個家庭居住。窮科克下層遺存和阿賽溝口遺址的房屋基址是圓形的石結構牆基，房屋建造也是就地選擇一塊平地，用石塊圍成一個不大的圓圈，然後在上面搭建房屋。這種房屋結構沒有發現柱洞，很可能是一種可以安裝和拆卸的活動氈房。這樣的房屋居住面積較小，可能出現了一個家庭分居一處的情況。總之，這樣的遺址規模和範圍，只能是一個家庭或者一個小型近親家族的居住場所。由此可見，青銅時代的伊犁河谷居民是以一個個家庭爲單元，分散居住在具備水源的草場裏。家庭的存在，勢必出現私有財產的分化和差異，關於這些分散的家庭是以何種方式構成的社會整體，目前尚沒有發現大的聚落和高規格的居住遺址。但是這些一個個的家庭絕非是孤立的，他們應該與親族之間有著密切的交往與聯繫，彼此應該是居住在一個固定而且相鄰的活動區域。這樣的一個具有相同血緣關係，擁有共同活動範圍的社會群體應該就是現代民族學意義上的部落。

八、社會經濟形式分析

　　窮科克下層遺存和小喀拉蘇遺址均發現有大量的動物骨骼，這些動物骨骼中包括了羊骨、牛骨和馬骨等。在小喀拉蘇房址地面上有許多圓坑，其中一個圓坑中放置了兩塊羊骨，另一個圓坑中堆滿了粟類植物的種子，說明當時人們的食物結構不僅僅是食肉，同時也採食粟類植物的種子。這從窮科克下層遺存和小喀拉蘇遺址中出土的石杵、石磨和餅狀研磨工具也可以證明加工植物種子在生活中佔有一定的地位。另外，在伊犁河谷地區還採集有一些石鋤、銅鐮等生產工具，說明當時的人們在從事畜牧業的同時，還兼營採集和小範圍的農業生產。根據伊犁河谷現有氣候條件，在一定海拔高度、降雨量較多的地區是適應旱田農業耕作，可以種植小麥、大麥、油菜等耐寒作物，這些旱田不需要施肥和灌溉就有相當可觀的產量。另外，在一些水草豐美的高草地帶還可以隨處看到燕麥、野生小麥、狗尾巴草等可以採集食用種子的野生植物。小麥在中亞地區很在就已經普遍種植，從這些石器耕作、採集和

加工工具來看，在青銅時代這裡也應該存在著一定的農業生產。只是草原人口稀疏，分散的家庭畜牧方式根本不需要也不可能形成大面積農業種植。人們只需在肥沃的草原中選擇一小片土地種植一些生活必須的農作物就可以滿足日常生活的補充。甚至還可以在草原上採集一些野生的可食用的植物種子。據古氣候研究表明，在公元前 2 千紀中亞地區的溫濕條件遠比現在的溫濕條件好，在這樣的氣候條件下伊犁河谷地區存在農業生產的可能性也不能排除。同時，草原和中山森林帶有著大量的野生動物，狩獵也是一件容易做到的事。草原中的野兔、旱獺，中山帶的野鹿、野羊都可能是當時人們獵取的對象。伊犁河及其支流魚量豐富，河流兩岸和中山帶野果林也很多，草原裏的菌類食物也很容易得到採食。因此，可以推斷在青銅時代伊犁河穀草原民族的生業方式應該是以畜牧業為主，兼營採集和小範圍的農業，同時魚獵也可以得到重要的食物補充。

在遺址和墓葬中都出土有大量陶器和陶器殘片。器物類型包括了平底罐、圈足碗等煮食和盛用工具，還有一些大型的儲藏罐之類。這些都說明製陶業在當時社會中佔有相當重要的位置和一定的生產比例，生產是專門化的。2002 年，筆者參與了窮科克下層和一號墓地的發掘，在發掘過程中發現一座墓的墓壁上有早期陶片，隨做了一個 10 米的探溝，發現了窮科克下層遺存。在這個探溝中曾出土有 1 件未經燒製殘損的小件圜底器殘片，這件陶坯殘片在發表的材料中並未提及。筆者一直認為這件陶坯的發現非常重要，懷疑這裡曾經是當時的一個陶器製作場所，遺憾的是，沒有更多的材料可以證明。但有一點可以說明，至少這件殘陶坯不會是偶然出現的，這裡肯定有人掌握了燒製陶器的製坯技術。

下篇：早期鐵器時代

引　言

　　早期鐵器時代，是以普遍使用鐵器工具爲標誌的人類物質文化發展階段的最初時期。考古學研究的鐵器時代，主要是使用鐵器的最初時期，包括一些民族史前文化中的鐵器文化階段。就世界範圍而言，這一時代大約開始於公元前 1500～前 1000 年〔註 1〕。

　　人類早在公元前 3、4 千年前就已經對鐵有所認識，在埃及前王朝時期的墓葬中及烏爾王陵裏都有所發現，中原地區商代墓葬中也有發現。但那時的鐵大多是從自然界中偶然獲得的隕鐵，或者偶然熔煉到鐵礦石所得。眞正掌握和使用人工冶鐵，已經到了公元前 1400 年前後。小亞細亞東部山區的赫梯人首先掌握了冶鐵技術，一開始這種技術受到王權的控制嚴禁外傳，在一段時間裏，鐵的產量極少，價格也很昂貴，只能當做貴重的禮品在一些國家宮廷裏流傳。直到 13 世紀赫梯王國滅亡，冶鐵技術才被廣泛傳開，人類歷史上鐵器時代才眞正開始。一些鄰國很快掌握了冶鐵技術，並不斷向周邊地區傳播。在公元前 10 世紀時，歐洲、西亞和北非地區鐵器的製作和使用已經很普遍了。

　　鐵器的廣泛使用，極大地增強了人類改造自然地能力，農業生產水平急速提高，用於戰爭的鐵兵器殺傷力提高，擁有鐵器的王權不斷向四周擴張，整個世界格局因此而發生重大變化。

　　新疆作爲東西方文明的交匯地，早在公元前 1000 年前後就已經開始進入早期鐵器時代。伊犁河谷地處新疆西部前沿，從目前發掘最早普遍出現小件

〔註 1〕　考古學編輯委員會：《中國大百科全書・考古卷》，中國大百科全書出版社，1986 年。

鐵器的尼勒克縣窮科克臺地一號墓地碳十四數據看,在公元前 1000 年前後已經進入早期鐵器時代。墓葬中普遍陪葬有小鐵刀,這些小件鐵器均爲人工冶鐵經鍛打加工而成。隨後鐵器工具的形制也愈加多樣化。

　　本篇將對這一時期的墓葬發掘材料和出土文物進行全面的梳理,根據器物類型學、碳十四數據及相關科技成果進行綜合分析和研究,按照墓葬文化的早晚進行排序,建立起伊犁河谷早期鐵器時代考古學文化序列框架,並嘗試性探討這一時期各個階段的文化特性、社會結構、經濟形式、文化屬性以及文化源流等問題。

第五章　窮科克類型墓地

　　窮科克類型墓地，以窮科克臺地一號墓地爲代表，包括：尼勒克縣窮科克臺地一號墓地〔註1〕、加勒克孜卡茵特墓地西區一號墓地〔註2〕部分墓葬、什布克其 I 號墓地〔註3〕、什布克其 II 號墓地〔註4〕，東麥里墓地〔註5〕、塔爾克特北墓地〔註6〕、鐵列克薩依墓地〔註7〕，鞏留縣伊勒格代墓地〔註8〕、紅旗磚廠墓地〔註9〕、小喀拉蘇墓地〔註10〕等 10 處墓地。

〔註 1〕 新疆文物考古研究等：《吉林臺一號墓地發掘報告》，《新疆文物》2002 年第 2
　　　　期。
〔註 2〕 新疆文物考古研究所、伊犁哈薩克自治州文物局：《尼勒克縣加勒克孜卡茵特
　　　　山北麓墓葬發掘簡報》，《新疆文物》2006 年第 3、4 期；新疆文物考古研究所
　　　　等：《尼勒克縣加勒克斯卡茵特墓地發掘簡報》，《新疆文物》，2007 年第 3 期。
〔註 3〕 新疆文物考古研究所：《尼勒克縣一級電站墓地考古發掘簡報》，《新疆文物》
　　　　2012 年第 2 期。
〔註 4〕 新疆文物考古研究所：《尼勒克縣一級電站墓地考古發掘簡報》，《新疆文物》
　　　　2012 年第 2 期。
〔註 5〕 新疆文物考古研究所：《尼勒克縣一級電站墓地考古發掘簡報》，《新疆文物》
　　　　2012 年第 2 期。
〔註 6〕 新疆文物考古研究所：《尼勒克縣一級電站墓地考古發掘簡報》，《新疆文物》
　　　　2012 年第 2 期。
〔註 7〕 新疆文物考古研究所：《尼勒克縣鐵列克薩依墓地考古發掘報告》，《新疆文物》
　　　　2012 年第 2 期。
〔註 8〕 新疆文物考古研究所：《伊犁恰甫其海水利樞紐工程南岸幹渠考古發掘簡
　　　　報》，《新疆文物》，2005 年第 1 期。
〔註 9〕 新疆文物考古研究所：《伊犁恰甫其海水利樞紐工程南岸幹渠考古發掘簡
　　　　報》，《新疆文物》2005 年第 1 期。
〔註10〕 新疆文物考古研究所等：《尼勒克縣小卡拉蘇遺址考古發掘簡報》，《新疆文物》
　　　　2008 年 3～4 期。

一、窮科克臺地一號墓地

窮科克臺地一號墓地，位於尼勒克縣城東 25 公里，吉林臺峽谷出口喀什河南岸一級臺地上，窮科克遺址範圍內〔註11〕。2002 年，由新疆文物考古研究所劉學堂主持發掘。該墓地共有古代墓葬 63 座、祭壇 2 座。發掘墓葬53 座、祭壇 2 座。河北岸陡峭的山崖上是窮科克岩畫〔註12〕分佈區，東南面二級臺地為窮科克 2 號墓地所在。

（一）墓地材料分析

1. 封堆結構和分佈規律

窮科克臺地一號墓地墓葬集中分佈在喀什河南岸，中部和東部分別有兩個集中分佈區，越遠離河岸越稀疏。該墓地墓葬封堆標誌大部分比較明顯，呈圓形或橢圓形，部分因農耕破壞，僅見露出地表的石圈。封堆直徑在 10～15 米，高 30～50 釐米之間，表土以下多見卵石鋪築的圓形石圈。墓口開於石圈中心位置，多數墓口位置有集石堆，石堆多圓形，亦有橢圓形和不規則石堆，個別石堆下另有一個石圈。墓口圓角長方形，東西向。墓室分豎穴偏室、豎穴土坑、豎穴石棺、豎穴木槨和混合型墓室 5 種，豎穴中填土石，上部填土中夾帶卵石，下部填礫石或塊石。單室墓居多，其次為雙室，少數為三室。單人一次葬居多，個別為二次葬，頭西腳東，仰身直肢，另有一例俯身葬。隨葬品常見陶器、動物骨、小件鐵器、骨器等，一般放置在死者頭骨附近〔註13〕。

2. 墓室形制結構

《發掘報告》根據封堆形制和墓室多少，將其分為兩類。第一類：多室墓，A 型豎穴偏室墓 7 座，B 型豎穴土坑墓 1 座，C 型豎穴石棺墓 1 座，D 型豎穴石棺和豎穴偏室混合型墓 2 座。第二類：單室墓，A 型豎穴偏室墓 23 座，B 型豎穴土坑墓 10 座，C 型豎穴石棺墓 3 座，D 型豎穴石棺墓 5 座，E 型石槨木棺墓 1 座。

研究發現，封堆下有的為石圈，有的則整體或大面積鋪築卵石，而且卵石堆築方法不同墓室結構也有所不同，封堆下為石圈的，墓室均為豎穴偏

〔註11〕 2008 年，第三次全國文物普查補測地理座標為：N43°51′07.6″，E082°49′10.6″。
〔註12〕 王建新、何軍鋒：《窮科克岩畫的分類及分期研究》，《新疆文物》2006 年第 2 期。
〔註13〕 新疆文物考古研究等：《吉林臺一號墓地發掘報告》，《新疆文物》2002 年第 2 期。

室，封堆下滿鋪或大面積鋪築卵石的，墓室則爲豎穴土坑石棺和豎穴土坑，或者爲豎穴石棺和豎穴土坑混合型墓室。如：M2、M25、M29、M30、M31、M33、M38、M39、M50、M51 爲石棺墓，其地表封堆集石明顯多於豎穴偏室墓，個別出現全部鋪滿現象；M8、M22、M23、M24、M26、M27、M28、M37、M40、M51、M54 爲豎穴土坑墓，封堆集石與豎穴石棺墓大致相同。這兩種墓葬相對集中分佈在墓地東西兩側的河岸邊，M30、M31、M33、M38、M39 相連且靠近河邊，東面和南面也有零星分佈。M34 封堆下石棺墓和土坑墓共同出現。以上墓葬多爲二次葬，人骨散亂，隨葬品也較少。二者在埋葬方法和時間上是有一定關係的，只不過有的豎穴土坑底部四周豎有石塊和卵石。這裡所謂的石棺，僅是用石塊或卵石豎起的一圈石圍，沒有封頂也沒有棺底，應視爲與豎穴土坑墓同類。其餘墓葬均爲豎穴偏室墓，其墓室結構基本一致。

根據墓葬封堆標誌和墓室結構情況以及葬式葬俗對該墓地進行重新分類，按墓室結構分爲豎穴墓和豎穴偏室墓兩個類型，通過用不同圖表對兩種不同形制墓葬進行標示，發現豎穴偏室墓集中分佈在靠近河岸邊，豎穴土坑多分佈在豎穴偏室墓的外圍（圖五十二），這一現象表明豎穴偏室墓埋葬時間要早於豎穴墓。

（1）A 型：豎穴墓，21 座。

墓葬地表封堆標誌明顯，封堆表土下大面積或滿鋪卵石。墓室口平面呈長方形，大致東西向，墓口上一般堆石塊或卵石，墓壁垂直墓底，塡土上半部夾帶卵石，下半部塡石塊或層層鋪石塊。有的直接以土坑爲墓室，有的在坑底四周擺放石塊圍成石室，有的則一個封堆下既有土坑墓又有石棺墓。多爲二次葬，大部分人骨散亂，隨葬品極少，有的沒有任何隨葬品。

Aa 型：型豎穴土坑墓，10 座。分別爲 M8、M22、M23、M24、M26、M27、M28、M37、M40、M54。

Ab 型：型豎穴石棺墓，8 座。分別爲 M25、M29、M30、M31、M33、M38、M39、M51。

Ac 型：豎穴石槨木棺墓，1 座。有 M50。

Ad 型：混合型，2 座。分別爲 M2、M34。

圖五十二　窮科克臺地一號墓地墓葬分佈圖

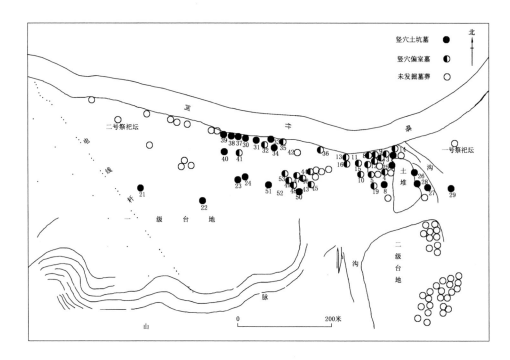

（2）B 型：豎穴偏室墓，32 座。

大部分墓葬地表封堆明顯，個別僅在地表露出圓形石圈，封堆表土下有圓形或橢圓形石圈，中部墓口上有集石或石堆。墓口開在石圈中心位置，大致呈東西向，長方形。墓坑垂直向下，北壁底部向外掏挖一個弧形的墓室，墓室底低於墓坑底形成一個二層臺。單人單室，仰身直肢，頭西腳東。隨葬品有陶器、羊骨、小件鐵器、骨鏃、石器等。

Ba 型：單室墓，23 座。分別爲 M1、M3、M4、M5、M6、M7、M9、M11、M12、M14、M18、M19、M21、M32、M35、M36、M41、M44、M47、M48、M49、M55、M57。

Bb 型：雙室墓，7 座。分別爲 M13、M15、M16、M45、M46、M53、M56。

Bc 型：多室墓，2 座。分別爲 M10、M50。

兩種形制墓葬，葬式和葬俗明顯存在一定的差異，分佈區域也有明顯的不同，但從出土的陶器來看，沒有太大的差別，應屬於同一文化群體遺留，只是埋葬方式在時間先後上發生了一些變化。從分佈規律看，兩種形制墓葬

都有依附河岸的特點，越靠河岸墓葬分佈越密集，越向南越稀疏，這說明靠近河岸的墓葬可能要早於遠離河岸的墓葬。豎穴偏室墓集中分佈在中部，豎穴墓則顯得凌亂和稀疏，且均在偏室墓的外圍。由此推斷，豎穴偏室墓應早於豎穴墓。

典型墓葬　豎穴石槨木棺墓 M52，位於墓地中部偏南，封堆爲橢圓形，長徑 9.7、短徑 8.45、高 0.3 米，封堆表層鋪卵石。墓坑平面爲長方形，東西長 2.85、南北寬 2.4 米。墓坑底部用大型卵石圍成不規整的石槨。石槨內爲木棺，木棺是用獨木掏空中部製成半圓形槽棺，棺上蓋木板。木棺兩端用石頭封堵。棺長 1.8、寬 0.5 米，殘朽嚴重。死者爲二次葬，頭骨部分只有下頜骨，其他骨骼基本齊全，堆放在一起，部分肢骨連接在生理位置。死者爲男性，20 歲左右。隨葬有骨簇 4 枚、羊距骨 19 枚，有些羊距骨的顏色爲綠色，當爲銅銹污染的結果，另有一皮條殘片上也染有綠鏽（圖五十三，M52）。

混合型墓葬，M34 墓葬的封堆不明顯，平面略呈橢圓形，長徑 4.3 米、短徑 3.6 米，封堆高 0.3 米左右。封堆下 3 個墓室，編號爲 A、B、C 墓室。3 個墓室平行排列，墓室口開在原地表。A 墓室在南，墓室規模較小，豎穴土坑墓，墓室平面呈橢圓形，東西長 0.75 米，南北寬 0.7 米，墓深 0.25 米，墓坑內填少量石頭。墓內葬單人，爲幼兒骨架，朽，仰身直肢，頭西北腳東南。頭骨右上側隨葬 1 件折沿罐。B 墓室位於中間，墓室口平面爲長方形，東西長 1.7 米，南北寬 0.8，墓深 1 米左右。墓室內葬單人，仰身直肢，頭西北腳東南，少量手指骨散到身體各處，右手屈至盆骨處。男性，20～25 歲。頭上端隨葬 1 件羊骶骨。C 墓室在東，爲豎穴石棺墓，墓室口平面爲長方形，1.8、寬 0.7 米，深 1 米左右。墓坑底部用長板石圍成石棺，石棺長方形，石棺東西長 1.6、寬 0.7、深 0.40 米。石棺內葬單人，仰身直肢，頭西北腳東南。手指骨不全，右手屈至盆骨處。男性，成年。無隨葬品。（圖五十三，M34）。

豎穴偏室墓，M41 位於墓地西部，地表無封堆標誌。墓坑平面爲長方形、東西長 2.44、南北寬 0.86、深 1.43 米。墓室偏室開在墓坑的北壁，進深 0.3 米，墓室底低於坑底形成二層臺，二層臺寬 0.26、高 0.22 米。偏室狹長，內葬 1 人，仰身直肢，頭西腳東。死者右腳趾不全，女性，25 歲左右。頭骨前靠近墓壁隨葬 1 件陶罐和 1 件木盆（殘朽），木盆內放置 1 塊羊骶骨

（圖五十三，M41）〔註 14〕。

圖五十三　窮科克臺地一號墓地典型墓葬平剖面圖

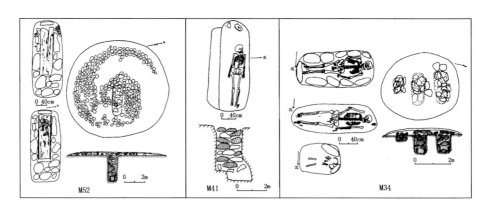

　　出土器物　窮科克臺地一號墓地只有 1 座墓有木槨，其他均無葬具。其中 41 座墓葬中出有隨葬品，共計 115 件。

　　陶器，45 件。均爲夾砂紅陶，手製，器壁厚薄均勻，表面光滑平整，胎體堅硬，製作和燒製水平較高。器形基本爲圓底，大部分爲無耳器，其次爲單耳器，出土 1 件帶流陶器。器類常見的有杯、罐、鉢、壺、盆等，器形變化不大。窮科克墓地基本不見素面陶器，大部分陶器的器表塗紅色陶衣，有 14 件器物器表有圖案，從一些彩陶繪製的情況看，大部分彩陶在繪製圖案前先在器表施一層陶衣，陶衣爲白色或淺黃色。彩陶圖案風格一致。多爲直線幾何紋，構成圖案的母體紋樣簡單，以三角紋爲主，三角紋有實體三角，有平行線三角，有棋盤格紋三角等，母體紋樣還有網紋，平行線局部圖案大多是一組獨立畫面，通體圖案的布局則是上下兩組獨立圖案的重複。另外爲大面積的網紋。窮科克墓地的彩陶特徵突出、明顯，無論是局部彩或是通體彩，圖案紋樣格式統一，構圖嚴謹，畫面極爲簡潔明快，樸實大方，有些彩陶圖案精美。

　　木器，13 件。絕大多數木器已殘朽，只留下遺物痕跡，據殘留痕跡可推知器形以盆、鉢居多，木盆多爲圓口，少數爲長橢圓口，僅採集了一件完整的標本。其他嚴重殘朽。

　　鐵器，可辨器形的共計 15 件。一般一座墓中出土 1 件，只有一座墓中出

〔註 14〕新疆文物考古研究等：《吉林臺一號墓地發掘報告》，《新疆文物》2002 年第 2期。

土 2 件，除了 2 件爲鐵錐，其餘均爲鐵刀，一般與羊骨放在陶缽或木盆之中，大多只留殘鐵渣，只有兩件鐵錐可以復原器形。

銅器，1 件。僅出土 1 件銅刀，與礪石共出。環首，直背凹刃，單面刃，柄扁平，刀柄的一面有凹槽。通長 17.6、寬 I.6 釐米。

骨器，共計 13 件。大部分爲骨鏈和小件骨飾品。

石器，2 件。均爲礪石，以扁平岩石磨製而成，呈長條形，一端有圓形鑽孔，M2：3，長 15.2、寬 4.2 釐米。M46：6，長 13.8、寬 3.8 釐米。

瑪瑙和玻璃 1 串，M13A：1 出土項鍊 1 串，瑪瑙 25 顆、玻璃料珠 1 顆，串繩已朽，瑪瑙大多呈圓形或棱柱狀，料珠呈圓柱狀。

皮革，1 件，M50：1 出土，長條形，殘長 I5、寬 0.6 釐米。

其他，墓地出土有羊的距骨及羊骸骨和羊肋骨。羊距骨在墓室中集中出土，可能在當時有特殊的用途。M46A 墓室出土 2 枚，M52 墓室中出土 19 枚。出土羊骨的墓室有 M1、M5、M6、M7、M8A、M9、M10B、M12、M15、M16A、M16B、M18、M28、M30、M31、M34B、M37、M38、M39、M41、M45。出土羊肋骨只有 M53B 室。羊骨均出自死者頭骨的一側。

墓葬及出土物統計　窮科克臺地一號墓地共發掘墓葬 57 座，其中偏室墓 38 座，占 66.7%；豎穴土坑墓 14 座，占 25%；豎穴石棺墓 11 座，占 19%；石槨木棺墓 1 座，占 1.75%。單室墓 36 座，雙室墓 11 座，三室墓 2 座。一次葬 51 個，二次葬 11 個。人骨 55 個，男 31 個，女 19 個，不能判定男女者 5 個。出土物中，鐵器 16 件，木器 13 件，陶器 43 件，羊骨 21 件，其他 32 件（表四）。

死亡年齡統計　死亡年齡平均嬰兒 4 個，5～10 歲 3 個、10～15 歲 2 個、15～20 歲 12 個、20～25 歲 12 個、25～30 歲 7 個、35～40 歲 7 個、60 歲 1 個。平均死亡年齡在 20 歲，最大年齡 60 歲，死亡高峰 20～30 歲之間（表五）。

表四　窮科克臺地一號墓地墓葬統計表

墓號	偏室	土坑	石棺	混合	石槨木棺	單室	雙室	多室	一次葬	二次葬	人骨	男	女	鐵器	木器	陶器	畜骨	其它	備註
M1	1					1			1		1				1				女 20～25 歲
M2		1				1				2	2								成人
M3	1					1			1		1	1							男 20 歲左右
M4	1					1			1		1	1					1		男 30～35 歲
M5	1					1			1		1		1		1		1		女 30～35 歲

墓號	1	2	3	4	5	6	7	8	9	10	11	12	13	其他	備註
M6	1				1		1	1	1			1			男20歲
M7	1				1		1	1		1		1	2		女16~18歲
M8		2			1		2	2	1	1		1	1	1	A 女30~35，B 男35歲
M9	1				1		1	1	1		1		1		男40歲左右
M10	2	1				1	3	3	1			1	1	1	C 男25、B 兒童1、A 嬰兒1
M11	—											1			
M12	1				1		1	1		1	1		2		女30歲左右
M13	2					1	2	2		2	2	3		串珠1 骨鏃3	女6~7、女11~14歲
M14	1				1		1	1	1						男30~35歲，頭骨穿孔
M15	2				1		2	2	1	1	2	1	3	2	A 女40，B 男25~30歲
M16	2				1		2	2	1	1	2	2	1	2	A 男25~30，B 女40歲左右
M17	無					—									
M18	1				1		1	1		1	1		1	1	女20歲左右
M19	1				1		1	1	1						男成年
M20	無														
M21												1	2		
M22		1					1								擾動、陶片
M23		1					1								1牙
M24		1			1		1		1						男55~60歲
M25			1		1		1								
M26		1													擾
M27		1					1	1	1						男成年
M28		1			1		1	1		1			1		女35~40歲
M29			1		1		1								
M30			1		1		1	1	1				1	1	節約1 男20~25
M31		2			1		2	2	1	1	1		1		A 男30~35，B 女40
M32	1				1		1	1	1				1		男30歲
M33		1			1		1	1	1				2		男成年
M34		2	1			1	3	3	2				1	1	B 男20~25 C 男20~25 A 嬰兒
M35	1				1		1	1	1				1		節約1 男30~35歲
M36	1				1		1	1					1		幼兒
M37		1			1		1	1	1					1	男20~25歲
M38			1		1		1	1	1					1	男25歲

墓號																			特殊	死亡年齡
M39		1				1		1	1							2	1			男 25～30 歲
M40		1				1		1			1					2				女 40 歲
M41	1				1	1		1	1				1	1	1					女 25 歲
M42	無																			
M43	無室																			
M44	1					1		1	1				1	1		1				女 30～35 歲
M45	2				1	1		2	1		2	1				2	2		骨節約 1	A 女 25、B 男 20～25 歲
M46	2				1	2		2	2			3				2	2		礪石 1、骨鏃 2 骨器 1	A 男 16～18、B 男 16～18 歲
M47	1				1	1			1											男 30～35 歲
M48	1				1	1		1												10 歲
M49	1				1	1		1						1						男成年
M50	1				1		1													
M51		1			1				1					1						男成人
M52			1	1			1		1										骨鏃 19 枚	男 20 歲左右
M53	2				1	2		2	1							2	1	1		女 25 歲，兒童 1
M54		1			1			1	1					1					節約 1	男 40 歲
M55	1				1	1			1					1						女 20～25 歲
M56	2				1	1		1	1		1	1				3				A 女 25～30，B 男 30～35 歲
M57	1				1	1			1							2				成年
合計	38	14	11		1	36	11	2	51	11	55	31	19	16	13	43	21	32		

注：表中阿拉伯數字代表一個墓葬中具有墓室、人骨和隨葬品數量。

表五　窮科克臺地一號墓地死亡年齡統計表

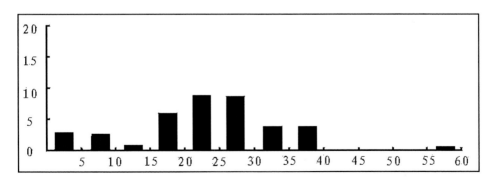

注：橫座標代表年齡，縱座標帶表死亡人數。

（二）出土陶器類型分析

豎穴偏室墓　每座墓中都至少隨葬 1 到 2 件陶器，且大部分隨葬羊骨、小件鐵器。出土彩陶占一半以上，器形主要是圜底鼓腹單耳罐和圜底鼓腹短頸壺，缽和盆形器僅有 2 件。陶器爲手製，胎體均勻、形制規整，陶質堅硬。彩陶外部均先施土黃色陶衣，然後再飾褐色幾何紋圖案。紋飾以線條紋爲主兼有菱形和三角形，或口沿、頸、腹分區或通體飾以由線條和菱形組成的對三角紋，素面陶器外面也均施陶依。器形有罐、壺、缽和盆 4 類。

圖五十四　窮科克臺地一號墓地早期陶類型器圖

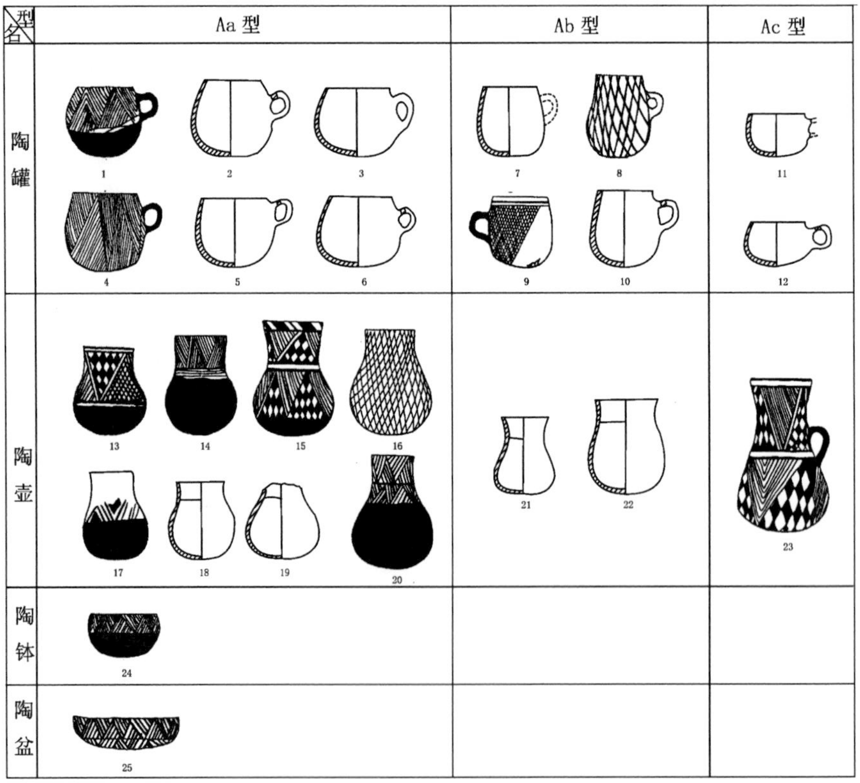

1.彩陶罐（M4：1）　2.陶杯（20.M54：1）　3.陶杯（M54：2）　4.彩陶罐（M15B：1）　5.陶杯（M8A：1）　6.陶杯 M45A：1）　7.陶杯（M46B：1）　8.彩陶罐（M35：1）　9.彩陶罐（M11：1）　10.陶杯（M12：1）　11.陶杯（M10：1）　12.陶杯（M12：2）　13.彩陶壺（M16A：1）　14.彩陶壺（彩陶壺（M7：1）　15.彩陶壺（M46A：1）　16.彩陶壺（M45B：1）　17.彩陶壺（M36：1）　18.陶壺（M53A）　19.陶壺（M32：1）　20 彩陶壺（M7：1）　21.彩陶壺 M7：1）　22.彩陶盆（M7：2）　23.彩陶壺（M6：1）　24.彩陶缽（M56B：1）　25.彩陶盆（M7：2）

單耳陶罐，12 件。根據口沿、和形體特徵分為以下三型：

Aa 型：斂口單耳罐，6 件。手製，夾砂紅陶，圓唇，斂口，鼓腹，圜底（圖五十四，1～6）。

Ab 型：直口單耳罐，4 件。手製，夾砂紅陶，圓唇，直口，垂腹，圜底（圖五十四，7～10）。

Ac 型：杯形單耳罐，2 件。手製，夾砂紅陶，圓唇，淺腹（圖五十四，11、12）。

陶壺，11 件。根據頸、腹部特徵和有無耳分為三型：

Aa 型：直口短頸壺，8 件。手製，夾砂紅陶，直口，短徑，球形腹（圖五十四，13～20）。

Ab 型：侈口短徑壺，2 件。夾砂紅陶，圓唇，侈口，垂腹（圖五十四，21、22）。

Ac 型：長頸單耳壺，1 件。夾砂紅陶，圓唇，侈口，垂腹（圖五十四，23）

陶缽，1 件。圓唇，球形腹，圜底（圖五十四，24）

陶盆，1 件。平口近似長方形，弧壁，弧形底（圖五十四，25）。

豎穴墓 多為二次葬，人骨散亂，多數沒有隨葬品，僅見 2 件彩陶，器形多圜底缽，壺的頸與腹比例發生變化，腹變大，盆和罐出現流。

陶罐，2 件。根據耳和流特徵分為二型：

A 型：單耳罐，1 件。手製，夾砂紅陶，鼓腹，單耳（圖五十五，1）。

B 型：帶流罐，1 件。手製，夾砂紅陶，單耳，沿下帶一管狀流，鼓腹（圖五十五，2）。

陶壺，4 件，根據頸部變化特徵分為三型：

A 型：短頸壺，1 件。手製，夾砂紅陶，敞口，短徑，球形腹（圖五十五，3）。

B 型：細徑壺，12 件。手製，夾砂紅陶，細徑，垂腹，體型較大（圖五十五，4、5）。

C 型：高領壺，1 件。手製，夾砂紅陶，敞口，長頸球形底（圖五十五，6）。

陶缽，4 件。根據口沿變化分為二型：

A 型：球形缽，3 件。斂口，弧腹，圜底，半球形（圖五十五，7、8、9）。

B 型：折沿缽，1 件。折沿，弧腹，球形底（圖五十五，10）。

圖五十五　窮科克臺地一號墓地晚期陶器類型圖

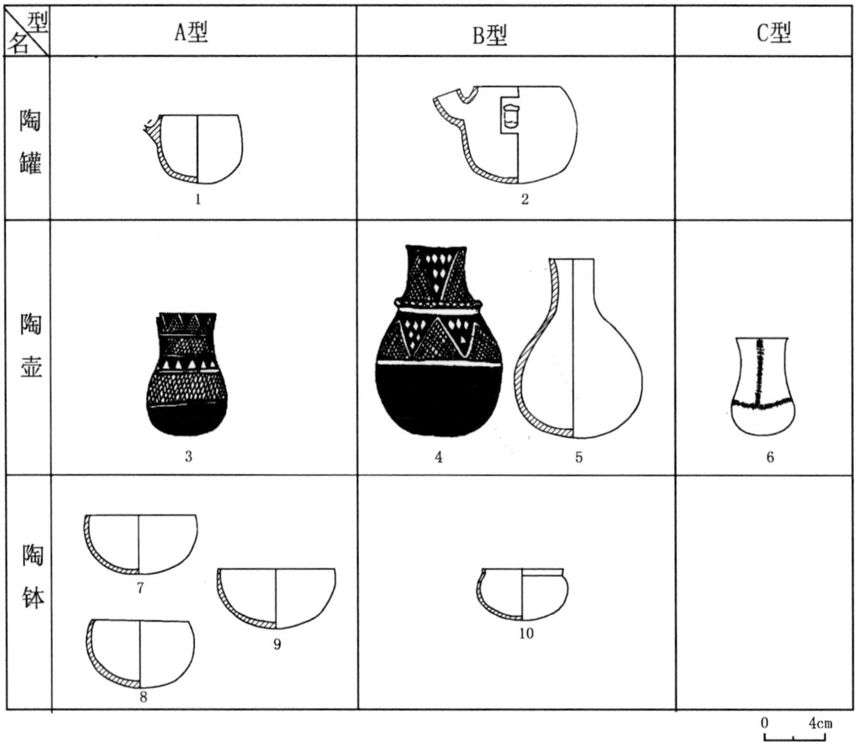

型名	A型	B型		C型

1.單耳罐（M41：1）　2.管流罐（M39：1）　3.彩陶壺（M40：2）　4.彩陶壺（M21：1）5.陶壺（M40：1）　6.陶壺（M28：1）　7.陶缽（M53A：1）　8.陶缽（M39：2）　9.陶缽 M33：2）　10.陶缽（M34：1）

（三）墓葬文化特徵

根據墓葬分佈規律、封堆結構、墓室形制和出土隨葬品情況，窮科克臺地一號墓地可分爲早、晚兩期：

早期：墓葬集中分佈在喀什河岸邊，封堆下均有石圈，墓室爲豎穴偏室，單人一次葬，頭向西。隨葬品以陶器爲主，幾乎所有墓葬都出有羊骨和小件鐵器，兼有少量的骨器、木器和石器等。陶器均爲手製夾砂紅陶，器表多施有土紅色陶衣，部分在陶衣上飾紅褐色彩。彩陶紋飾有用線條和填色構成的三角紋、菱形紋、弦紋、網格紋等。器形均爲圓底鼓腹，有單耳罐、有頸壺、球形缽三種。彩陶和素面陶器各占１／２左右。

晚期：墓葬封堆多大面積或滿鋪卵石，墓室分豎穴土坑、豎穴石棺和豎穴木槨三種。葬式以單人一次葬爲主，兼有雙室和多室、二次葬。隨葬品以

陶器為主，兼有少量的小件鐵器、骨器、木器和石器等。陶器均為手製夾砂
紅陶，多素面陶，彩陶數量較少。器表多施土紅色陶衣，個別飾褐色紋飾，
圖案與早期基本相同，出現有堆塑紋。器形有單耳罐、有頸壺和球形缽三種，
單耳罐中1件帶有管狀流。壺出現垂腹和細頸。缽的比例增多，出現有折沿。

　　窮科克臺地一號墓地，墓葬中普遍出現小件鐵器，據觀察均為鍛打鐵器，
說明當時已經熟練掌握冶鐵和鍛打技術，進入鐵器時代早期階段。窮科克臺
地一號墓地直接疊壓在青銅時代文化層上，且墓葬出土木質碳十四測年結果
最早在公元前1000年前後。

二、其他同類型墓地

　　根據窮科克臺地一號墓地墓葬形制、出土器物特徵，並結合已有墓地碳
十四側年數據，對目前伊犁河谷發掘墓葬進行梳理，同類型墓葬有如下幾處：

1. 加勒克孜卡茵特墓地西區墓地

　　墓地位於吉林臺庫區淹沒區，喀什河南岸加勒克孜卡茵特山北麓一、二
級臺地上。在東西5公里、南北3公里範圍內共分佈古代墓葬209座〔註15〕。

　　從地表封堆標誌看，明顯看出有兩種不同。一種墓葬封堆高大，表面看
是一個球冠狀大土堆，封土下面部分有卵石鋪的石圈和石堆，墓間距在幾十
米到上百米不等，一般沿山梁呈鏈狀分佈。墓室口多為南北方向，墓室為豎
穴土坑，墓室大而且深，多數墓室底部兩側有生土二層臺，個別二層臺上發
現橫木，多為二次葬，出土器物中有平底器。

　　另一種封堆較小，封堆表面隱約可見石圈或石堆，成片集中分佈。墓室
口為東西向，墓室分豎穴土坑、豎穴石棺和豎穴偏室三種類型，與窮科克臺
地一號墓地分佈情況、封堆和墓室結構基本一致。

　　加勒克孜卡茵特墓群分佈範圍較大，是由多個相對獨立的墓地組成，總
體上看大部分墓地墓葬形制和出土物基本一致，但也有一部分有著明顯的區
別。可見時間跨度和文化內涵有著一定的差別，至少反映出兩種不同時期和

〔註15〕 新疆文物考古研究所、伊犁哈薩克自治州文物局：《尼勒克縣加勒克孜卡茵特
山北麓墓葬發掘簡報》，《新疆文物》2006年第3、4期；新疆文物考古研究所
等：《尼勒克縣加勒克斯卡茵特墓地發掘簡報》，《新疆文物》，2007年第3期；
新疆文物考古研究所等：《新疆尼勒克縣加勒克孜卡茵特墓地發掘簡報》，《考
古與文物》，2011年第5期。

文化內涵。窮科克類型墓葬集中分佈在墓群的西部，數量不多，整體上有西早東晚的趨勢。

加勒克孜卡茵特墓地西區窮科克類型墓地出土陶器，主要有罐、壺、缽等三類器形。

圖五十六　加勒克孜卡茵特墓地早期墓葬陶器類型圖

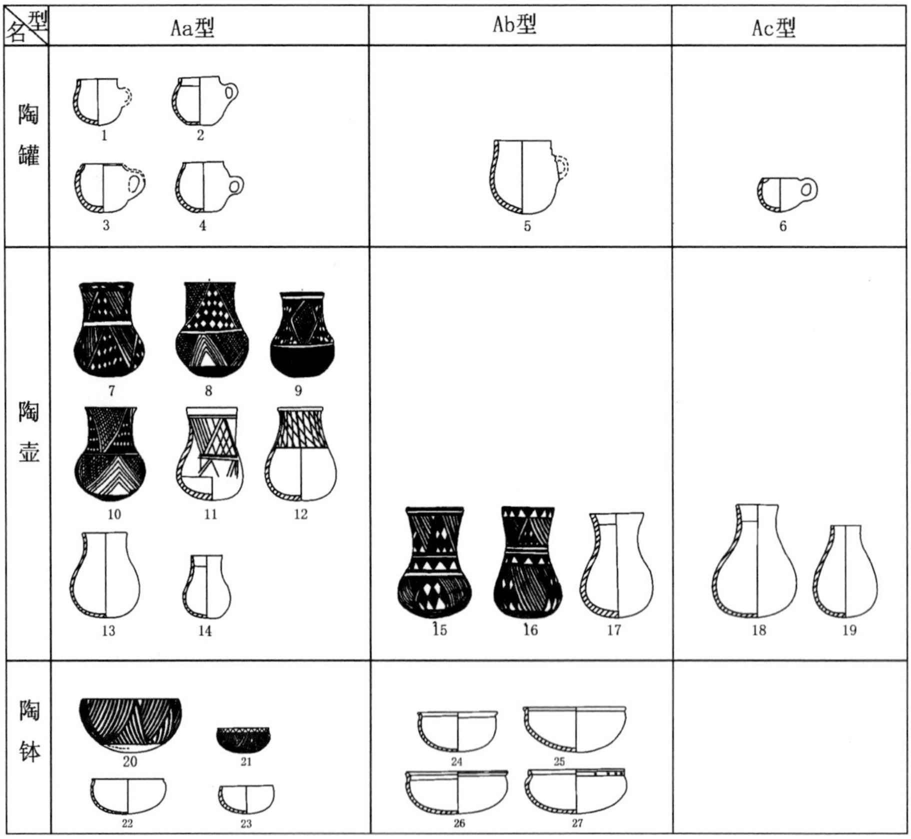

1～6.單耳罐（M25：1、M67：1、M25：1、M65：1、M15：1、M45：1）　7～14 短頸壺（ M139：1、M138：1、M139：2、M138：1、、IM8：1、M70：1、M114：1、M121：1）　15、16、17 高領壺（M68：1、M57：2、M42：2）18、19 束口壺（M101：1、M35：1）　20～23 球形缽（M117C：1、M121：1、M110：2、M20：2）　24～27 折沿缽（M44：1 25、 M100：2、M4：1）

罐，根據口沿和體形特徵分為以下三型：

Aa 型：斂口單耳陶罐，4 件。手製，夾砂紅陶或褐陶，斂口，鼓腹，圜

底，沿下有一環形耳（圖五十六，1～4）。

Ab 型：深腹單耳罐，1 件。手製，夾砂紅陶，直口，深鼓腹，圓底，沿下有一環形耳（圖五十六，5）

Ac 型：淺腹單耳罐，手製，夾砂紅陶，斂口，鼓腹，圓底（圖五十六，6）

壺，根據頸部和腹部特徵可分以下三型：

Aa 型：短徑壺，8 件。直口，短徑，球形腹，圓底（圖五十六，7～14）

Ab 型：長頸壺，3 件。直口，長頸，球形腹，圓底（圖五十六，1～17）

Ac 型：細頸壺，2 件。直口，細徑，垂腹，圓底（圖五十六，18、19）

鉢，根據口沿特徵可分二型：

Aa 型：球形鉢，4 件。斂口，鼓腹，圓底（圖五十六，20～23）

Ab 型：折沿鉢，4 件。口沿微向外折，球形腹，圓底（圖五十六，24～27）

2. 阿克布早溝墓地

2003 年，新疆文物考古研究所主持發掘。墓地位於尼勒克縣科蒙鄉團結牧場，喀什河北岸支流阿克布早溝兩岸臺地上。東岸 12 座，西岸 60 座，發掘 57 座〔註16〕。一級臺地上的墓葬封堆較小，發掘 41 座，封堆結構分爲石堆、石圈和石圈石堆三種；二級臺地上的墓葬封堆較大，明顯呈南北鏈狀排列，封堆爲純土結構，計 11 座。封堆爲純土結構，直徑在 6～15.5、0.9～1.5 米之間。墓室均位於封堆下中部，墓室口呈東西向，其中豎穴土坑墓 5 座、豎穴偏室墓 1 座、豎穴二層臺墓 1 座、豎穴洞室墓 1 座、雙室墓和多室墓 5 座。窮科克類型墓地指集中分佈在一級臺地上墓葬。

出土隨葬品中陶器均爲夾砂紅陶或褐陶，器物表面多施有紅黃色陶衣，彩陶紋飾有三角紋、弦紋、蝌蚪紋、點劃紋等，器形有單耳罐、壺、鉢等。鐵器朽腐較爲嚴重，可辨器形的鐵器有直柄刀、環首刀、鐵錐、鐵釘、簪和鐵鏃頭等。銅器僅見 1 件柱狀銅簪。骨器有弓弭、骨鏃頭等。

依照陶器形制特徵不同可分爲如下類型：

〔註16〕資料待發表，由新疆文物考古研究所提供。

圖五十七　阿克布早溝墓地典型陶器類型圖

名\型	Aa型	Ab型	Ac型	Ad型
单耳陶罐				
陶壶				
陶钵				

1.斂口單耳罐（M？）　2、3、4.短頸單耳罐（M27：1、M25：2、M？）　5.杯形罐（M53：1）　6～11.折沿單耳罐（M32：1、M39：1、M？、M44：1、M37：2、M43：1）　12～16.短頸壺（M29：1、M17A：4、M33：1、M？、M25：1）　17.束頸壺（M25：2）　18 單耳壺（M？）　19 球形彩陶缽（M：24：1）　20、21 折沿缽（M52：1、M38：2）

罐，10 件。可分四型：

Aa 型：斂口單耳罐，1 件。手製，夾砂紅陶，斂口，單耳，鼓腹，平底（圖五十七，1）。

　　Ab 型：敞口單耳罐，3 件。手製，夾砂紅陶，敞口，單耳，垂腹，圜底（圖五十七，2、3、4）。

　　Ac 型：缽形單耳罐，1 件。手製，夾砂紅陶，斂口，球形腹底，單耳（圖五十七，5）

　　Ad 型：折沿單耳罐，6 件。小折沿，鼓腹，圜底，單耳，飾三角、網格、點劃等紋飾（圖五十七，6～11）。

　　壺，7 件。可分三型：

　　Aa 型：短頸壺 5 件。手製，夾砂紅陶，直口，短頸，鼓腹，圜底，分別飾以三角紋、弦紋、蝌蚪文等彩（圖五十七，12～16）。

　　Ab 型：束頸壺，1 件。手製，夾砂紅陶，素面，敞口，束頸，鼓腹，圜底（圖五十七，17）。

　　Ac 型：單耳壺，1 件。手製，夾砂紅陶，高領，鼓腹圜底，一測帶耳（圖五十七，18）。

　　缽，3 件。依照口沿及腹部特徵可分二型：

　　Aa 型：球形缽，1 件。手製，夾砂紅陶，球形腹底，通身飾蝌蚪紋（圖五十七，19）。

　　Ab 型：折沿缽，2 件。手製，夾砂紅陶，折沿，球形腹底（圖五十七，20、21）。

3. 什布克其 I 號墓地

　　墓地位於尼勒克縣烏贊鄉什布克其村西北 2.5 公里處，喀什河北岸二級臺地上。2009 年，新疆文物考古研究所劉學堂主持發掘。在東西 1.5 公里、南北 800 米範圍內，分佈古代墓葬 73 座。發掘 14 座〔註17〕。

　　墓葬大致呈東北西南鏈狀分佈。封堆以土石混合堆築而成，以圓形為主，個別呈橢圓形。封堆上有鋪石和在底部周圍鋪石圈的，個別封堆不明顯僅見殘存的石頭。發掘墓葬中，地表均有圓形土石封堆，根據墓室結構可分為豎穴土坑墓和豎穴偏室墓兩種類型，墓坑中均填有大量石塊，其中豎穴土坑墓計 13 座，僅 1 座為豎穴偏室墓。均為單室墓，一次葬，人骨有不同程度的二次擾亂現象。無論是豎穴土坑墓還是豎穴偏室墓，其葬式葬俗較為統一，均為東西向仰身直肢，頭西腳東，隨葬品一般放置在人頭骨附近兩側。隨葬品

〔註17〕新疆文物考古研究所：《尼勒克縣一級電站墓地考古發掘簡報》，《新疆文物2012 年的 2 期。

較貧乏，一般爲鐵刀和羊骨組合，出土少量陶器、鐵器、銅器等。

圖五十八　什布克其 I 號墓地出土陶器類型圖

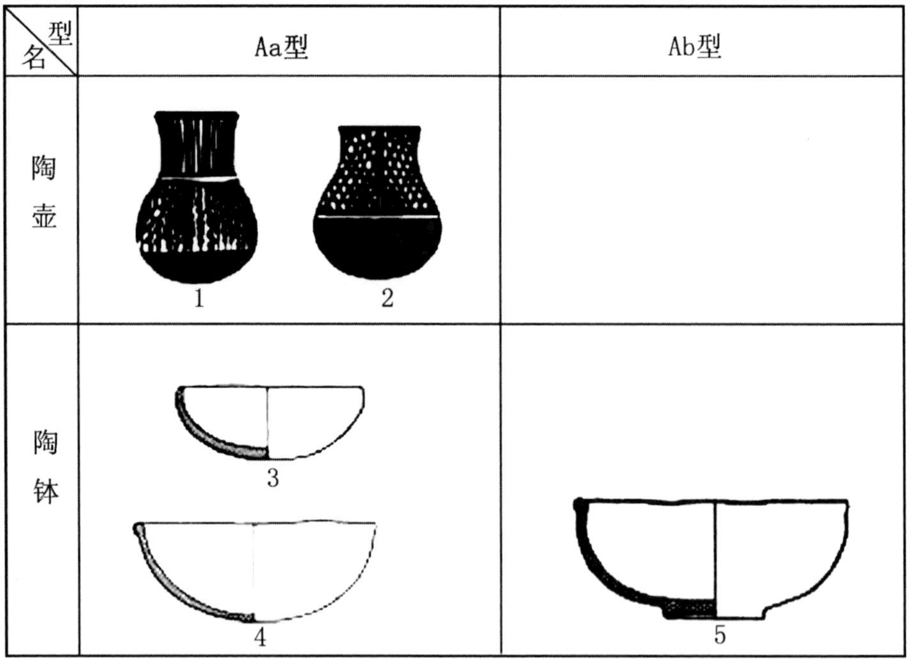

型名	Aa型	Ab型
陶壺	1　2	
陶钵	3　4	5

1、2.短頸彩陶壺（WM10：2　、WM？）　3、4.球形钵（WM11：1、WM10：1）　5.平底钵（WM7：1）

根據出土陶器形制特徵可分如下類型：

Aa 型：短頸壺，2 件，夾砂紅陶，手製，外部通身飾紅褐幾何紋（圖五十八，1、2）。

Aa 型：陶钵，2 件，夾砂紅陶，球冠型（圖五十八，3、4）

Ab 型：平底钵，1 件，夾砂紅陶，手製，球冠型，底部帶平底足（圖五十八，5）。

4. 什布克其 II 號墓地

墓地位於尼勒克縣烏贊鄉什布克其村西北 3 公里處草場中。2009 年，新疆文物考古研究所主持發掘。地處喀什河北岸二級臺地上。在東西 1.1 公里，南北 330 米範圍內，共有古代墓葬 79 座。墓葬大片分佈，小片集中，有的明顯呈南北鏈狀排列。依地表封堆特徵可將墓葬分爲三種：

1、石堆墓，以大小不一的山石堆於地表，形成低緩的封堆，這類墓有18座，其中直徑4～12米，高0.5～1米的封堆16座；直徑20米、高1米的封堆2座。

2、石圈墓，地表鋪或立大小山石塊、石片形成圓形石圈，個別爲方形石圍。這類墓35座，石圈或石圍直徑4～16米、高0.1～1米、圈寬0.2～1米不等。

3、土墩墓，封堆外觀呈圓形土丘狀，有的封堆上散見石塊，這類墓26座，直徑6～18米、高0.3～1.2米不等。發掘3座〔註18〕。

發掘墓葬地表均有圓形土石封堆，根據墓室結構可分爲豎穴土坑墓和豎穴偏室墓兩種類型。出土陶器2件，其中1件短徑彩陶壺，頸部一道弦紋將頸和腹部分開，上面式以線條組成的相對三角形，腹底部位素面。另1件束口、鼓腹、平底、單耳、帶流罐，底部以上飾以圓點和線條紋（圖五十九）。

圖五十九 什布克其 II 號墓地出土陶器圖

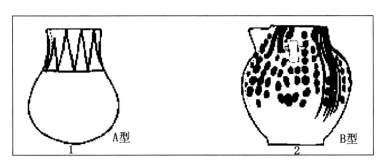

1.短徑彩陶壺（WM15：1） 2.單耳帶流彩陶壺（WM16：？）

5. 伊勒格代墓地

墓地位於鞏留縣塔斯托別鄉伊勒格代村北約1公里的農田中，地理座標位置：43°25′713″，東經82°09′020″，海拔867米。2004年，新疆文物考古研究所阮秋榮主持發掘。墓葬集中分佈在伊勒格代山北麓，約30餘座，發掘22座〔註19〕。封堆以石堆、石圈爲主，墓葬形制有豎穴土坑、豎穴偏室2種。單人一次葬，仰身直肢。

〔註18〕新疆文物考古研究所：《尼勒克縣一級電站墓地考古發掘簡報》，《新疆文物》2012年第2期。

〔註19〕新疆文物考古研究所：《尼勒克縣一級電站墓地考古發掘簡報》，《新疆文物》2012年第2期。

隨葬品匱乏，出土陶器 11 件、鐵器 4 件、銅器 1 件和石器 1 件。陶器按器形可分爲罐、壺和缽三類。

罐，5 件。根據口沿、耳部和腹部特徵分可爲以下三型：

Aa 型：斂口單耳罐，3 件。手製，夾砂紅陶，圓唇，鼓腹，圜底（圖六十，1～3）。

Ab 型：深腹單耳罐，1 件。手製，夾砂紅陶，深腹，平底（圖六十，4）。

Ac 型：鋬耳罐，1 件。手製，夾砂紅陶，鼓腹，圜底（圖六十，5）。

壺，2 件均爲短徑，1 件頸部帶褐色網紋（圖六十，6、7）。

缽，3 件。均爲球形缽（圖六十，8、9、10）。

圖六十　伊勒格代墓地陶器類型圖

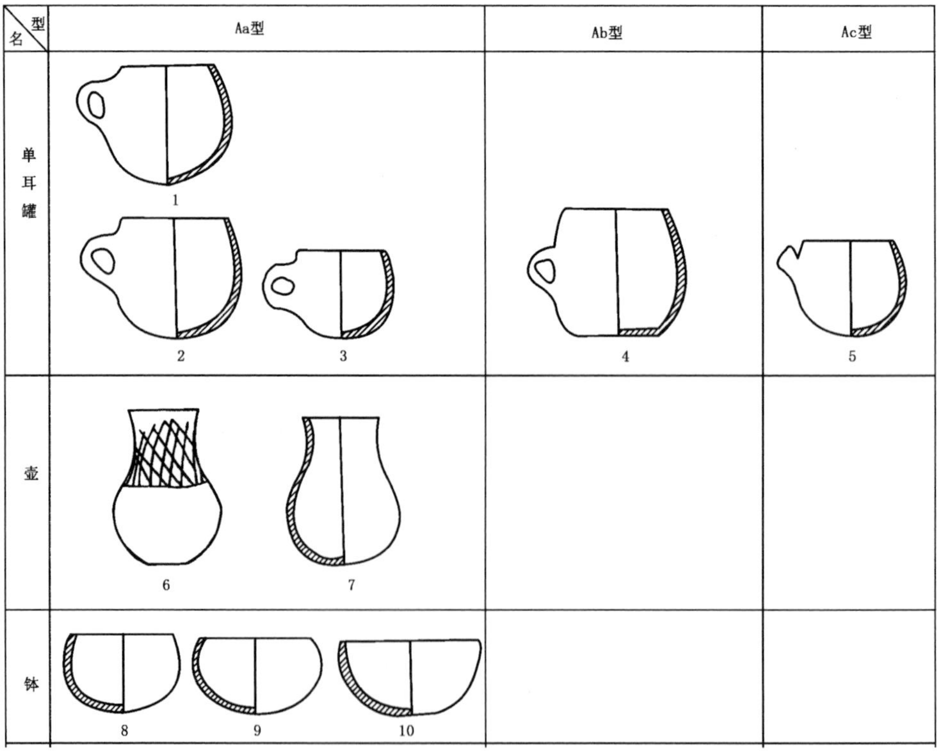

1.陶罐（M16：1）　　2.陶罐（M11：1）　　3.陶罐（M5：1）　　4.陶罐（M7：1）
5.陶罐（M10：1）　　6.彩陶壺（M6：1）　　7.陶壺（M2：1）　　8.陶缽（M7：1）
9.陶缽（M6：2）　　10.陶缽（M3：1）

6. 紅旗磚廠墓地

墓地位於鞏留縣城東 10 公里東麥里鄉紅旗村，地理座標為：43°23′867″，東經 82°19′301″，海拔 892 米。2004 年，新疆文物考古研究所主持發掘。墓地已被多年耕作破壞，僅見 20 座，發掘 8 座。封堆直徑 10～20 米，均為黃土堆，封土周圍鋪一窄石圈。墓室開在石圈中心位置，東西向，豎穴偏室，墓室開在北壁上。單人一次葬，仰身直肢。隨葬品貧乏，較大的墓被盜擾，出土陶器 4 件，另有殘木碗、木盆各 1 件。死者隨身飾品有銅簪、瑪瑙和料珠等[註20]。

出土陶器 3 件，有單耳罐和壺兩類器形。

單耳罐，1 件。夾砂紅陶，手製，斂口，鼓腹，單耳（圖六十一，1）。

壺，2 件。根據頸部特徵可分為二型：

Aa 型：短頸壺，1 件。圓唇，束頸，鼓腹（圖六十一，2）。

Ab 型：長頸壺，1 件。束頸，垂腹（圖六十一，3）。

圖六十一　紅旗磚廠墓地陶器類型圖

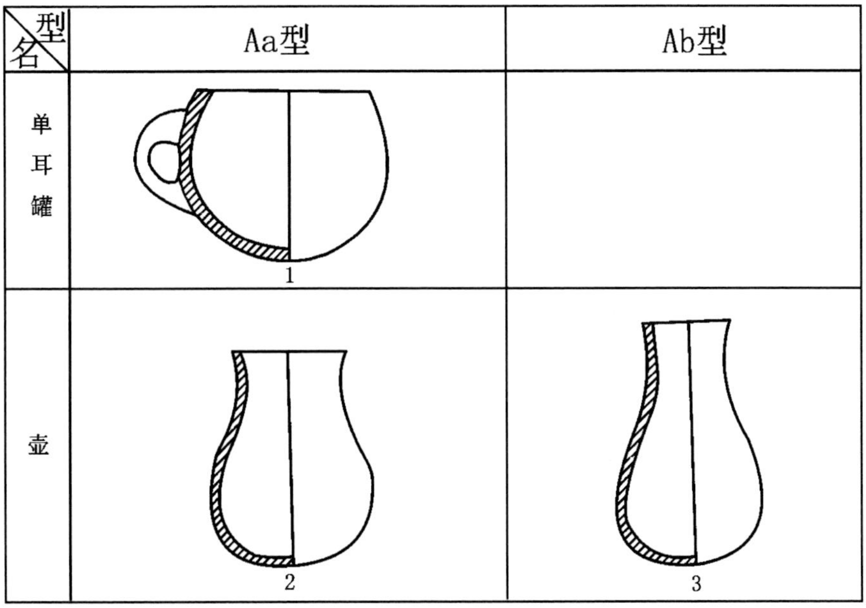

型名	Aa型	Ab型
單耳罐	1	
壺	2	3

1.陶罐（M7：1）　　2.陶壺（M8：1）　　3.陶壺（M6：1）

[註20] 新疆文物考古研究所：《伊犁恰甫其海水利樞紐工程南岸幹渠考古發掘簡報》，《新疆文物》，2005 年第 1 期。

7. 東麥里墓地

墓地位於尼勒克縣科克浩特浩爾蒙古民族鄉東麥裏村北，天山山脈博羅科努山南麓的山前階地之上。2009 年，新疆文物考古研究所劉學堂主持發掘。地理座標爲：北緯 43°49′02.9″、東經 082°40′51.7″，海拔 1245 米。該墓群在第二次全國文物普查中發現，統計數量約 200 座〔註21〕。經第三次全國文物普查工作隊覆查時，共計現存 85 座古墓葬〔註22〕，分佈在東西 2 公里，南北300 米範圍內。其中，大型土墩墓 1 座，封堆直徑 40 米，高約 8 米，該墓已被嚴重多次盜掘，其餘均爲中小型墓葬，多被人爲破壞。共發掘本次發掘墓葬 50 座〔註23〕。

墓葬地表封堆以土石混合堆築而成，一般平面呈圓形或橢圓形，直徑 4～16、高 0.1～1 米。依封堆構建特點，這些墓葬可分爲石堆墓和石圍墓兩種類型。石堆墓即封堆用土石混合雜亂堆築，占發掘墓葬數量的三分之二；石圍墓指在石堆墓的基礎上在其封堆外圍或墓口石堆周邊砌有規整的石環圈，占發掘墓葬數量的三分之一。

墓葬的方向大體一致，基本上都是東西方向。墓室一般位於封堆中央底部，依墓室的數量可分爲單室墓、雙室墓和多墓室等三種類型。其中雙墓室 5座（M20、M30、M33、M38、M50）；多室墓 3 座（M27、M32、M40），餘均爲單室墓。根據墓室結構可分爲豎穴土坑墓和豎穴偏室墓兩種類型，其中豎穴土坑墓 36 座，豎穴偏室墓計 10 座，4 座未發現墓室。

葬式以一次葬爲主，少量二次葬，墓葬二次擾亂現象嚴重。人骨多仰身直肢，頭西腳東，無葬具。隨葬品較貧乏，大部分墓葬沒有任何隨葬品，僅少量墓葬出土陶器、鐵器、銅器等，共計出土隨葬品 30 餘件。

出土陶器 9 件，有罐、壺、缽 3 中器形罐。

罐，6 件。根據口沿及腹部特徵可分爲以下二型：

Aa 型：斂口單耳罐，夾砂紅陶，手製，3 件彩陶，2 件素面，斂口，鼓腹，圓底（圖六十二，1、2、3、4）。

〔註21〕新疆維吾爾自治區文物普查辦公室、伊犁地區文物普查隊：《伊犁地區文物普查報告》，《新疆文物》，1992 年第 2 期。

〔註22〕新疆維吾爾自治區第三次全國文物普查辦公室：《新疆第三次全國文物普查成果集成——伊犁哈薩克自治州州（直屬縣市）卷》，中國科學出版社，2011 年 11 月。

〔註23〕新疆文物考古研究所：《尼勒克縣一級電站墓地考古發掘簡報》，《新疆文物》，2012 年第 2 期。

Ab 型：深腹罐，夾砂紅陶，手製，束口，垂腹，單耳（圖六十二，5）。

壺，1 件。夾砂紅陶，手製，長頸，垂腹（圖六十二，6）。

缽，2 件。根據口沿特徵可分爲二型：

Aa 型：斂口缽，球形腹（圖六十二，7）。

Ab 型：折沿缽，沿微折，球形腹底（圖六十二，8）。

圖六十二　尼勒克縣東麥里墓地陶器類型圖

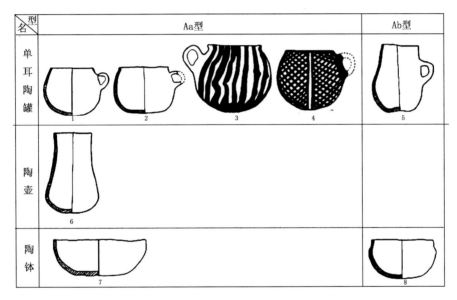

1、2.單耳罐（DM28：1、2.DM34：1）　3、4.單耳彩陶壺（DM43：2、DM26：
1）　5.直口單耳罐（DM46：1）　6.直口壺（DM34：1）　7.斂口缽（DM24：
1）　8.折沿缽（DM23：1）

8. 鐵列克薩依墓地

墓地位於尼勒克縣克令鄉克令村克令次生林場東 5 公里，喀什河南岸鐵列克薩依溝西山坡上。2010 年 9 月，新疆文物考古研究所阮秋榮主持發掘。在南北長 1000 米，東西寬 700 米範圍內共分佈墓葬 66 座。墓葬地表標誌明顯，沿山梁呈鏈狀或片狀分佈，其中直徑在 10～16 米的中型墓葬 32 座，7～9 米的小型墓葬 34 座〔註24〕，發掘 12 座〔註25〕。

〔註24〕 新疆維吾爾自治區第三次全國文物普查辦公室：《新疆第三次全國文物普查成
　　　　果集成——伊犁哈薩克自治州州（直屬縣市）卷》，北京：中國科學出版社，
　　　　2011 年 11 月。

〔註25〕 新疆文物考古研究所：《尼勒克縣鐵列克薩伊墓地考古發掘簡報》，《新疆文物》

　　發掘墓葬集中分佈在墓地東北部。墓葬封堆分土堆和石圍石堆兩種類型，平面呈圓形，直徑 5～10、高 0.3～1 米。墓室結構以豎穴土坑偏室墓爲主，另有 1 座石棺墓、1 座洞室墓和 1 座豎穴土坑墓。墓室方向東西向，單人單室一次葬爲主，頭向西，仰身直肢，另有 1 座雙人合葬。隨葬品貧乏，出土隨葬品有陶器、銅耳環、料珠、鐵器等 20 件，其中陶器 5 件。

　　該墓地發掘墓葬中，豎穴偏室墓 8 座，豎穴土坑墓 2 座，豎穴石棺墓 1 座，豎穴洞室墓 1 座。另有一種圓形豎穴墓道洞室墓，尚屬首次在伊犁河谷發現。從墓地分佈情況、出土器物上前三者墓葬形制應屬統一文化類型。根據出土陶器看與窮科克臺地一號墓地出土的彩陶和施陶衣的陶器完全一致。

　　出土陶器 4 件，有罐、壺、缽三種器形。

　　罐，2 件。根據口沿變化特徵可分爲二型：

　　Aa 型：束口單耳罐，鼓腹，單耳（圖六十三，1）。

　　Ab 型：侈口單耳罐，侈口，束頸，鼓腹（圖六十三，2）。

　　壺，1 件，短頸，頸部飾褐色網紋，頸部以下滿施褐色陶衣（圖六十三，3）。

　　缽，1 件斂口，鼓腹（圖六十三，4）。

圖六十三　伊寧縣鐵列克薩伊墓地陶器圖

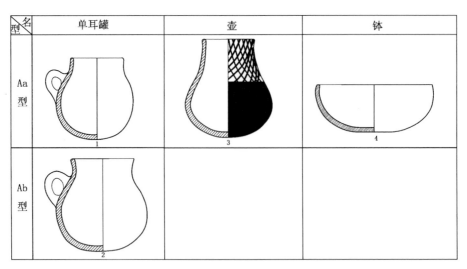

型\名	単耳罐	壺	缽
Aa 型	1	3	4
Ab 型	2		

1.陶罐（M9：2）　　2.陶罐（M2：2）　　3.陶壺（M7：2）　　4.陶缽（M6：1）

2012 年第 2 期。

9. 塔爾克特北墓地

　　墓地位於尼勒克縣烏贊鄉塔爾克特村北草場中，地處喀什河北岸階地及山梁上。2009 年，新疆文物考古研究所阮秋榮主持發掘。在東西 4.5 公里、南北 1.6 公里範圍內分佈古代墓葬 205 座，發掘 53 座。發掘墓葬位於墓群北部，地表封堆標誌明顯，平面呈圓形，爲典型的石堆墓。53 座墓葬中，有 5 座未發現墓室及人骨（M13、M23、M24、M44、M53），其餘 48 座墓葬可分爲兩種類型，一種爲封堆下直接葬人骨或在原地表壘砌簡單石棺葬人，計 13 座（M4、M8、M28、M29、M31、M33、M38、M42、M43、M45、M46、M47、M48），這類人骨多爲二次葬，少量一次葬，行東西向仰身直肢葬，均無隨葬品；另一種爲在封堆中央底部營建墓室（僅有 2 座墓爲雙墓室墓，其餘均爲單墓室），根據墓室結構可分爲豎穴土坑墓和豎穴偏室墓兩種類型，墓坑中均大量積石，其中豎穴土坑墓計 23 座（M1、M2、M9、M10、M11、M14、M15、M16、M17、M18、M19、M21、M22、M26、M27、M30、M32、M34、M36、M39、M40、M41、M50），豎穴偏室墓 12 座（M3、M5、M6、M7、M12、M20、M25、M35、M37、M49、M51、M51、M52），偏室一律開在墓室的北壁，與偏室對應一側一般留有生土二層臺。無論是豎穴土坑墓還是豎穴偏室墓，其葬式葬俗較爲統一，除了 M14、M15、M39 爲屈肢葬外，其餘均爲東西向仰身直肢，頭西腳東，隨葬品一般放置在人頭骨附近兩側〔註26〕

　　葬俗以一次葬爲主，少量二次葬，均無葬具。隨葬品較貧乏，一般爲鐵刀和羊骨組合，出土少量陶器、鐵器、銅器等。

　　出土陶器均爲夾砂紅陶，手製，根據不同形制可分爲：

　　單耳罐，1 件.直口，平沿，方唇，束頸，垂腹，圓底（圖六十四，1）。

　　壺，3 件。依據頸部特徵可分三型：

　　Aa 型：短頸壺，1 件，束頸，鼓腹，圓底，頸部飾網格紋，頸部以下施紅色陶衣（圖六十四，2）。

　　Ab 型：高領壺，2 件。1 件彩陶，頸部飾紅色網格紋，肩部飾一條弦紋，頸部以下飾三角紋（圖六十四，3）；1 件素面，敞口，圓唇平沿，束頸，高領，鼓腹，圓底（圖六十四，3）。

〔註26〕新疆文物考古研究所：《尼勒克縣一級電站墓地考古發掘簡報》，《新疆文物》2012 年第 2 期。

　　Ac 型：長頸壺，1 件。一側帶耳，長頸，束口，垂腹，體形稍大（圖六十四，5）。

　　Ab 型：圜底缽，1 件，敞口，球冠型腹底（圖六十四，6）。

圖六十四　塔爾克特北墓地陶器類型圖

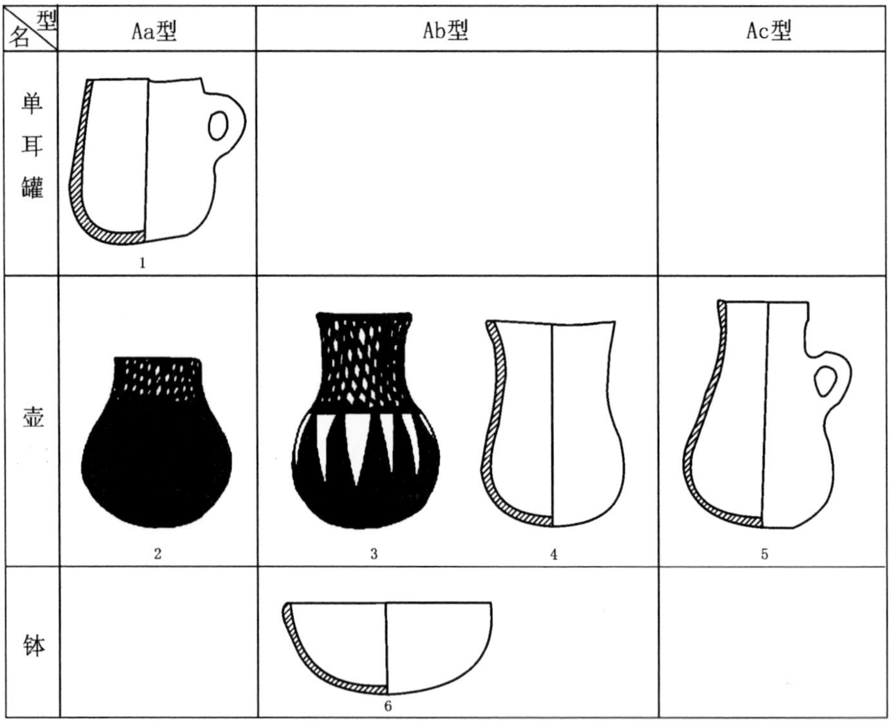

型名	Aa型	Ab型	Ac型
单耳罐	1		
壺	2	3　4	5
钵		6	

　　直口罐（WM67：1）　2.短頸壺（WM29：1）　3.高領壺（WM42）　4.束頸壺（WM22）　5.直口單耳壺（WM66b：1）　6 球形缽（.WM68：1）

10. 小喀拉蘇墓地

　　墓地位於尼勒克縣喀拉蘇鄉小喀拉蘇村南，喀什河北岸的一個岸邊臺地上，地理座標爲：北緯 43°50′.55″，東經 82°09′.44″，海拔高度 949 米。2006 年，新疆文物考古研究所吳勇主持發掘。該墓地共有墓葬 20 座，發掘 8 座。墓葬形制、出土隨葬品和窮科克臺地一號墓地基本相同，M6 打破小喀拉蘇青銅時代遺址〔註 27〕。

〔註 27〕新疆文物考古研究所：《尼勒克縣小卡拉蘇遺址考古發掘簡報》，《新疆文物》2008 年 3～4 期。

三、墓葬文化特徵

（一）分佈規律及形制特徵

窮科克類型墓地一般分佈在較高海拔 1300 米到 2300 米之間，水草豐美的河岸臺地、山前溝谷地帶，面對開闊的丘陵和山地草場。墓葬數量集中成片分佈，墓間距不大，個別有封堆石圈交叉現象，數量在幾十個、上百個不等。墓葬封堆直徑在 8～10 米左右，植被較好的地方可以看出明顯高出地面的封堆，表層覆蓋有草甸，隱約可見露出的石塊河卵石，植被差的僅見地表上裸露的石圈和石堆。

墓室可分為豎穴偏室墓和豎穴墓兩種，以豎穴偏室墓為主，豎穴墓中又可分為豎穴土坑、豎穴石棺和豎穴木槨墓三種。墓室開口均在封堆或石圈的中心部位，大致呈東西向，圓角長方形，一般西頭稍寬，長 2、寬 1 米左右。墓壁垂直向下，深度 0.5～1.5 米不等，也有達到 2 米以上者。豎穴中一般填土、卵石和石塊，有的下面有堆石層。

豎穴偏室絕大多數開在北壁下方，方向同豎穴一致呈東西向，一般在豎穴底部 1/2 處，一邊向下挖 20 釐米左右，向外掏出一個弧形頂偏室，偏室底部呈半橢圓形或近似方形，死者放置在偏室內，單人一次葬，仰身直肢，頭西腳東。也有一個封堆下有兩個或個別多個墓室的。頭部外側或頭頂附近一般放置 1 到 2 件陶器，陶器內多半有羊骨和小鐵刀。隨葬品中也有一些隨身攜帶的裝飾品之類。整體上，無論男女老幼埋葬規制沒有太大的差異，沒有明顯的貧富之分。

豎穴土坑墓與豎穴石棺墓的區別，僅在於在墓底四周是否疊砌石圈，這兩種墓室常在一個封堆下面混合出現。墓室口開於封堆中西位置，長方形，東西向，長 2、寬 1 米左右，深度在 0.5～1.5 米之間。豎穴中填土、卵石和石塊。石棺墓，大部分只是在墓底四周對齊一圈石塊，個別上面封蓋大石塊。也見有一例用原木陶成棺木，外圍堆石槨的。此類墓葬二次葬較多，人骨散亂，隨葬品極少。

（二）陶器特徵

窮科克類型墓葬隨葬最多的是陶器，陶器均為夾砂紅陶，手製，燒製火候較高，彩陶占將近一半。所謂彩陶，首先在陶器表面施一層土黃色陶衣，然後再在器表用褐色礦物質顏料繪製出圖案，紋飾以線條分割和顏料填充繪

製出三角紋、菱形紋、網紋、弦紋、編織紋等，有的通身飾同樣的紋飾，有的則分別在口沿、頸部和腹部繪製不同的圖案。器形規整，圖案精美。

器形均為圓底，以鼓腹單耳陶罐垂腹壺短頸壺居多，兼有少量的缽和盆。單耳罐口沿與腹壁自然呈弧形內收，腹部下垂向外突出，圓底弧度平緩，沿下一側單耳。通體對稱重心穩定。壺頸與腹的高比例約占 1／2，口徑約占腹經的 2／3，平唇直口或敞口，垂腹圓底，多通體繪彩。

（三）其他器物

大部分墓葬中都出土小件鐵器，多為與羊骨同出的小鐵刀，但基本上已朽腐無法提取。個別墓葬中出土銅、金、鐵、骨質、瑪瑙及玻璃珠等裝飾品。

四、年代及文化屬性

窮科克臺地一號墓地、小喀拉蘇墓地、湯巴勒薩伊墓地和闊克蘇河西 2 號墓地，均直接疊壓和打破青銅時代文化層。這種現象並非偶然，層位關係上說明，這些墓葬文化年代最接近青銅時代。窮科克類型墓葬出土陶器器形種類僅限於罐、壺、缽三種，彩陶數量居多，形體特徵基本一致，與下文將要討論的索墩布拉克類型墓地、葉什克列克類型墓地相比，較為明顯具有同類文化的早期特徵。彩陶風格與塔里木盆地北緣的察吾乎文化，東天山的哈密地區彩陶文化有很多相似之處，從源流上看也更接近初傳階段。另外，這些墓地碳十四數據也都集中在公元前 1000 年到公元前 7、8 百年之間（表六：碳十四數據表）。綜合多方面因素可以推定，窮科克類型墓葬為伊犁河谷繼青銅時代之後一個新的考古學文化類型，時限大致在公元前 1000 年至公元前 700 年之間。

就目前發現來看，窮科克類型墓地僅在尼勒克縣東部、鞏留縣和新源縣，即伊犁河上游兩大支流喀什河和鞏乃斯河沿岸有所發現，在伊犁河谷以外的周邊地區也尚沒有完全相近或相同的文化。其與青銅時代安德羅諾沃文化截然不同，沒有任何相互傳承關係，這種文化的到來完全取代了伊犁河谷安德羅諾沃文化窮科克類型，進入早期鐵器時代。

表六　窮科克類型墓地碳十四數據表

單　　位	標本質地	碳十四數據	樹輪校正結果
窮科克臺地一號墓地 M11	木	2980±35BP	984～830BC
窮科克臺地一號墓地 M52	棺木	2983±35BP	1040～906BC
2009YWM15	木	2445±35BP	740～680BC

注：所用碳十四半衰期爲 5568 年，BP 爲距 1950 年的年代。樹輪校正所用曲線爲 Intl04（1），所用程序爲 OxCalv3.10（2）。引〔註28〕。

〔註28〕 新疆文物考古研究所：《尼勒克縣一級電站墓地考古發掘簡報》2012 年第 2
期。

第六章　索墩布拉克類型墓地

索墩布拉克類型墓地，以最早發現於察布查爾縣瓊博拉鄉索墩布拉克村附近索頓布拉克墓地〔註1〕爲代表。包括：窮科克 2 號墓地〔註2〕、加勒克孜卡茵特墓地〔註3〕部分墓葬、別特巴斯陶墓地〔註4〕、奇仁托海墓地〔註5〕、呼吉爾夠墓地〔註6〕、薩爾布拉克墓地〔註7〕、鐵木里克墓地〔註8〕、闊克蘇西 2 號墓地〔註9〕、特克斯巴喀勒克水庫〔註10〕等。

一、索墩布拉克墓地

索墩布拉克墓地，位於察布查爾縣瓊博拉鄉索墩布拉克村南北兩面，地

〔註 1〕 新疆文物考古研究所：《察布察爾縣索墩布拉克古墓葬發掘簡報》，1988 年第 2 期。

〔註 2〕 資料待公佈，由新疆文物考古研究所提供。

〔註 3〕 新疆文物考古研究所、伊犁州文物局等：《新疆尼勒克縣加勒克孜卡茵特山北麓墓地發掘簡報》，《新疆文物》2006 年第 3、4 期；新疆文物考古研究所等：《尼勒克縣加勒克斯卡茵特墓地發掘簡報》，《新疆文物》2007 年第 3 期；新疆文物考古研究所等：《新疆尼勒克縣加勒克孜卡茵特墓地發掘簡報》，《考古與文物》2011 年第 5 期。

〔註 4〕 資料待公佈，由新疆文物考古研究所提供。

〔註 5〕 新疆文物考古研究所：《伊犁州尼勒克縣奇仁托海墓地發掘簡報》，《新疆文物》2004 年第 3 期。

〔註 6〕 資料待公佈，由新疆文物考古研究所提供。

〔註 7〕 資料待公佈，由新疆文物考古研究所提供。

〔註 8〕 資料待公佈，由新疆文物考古研究所提供。

〔註 9〕 新疆文物考古研究所：《新疆特克斯縣闊克蘇西 2 號墓群的發掘》，《考古》2012 年第 9 期；新疆文物考古研究所：《特克斯縣闊克蘇西 2 號墓群發掘簡報》，《新疆文物》2012 年第 2 期。

〔註 10〕 資料待公佈，由新疆文物考古研究所提供。

處天山支脈烏孫山山前丘陵和洪集平原上，旁依索墩布拉克溝（河），在溝
邊臺地上分佈約有 120 餘座古代墓葬，周邊山前地帶亦有眾多類似的古墓群
〔註 11〕。

　　1958 年，黃文弼先生在伊犁考古調查中首次發現，並做過簡要的報導
〔註 12〕。

　　1987 年，因修築公路，有 3 座墓葬被破壞，新疆文物考古研究所對其進
行搶救性清理發掘〔註 13〕。

　　1989、1990 年，新疆文物考古研究所張玉忠主持發掘 33 座〔註 14〕。

（一）墓地材料分析

　　墓葬形制　封堆標誌明顯，群體內多座墓葬呈南北方向排列。封堆多數
為黃土夾卵石結構，表面大都有圓形或橢圓形石圈，部分為雙石圈，有的中
部有小的石堆，少數地表僅見石圈。封堆高 0.2～0.75、直徑 3～10 米，石圈
基本位於封堆中部。

　　墓室結構　分豎穴土坑和豎穴偏室和混合型等三種墓室（圖六十五），
其中：

　　1、豎穴土坑墓 16 座，墓口大致呈梯形，西寬東窄，少數為長圓形。墓
室長 1.5～3.08、寬 0.5～1.46、深 0.3～1.7 米。多數無葬具，墓室內填土和
卵石，個別（M13）墓底鋪一層原木棒，也有墓口順長鋪一層原木（M30，
松木）棒的。

　　2、豎穴偏室墓 13 座，墓室分豎穴墓道和偏室兩部組成，墓道東西向，
多呈梯形，西寬東窄。墓道長 1.8～3.3、寬 0.6～1.82、深 0.85～2.8 米。底
部均有生土二層臺，高 0.1～0.5、寬 0.24～0.68 米。偏室皆開在豎穴北壁下
方，有的以一排松木棒封堵偏室後填土和卵石，有的直接填土石。M3 不見
墓穴，M4 墓底不見人骨和隨葬品。

〔註 11〕 新疆文物考古研究所：《察布察爾縣索墩布拉克古墓葬發掘簡報》，1988 年第
　　　　 2 期。

〔註 12〕 黃文弼著：《新疆考古發掘報告》（第二章），《伊犁的調查》，文物出版社，1983
　　　　 年。

〔註 13〕 新疆文物考古研究所：《察布察爾縣索墩布拉克古墓葬發掘簡報》，1988 年第
　　　　 2 期。

〔註 14〕 新疆文物考古研究所：《察布查爾縣索墩布拉克古墓群》，《新疆文物》，1995
　　　　 年第 2 期。

3、雙室墓 3 座，M19、M21 為各有一個豎穴土坑和一個豎穴偏室，M33
為一個豎穴土坑和一個豎穴蓋木墓室。

圖六十五　索墩布拉克墓地墓葬分佈圖

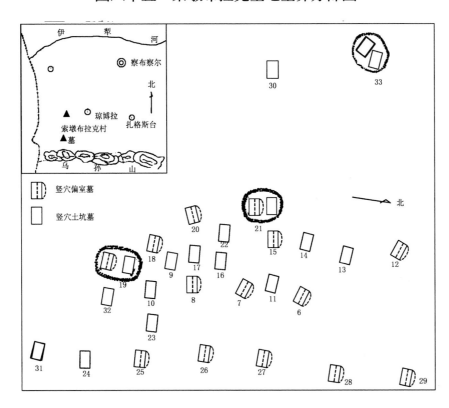

葬式葬俗　以單人單室為主，同穴雙人合葬 1 座，雙室合葬 3 座（典型
墓葬如圖：六十五）。33 座墓中共有 36 人，以仰身直肢一次葬為主，大都
頭西腳東（唯 M5 頭北足南），二次葬次之。二次葬骨骼散亂於墓室底部或
填土中，也有個別上肢在生理位置，下肢散亂，有的僅見下肢骨對稱擺放。
異性同穴二次葬 1 座，同性（女）雙室二次葬 1 座，異性雙室合葬 2 座。2
男 1 女合葬墓 1 座 M33 東室 1 男二次葬，西室男女各一仰身直肢（圖六十
六）。

隨葬品　除 3 座墓之外，絕大多數墓葬都有少量的隨葬品，多者 3、4
件，少者 1 件。隨葬器物以陶器為主，另有一些小件鐵器、銅器和石質工具
等。一次葬隨葬品大多擺放在死者頭部右側或頭右側偏上，個別放置於頭頂
前或臂膀左右，陶器中大都盛有畜骨。二次葬墓中未見完整陶器，有的墓室

墳土中散見一些畜骨。

圖六十六　索墩布拉克墓地典型墓葬平剖面圖

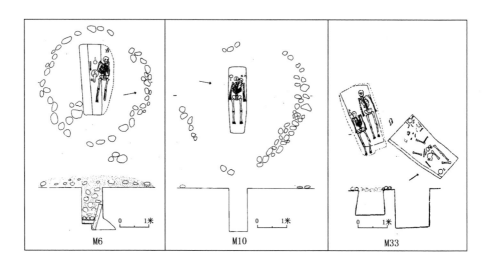

（二）出土陶器類型分析

索墩布拉克墓地出土陶器，分彩陶和素面兩種，以素面陶為主。彩陶，多夾沙紅陶，手製，飾紅衣黑彩，個別飾紅彩，器表有磨光現象，紋飾以杉針紋為主，兼有山脈紋、重疊三角紋和橫條紋等。素面陶，較為粗糙，手製。器形有釜（鉢）、罐、壺等。其中：

罐，4件，根據口沿和腹部特徵可分三型：

Aa 型：斂口單耳罐，1件。圓唇，斂口，鼓腹，圓底（圖六十七，1）。

Ab 型：深腹單耳罐，1件。口微侈，高領，沿下帶一環形耳，垂腹，圓底（圖六十七，2）。

Ac 型，單耳帶流罐，2件。其中1件口沿與耳相對一測帶流，沿下飾三角形紋，束頸，頸部有兩道平行的彩帶，連及耳，鼓腹，圓底（圖六十七，3）；另1件與耳相對一側帶管狀流，斂口，垂腹，圓底（圖六十七，4）。

壺，10件，根據口沿、頸部和腹部特徵分為三型：

Aa 型：短頸壺，6件。直口或口沿微侈，短頸，鼓腹，圓底（圖六十七，5〜10）。

Ab 型：垂腹壺，2件。壺身瘦長，垂腹（圖六十七，11、12）。

Ac 型斂口壺，2件。口沿內斂，垂腹，圓底（圖六十七，13、14）。

鉢，11 件，發掘者又稱其爲釜，手製，夾砂紅陶，呈球冠型，多個器底有煙炱，其中 7 件飾有紅褐色彩，圖案有山脈紋、杉針紋、三角紋等。根據口沿和腹部特徵分爲二型：

Aa 型：球形鉢，9 件。口沿內斂，腹呈半球形，圜底（圖六十七，15～23）。

Ab 型：球冠狀鉢，2 件。敞口，腹底呈球冠狀（圖六十七，24、25）。

圖六十七　索墩布拉克墓地陶器類型圖

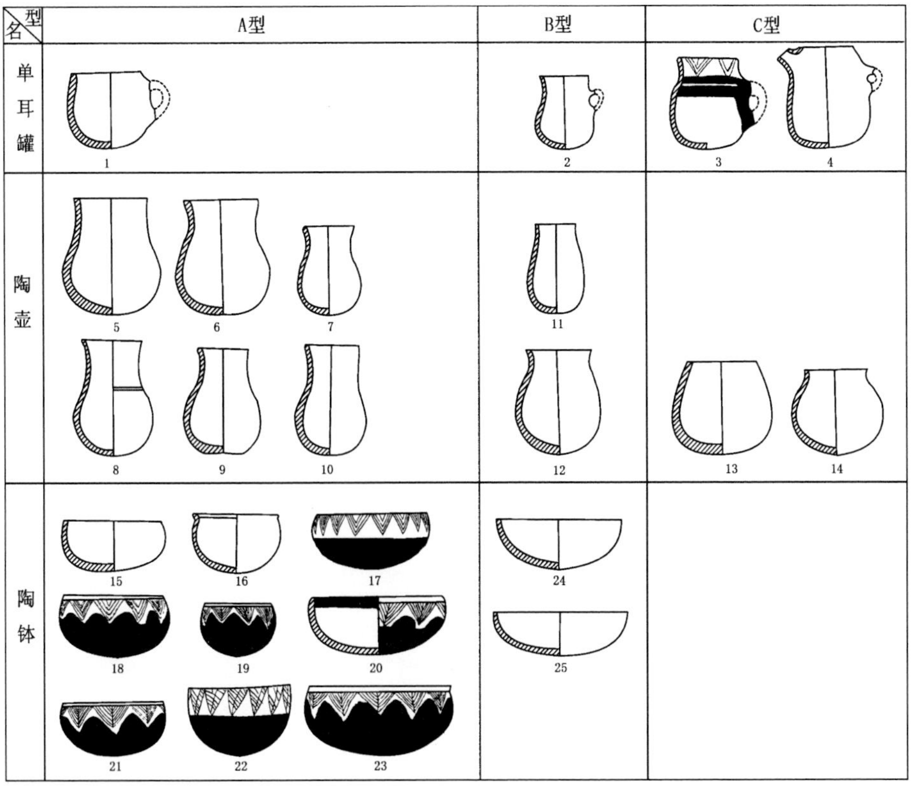

1.陶罐（M8：2）　2.陶罐（M25：1）　3.彩陶罐（M6：1）4.陶罐（M33：3）5.陶壺（M9：1）6.陶壺（M14：2）　7.陶壺（M12：2）8.陶壺（M1：1）9.陶壺（M10：1）　10.陶壺（M17：1）11.陶壺（M7：1）　12.陶壺（M15：1）　13.陶壺（M16：1）　14.陶壺（M33：3）　15.陶釜（M12：1）16.陶釜（M17：2）　17.彩陶釜（M19：1）　18.彩陶釜（M10：2）　19.彩陶碗（M32：2）20.彩陶釜（M8：1）　21.彩陶釜（M6：3）　22.彩陶釜（M14：1）　23.彩陶釜（M32：1）24.陶鉢（M33：1）　25.陶鉢（M33：2）

二、其他同類型墓地

1、窮科克二號墓地

墓地位於喀什河南岸窮科克臺一號墓地東南山坡上。2003 年，新疆文物考古研究所劉學堂主持發掘。共有墓葬 44 座，發掘 40 座〔註15〕。

墓地南部近山腳處的墓葬排列較爲密集，大體成片狀分佈，坡地向北，墓葬排列逐漸稀疏，一些墓葬大體呈南北方向鏈狀排列。

墓葬地表均有封堆標誌，封堆結構分爲純土結構、土堆四周鋪石圈兩種。墓室結構以豎穴石棺和豎穴土坑居多，個別爲豎穴偏室墓，墓室大致呈東西向。所謂豎穴石棺墓，是在豎穴土坑底部四周用長條石、塊石等圍砌石室，石室上封蓋長石板，爲豎穴石室墓。墓地發現部分墓葬一個封堆下有多個墓室的現象，豎穴石室南北一字排列。

葬式大多爲一次葬，個別爲二次葬。一次葬均爲仰身直肢，頭向西西；二次葬多骨骼不全，多數只有散亂肢骨，少數墓室內無頭骨或上肢缺失，有的則缺失趾骨或手指骨。墓室中一次葬者處於主要位置，二次葬者常被埋在墓室的一角或零散地置於墓室內。

墓葬中隨葬品貧乏，一般 1 座墓中有 1～3 件，常見的隨葬品有陶器、鐵器、石器等。陶器等生活用具隨葬在死者的頭骨附近，裝飾器和工具則放置在死者隨身攜帶的位置。

這種豎穴石棺墓較爲集中的墓地尚書首次發現，雖然與窮科克臺地一號墓地相距很近，但窮科克臺地一號墓地豎穴石棺墓的比例占的很小。該墓地應該以豎穴石棺和豎穴土坑墓爲主題。

從出土陶器看，二號墓底陶器均爲圓底器，僅出現 1 件彩陶壺，其餘皆爲素面陶。罐和壺的比例下降，缽的比例增多。同時還出現 1 件帶管流的陶罐，這與索墩布拉克類型墓地普遍多缽和出現帶流罐現象一致。

單耳陶罐，6 件。根據口沿、頸部和腹部變化可分三型：

Aa 型：斂口單耳罐 3 件，斂口鼓腹，圓底，單耳（圖六十八，1、2、3）。

Ab 型：深腹陶罐 2 件，直口，短徑，垂腹圓底。1 件通體飾褐色彩，有菱形紋、線條組合的三角紋等，另一件素面（圖六十八，4、5）。

Ac 型：杯型小罐，斂口，鼓腹，圓底，單耳，體形較小（圖六十八，6）。

　　雙繫罐，1件。侈口，外折沿，鼓腹，圜底，沿下有兩個對稱的帶空耳（圖六十八，7）。

　　壺，4件。根據頸、腹部特徵可分為二型：

　　Ab型，束口壺1件。束口，垂腹，圜底（圖六十八，8）

　　Ac型：無領壺3件。斂口，垂腹，圜底（圖六十八，9、10、11）。

　　缽，10件。根據口沿和腹部特徵可分二型：

　　Aa型：球形缽8件，斂口，鼓腹，圜底（圖六十八，12～17）。

　　Ab型：帶棱缽，1件。斂口，球形腹底，沿下塑有一周凸棱（圖六十八，20）。

圖六十八　窮科克二號墓地陶器類型圖

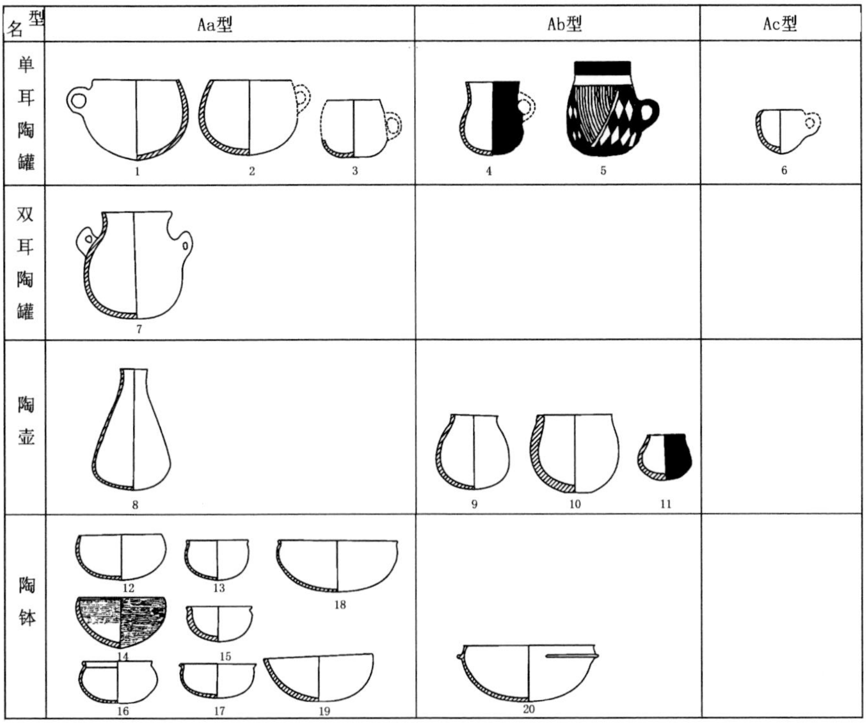

1～6.單耳罐（M32：1、M25A：1、M14B：2、M19：2、M03：1、M27B：1）
7.雙耳罐（M6：1）　8、9、10、11.無耳壺（M22B：1、M5：2、M31：1、M15A：1）　12、～19.球形缽（M15A：2 、M28：2、19M1、M14（A）：1、M6：2）　20 陶缽（M5：1）

2. 加勒克孜卡茵特墓地〔註16〕部分墓葬

第八章已有經介紹，索墩布拉克類型墓葬分別集中分佈在墓地的中、東部，僅指那些墓葬封堆一致，成片集中分佈的豎穴墓和豎穴偏室墓。墓地豎穴偏室墓比例相對窮科克類型墓葬下降，豎穴墓增多。彩陶數量下降，圜底陶缽成爲出土陶器主流，壺和罐的比例下降。彩陶紋飾變得簡單，出現索墩布拉克墓葬類似的「十字」紋。

3. 別特巴斯陶墓地

墓地位於馬場六連西南喀什河南岸二級臺地上，別特巴斯陶山腳下，西與加勒克孜卡茵特墓群毗鄰，在東西約 5 公里範圍內連綿分佈有 280 餘座古代墓葬〔註17〕。2003 年，新疆文物考古研究所托乎提主持發掘。該墓群分佈在 8 個山梁上，共發掘 81 座。墓葬地表封堆標誌明顯，封堆分純土結構、堆土中含石圈兩種，不同臺地所分佈的墓葬和封堆大小有所不同。封堆較大的墓葬有 9 座，直徑在 25～60、高 2～3 米之間，其他墓葬直徑在 10～15、高 1 米之間，多數爲單石圈或雙石圈墓。石圈墓多數墓室爲豎穴土坑、少數豎穴偏室墓，個別爲豎穴石棺，墓室口平面大致呈東西向，長方形圓角。封堆較大的墓葬，墓室深且大，結構也比較複雜，分單室、雙室和多室，墓室結構一般爲前方後圓。

別特巴斯陶墓地封堆和墓室結構多樣，這裡的 9 座特別大的墓葬時代爲漢唐時期，所謂索墩布拉克類型墓葬指那些封堆形制一致、成片分佈的豎穴墓和豎穴偏室墓。

隨葬器物多爲陶器，出土陶器以圜底缽居多，兼有單耳罐、短頸壺、盆等。陶器爲手製、陶質堅硬，器形規整。大部分陶器表面飾有土黃色陶衣，個別繪褐色彩，僅見有十字紋、蝌蚪紋等簡單的圖案。另外還出土有銅器、鐵器、骨器、碳晶、玻璃等裝飾品。

出土陶器有罐、壺、缽三種。

單耳罐，6 件。根據口沿、腹部和是否帶流，可分爲三型：

Aa 型：斂口單耳罐，1 件。斂口，鼓腹（六十九，1）。

Bb 型：深腹單耳罐，另 1 件。侈口，深腹（六十九，2）。

〔註16〕 新疆文物考古研究所等：《新疆尼勒克縣加勒克孜卡茵特墓地發掘簡報》，《考古與文物》，2011 年第 5 期。

〔註17〕 資料待公佈，由新疆文物考古研究所提供。

帶流罐，2 件。根據流的特徵分二型：

Ca 型：帶流罐，1 件。敞口，束頸，鼓腹，圜底，帶流，口沿下飾一周線條組合三角紋，頸部有兩條帶狀紋連到耳部（圖六十九，3）。

Cb 型：罐流罐，1 件束口。垂腹，圜底，口沿和腹部對稱有 1 管狀流和環形耳（圖六十九，3）。

壺，10 件。根據口沿、頸部和腹部特徵可分為三型：

Aa 型：短頸壺，6 件。直口或微侈，鼓腹，圜底，短徑（圖六十九，5～10）。

Ab 型：束口壺，2 件。口沿微折，垂腹，圜底（圖六十九，11、12）。

Ac 型：束口壺，2 件。束口，鼓腹，圜底（圖六十九，13、14）。

陶缽，11 件。根據口沿和腹底特徵可分為二型：

Aa 型：球形缽，9 件，斂口，半球形腹底，其中 2 件素面，其餘均飾有褐色彩，紋飾有線條組合的三角紋，山脈紋等（圖六十九，15～23）。

Ab 型，球冠型缽，2 件。敞口，弧形腹底，球冠狀（圖六十九，24、25）。

圖六十九　別特巴斯陶墓地典型陶器圖

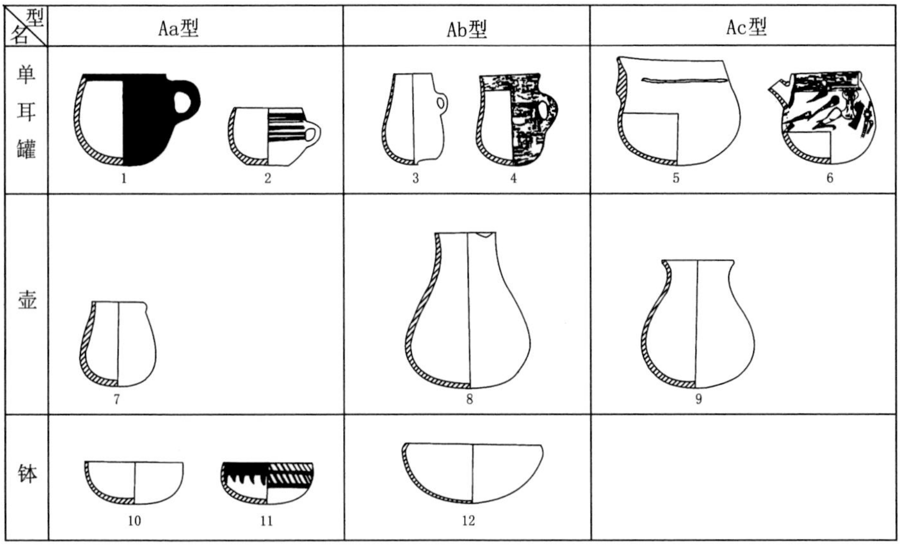

型名	Aa型		Ab型		Ac型	
單耳罐	1	2	3	4	5	6
壺		7		8		9
缽	10	11		12		

1、2 斂口單耳罐（.M24：2、M12B：1） 3、4.直口單耳罐（M56：1、19A：1） 5、6 帶流壺（M63：1、M26B：1） 7.短頸壺（M59：1） 8.束頸壺（M6：1） 9.折沿壺（M62：1） 10、11.球形缽（M6：4、M75：2） 12.球冠形缽（M58：3）

4. 奇仁托海墓地部分墓葬

墓地位於吉林臺峽谷東面，喀什河北岸二級臺地上，其南面陡坎下是一片河岸灘地，以北十數公里爲山前丘陵帶。2003 年，新疆文物考古研究所阮秋榮主持發掘。西鄰呼吉爾溝墓地和沙爾布拉克溝墓地，臺地爲多個溝壑分割，南面靠近臺地邊緣東西寬約 3 公里範圍內，分佈有古代墓葬 200 多座，發掘 180 座〔註18〕。

石堆石圈墓 120 座，墓葬地表均有明顯封堆標誌，直徑 8、高 0.5 米左右，墓室深 1～2 米之間。其中：豎穴土坑墓 90 座，墓室呈長方形，東西向，以單室墓爲主有少量雙室墓（9 座），死者頭西腳東，仰身直肢，少數爲二次葬；穴偏室墓型 30 座，墓道呈長方形東西向，北壁開弧形偏室，墓道與墓室之間有二層臺，一次葬爲主，亦有少量二次葬，人骨頭西腳東，仰身直肢。兩種形制墓葬均隨葬有彩陶、銅器、鐵器、骨器，羊頸骨等，個別出土有完整的馬骨。

出土陶器有：罐、壺、缽三種。

罐，5 件。根據腹部和底部特徵分爲三型：

Aa 型：斂口單耳罐，2 件。斂口，垂腹，單耳（圖七十，1、2）。

Ab 型：筒形單耳罐，1 件。口沿殘，直壁，環形底（圖七十，3）、

Ac 型：平底單耳罐，2 件。斂口，弧腹，平底，單耳（圖七十，4、5）。

壺，3 件。根據頸部特徵可分二型：

Aa 型：短頸壺，1 件。短徑，鼓腹，圓底，頸腹部飾有上下條狀彩（圖七十，6）。

Ab 型：斂口壺，2 件。1 件斂口，鼓腹，圓底，底部以上到口沿飾蝌蚪紋（圖七十，7）。1 件斂口，垂腹，圓底，素面（圖七十，8）。

缽，5 件。根據口沿和腹底部特徵分爲二型：

Aa 型：球形缽，3 件。斂口，鼓腹，圓底，其中 1 件飾蝌蚪型褐色彩（圖七十，9、10、11）、

Ab 型：球冠形缽，2 件。敞口，球冠型（圖七十，12、13）。

〔註18〕新疆考古研究所：《伊犁州尼勒克縣奇仁托海墓地發掘簡報》，《新疆文物》2004 年第 3 期。

圖七十　奇仁托海墓地典型陶器圖

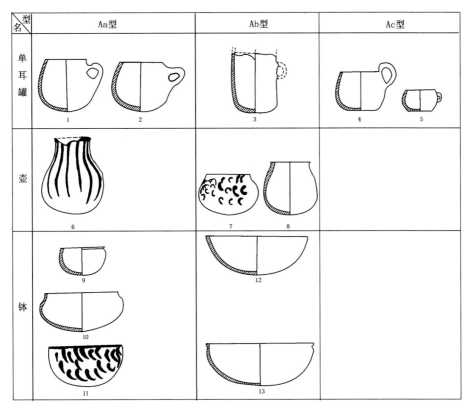

型名	Aa型	Ab型	Ac型
單耳罐	1　　2	3	4　5
壺	6	7　　8	
钵	9　　10　　11	12　　13	

1、2 單耳陶罐（M135：1、M62：1）　3.筒形陶罐（M132：1）　4、5 平底陶
罐（M145：1、M143：1）　6.短徑彩陶壺（M87：1）　7、8.束口陶壺（M7：
1、M123：1）　9、10、11 球形钵（M75：1、M 135：2、M135：1）　12、
13 球冠型钵（M　？　13.M130：1）

5、胡吉爾臺墓地

　　墓地位於尼勒克縣胡吉爾臺溝，沿溝零星散佈有數十座古代墓葬。2001
年，新疆文物考古研究所阮秋榮主持發掘 3 座〔註 19〕。

　　出土陶器有罐和壺兩種。

　　墓葬封堆標誌明顯，直徑均在 7 米左右，封堆中部有石堆，外圍鋪石圈。
M1 爲豎穴土坑墓，單人單室，男性，頭向西，仰身直肢。M2 爲雙豎穴土坑
墓，兩墓室南北並列，成年男女並葬，仰身直肢，頭向西，隨葬陶杯、陶罐

〔註 19〕資料待公佈，由新疆文物考古研究所提供。

和小鐵刀。M3 為豎穴偏室墓，單人一次葬，成年女性，頭向西，仰身直肢，無隨葬品。

罐，3 件。根據口沿和腹部特徵可分二型：

Aa 型：斂口罐，2 件。斂口，鼓腹，圓底（圖七十一，1、2）.

Ab 型：帶流罐，1 件。器形向流一面傾斜，弧腹，近似平底，一側帶耳（圖七十一，3）。

壺，1 件。侈口，束頸，鼓腹，圓底，略變形（圖七十一，4）。

圖七十一　胡吉爾臺墓地陶器圖

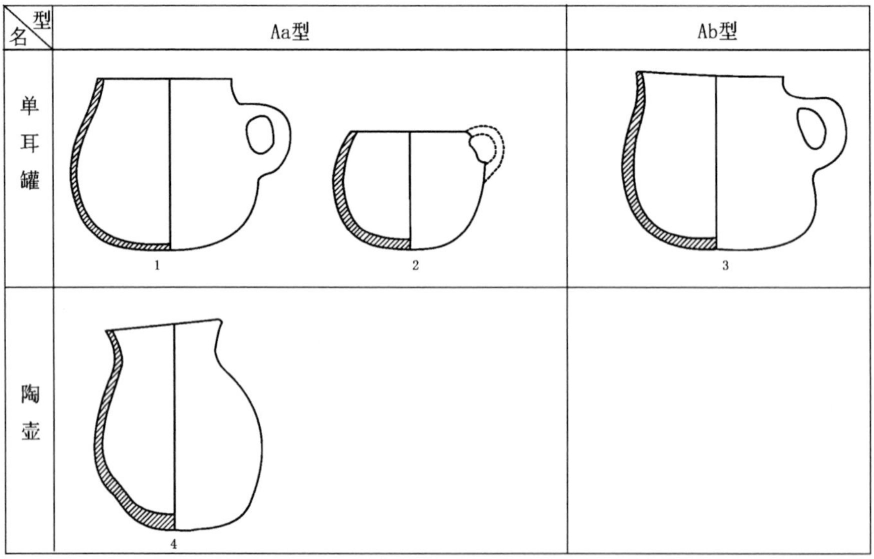

1、2 單耳陶罐（M1：1、M2：1）　　3.帶流罐（M2：2）　　4.束頸壺（M3：1）

6. 薩爾布拉克墓地

墓地位於喀什河北岸支流薩爾布拉克溝（河）東岸，尼勒克縣科蒙鄉團結牧場奇仁托海牧業村附近。在南北約 2 公里範圍內分佈有古代墓葬 87 座〔註 20〕。溝口墓葬成片集中分佈，封堆較小，多為土石結構。溝內墓葬封堆較大，沿溝呈鏈狀分佈，時代稍晚。

溝口墓地屬索墩布拉克類型，部分墓葬封堆已被居民破壞，封堆呈圓形，直徑在 5～15、高 0.5～2 米之間。發掘墓葬封堆基本上為土石結構，封堆下

〔註20〕資料待公佈，由新疆考古研究所提供。

含有石圈，墓室分豎穴土坑和豎穴偏室兩種，墓室方向大致呈東西向，葬式
以單人一次葬爲主，亦見二次葬，出土隨葬品以陶器爲主，兼有小件鐵器、
銅飾件、石器等。

圖七十二　薩爾布拉克墓地典型陶器圖

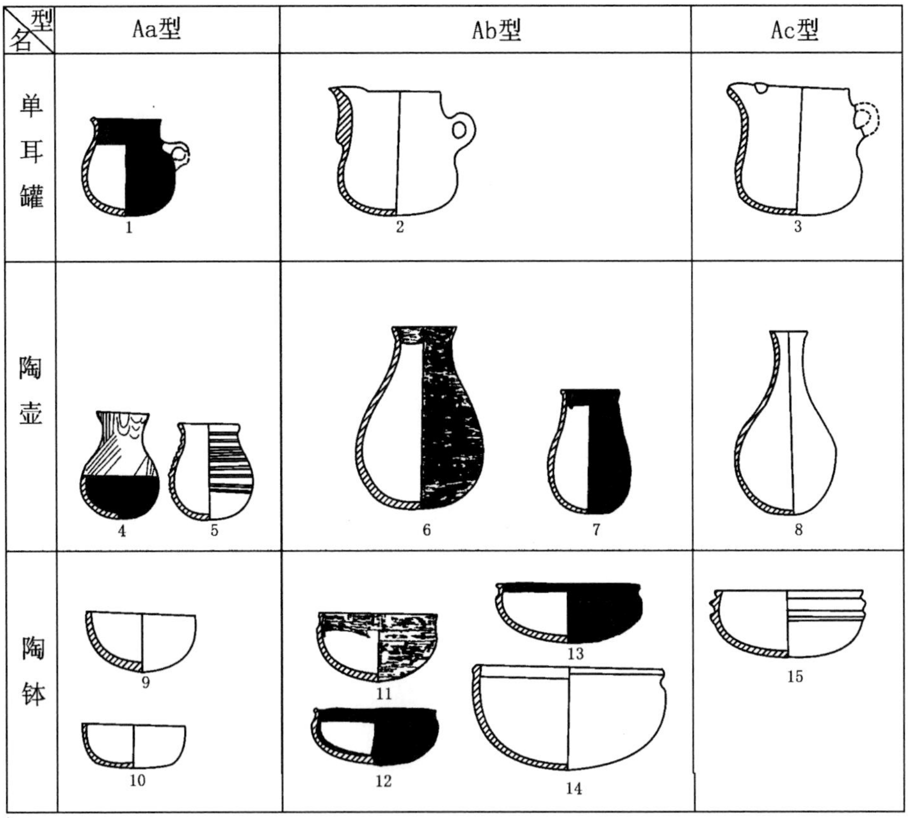

1.折沿單耳罐（M52：1）　2.帶流單耳罐（M68A：3）　3.管狀流單耳罐（M72：
1）　4、5.短徑壺（M62：1、M68A：4）　6、7.束口壺（M68A：1、M80：1）
8.長頸瓶（M60：4）　9、10.球形缽（M66：1、10M76：1）　11～14 折沿缽
（M68：5、M83：1、M80：3、M61：6）　15.疊沿缽（M72：1）

出土陶器有罐、壺、缽三種。

陶罐，3 件。根據口沿和是否帶流分爲三型：

Aa 型：折沿單耳罐，1 件。侈口，折沿，束頸，鼓腹，圓底，單耳（圖
七十二，1）。

Ab 型：帶流壺，1 件。直口，束頸，圜底，舌形流，環形耳（圖七十二，2）。

Ac 型：管流罐，1 件。直口，斜壁，環形底，頸部帶管狀流和環形耳（圖七十二，3）。

壺，5 件。根據口徑和腹底特徵可分三型：

Aa 型：鼓腹罐，2 件。短徑，鼓腹，環形底，1 件頸部飾線條紋，底部滿飾褐色彩；1 件上腹部飾弦紋（圖七十二，4、5）。

Ab：束頸壺，2 件。口微侈，束頸，垂腹，圜底（圖七十二，6、7）。

Ac 型：細頸壺，1 件。口微侈，細頸，垂腹，小圜底（圖七十二，8）。

缽，7 件。根據口沿和腹部特徵可分三型：

Aa 型：敞口缽，2 件。敞口，球冠型（圖七十二，9、10）。

Ab 型：折沿腹，4 件。球形腹，折沿（圖七十二，11～14）。

Ac 型：帶棱缽，1 件。斂口，球形腹，環形底，口沿外帶兩條棱（圖七十二，15）。

7. 鐵木里克溝口墓地

墓地位於喀什河南岸，鐵木里克溝口二級臺地和一級臺地上。一級臺地上的墓葬大體南北鏈狀排列，地表多有封堆標誌，直徑一般在 10 到 20 米之間，高不過數十釐米。封堆下大多有石圈或石環，石環中間原地表上有小的土堆，土堆上鋪一層卵石。墓室多爲豎穴石室，少數爲豎穴偏室。豎穴土坑墓內填石或填以圓木。豎穴偏室的墓道內有的也填石或填以圓木。偏室口多開在墓道的西壁。墓室口常用片石或板石封。在個別墓葬墓道的墓壁上發現有明顯的工具痕。工具痕爲很窄的長方形。寬在 5 米左右。大多數墓葬，死者直接安放在土坑底部，個別的墓葬中發現有葬具。有隨葬品的墓葬，一般一座墓中放置 1 件或 2 件隨葬品，少數墓葬隨葬品四或五件，最多的有九件隨葬品。隨葬品放在死者頭骨一側，有陶器、木器、鐵器、銅器等。陶器夾砂紅陶，手製。器形多圜底，多無耳器，個別爲單耳器。器類有壺、缽、杯等。壺口略外侈，高頸，鼓腹。缽類器物較多，器形爲大口，淺沿。杯的壁較直，一般直口。發現少量彩陶，紅彩，圖案爲平行線構成的上下交錯的大三角紋或網格狀紋，紋樣簡單草率。木器多爲盆、缽或碗類器物，發現較多，大多殘朽。盆、缽類器物個體較大，腹較淺。盆多橢圓形口，有的口長達 80 釐米上下，平底，缽口多橢圓形或長橢圓形口，圜底。碗個體較小，多爲圓

形口，腹較深。銅器發現較少，有 1 件為動物首狀的帶鉤，另 1 件為虎頭形的帶扣。虎頭形銅帶扣呈半圓狀的泡形，背面有橫樑。正面頭上伸出雙小耳，有雙圓眼，嘴中露出利齒〔註21〕。

圖七十三　鐵木里克溝墓地陶器圖

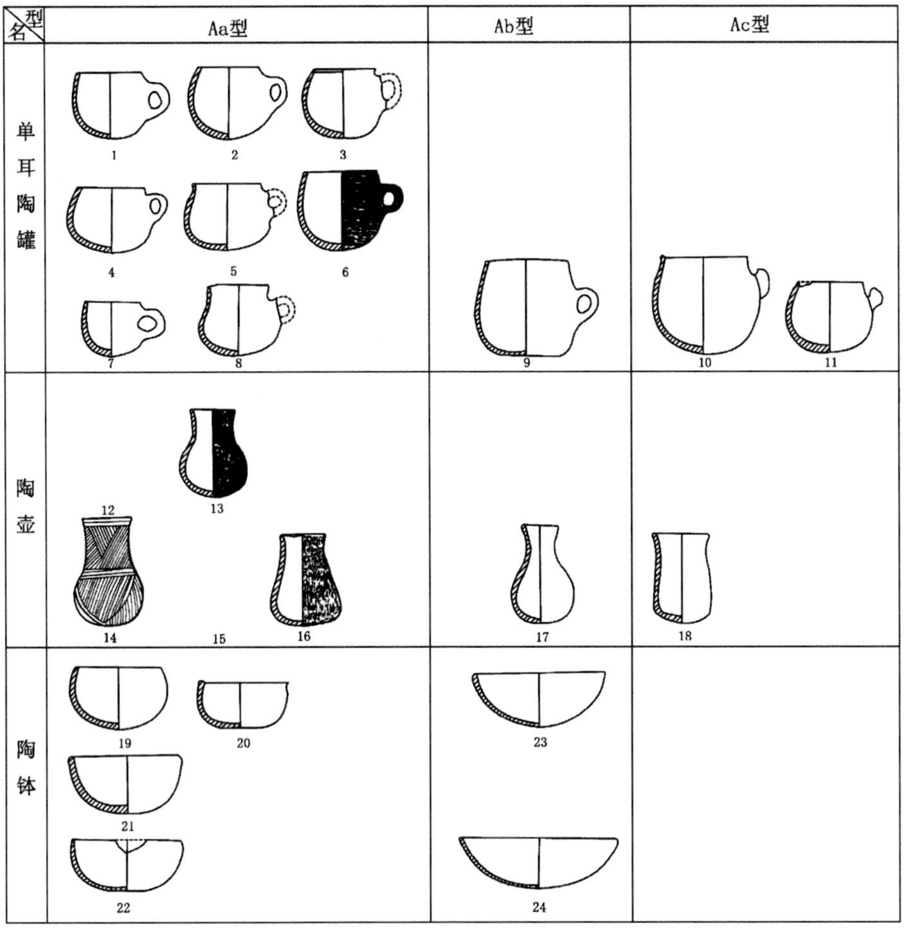

1～8 斂口單耳陶罐（M9：4、M11：1、M3：2、M24：1、M？、M16：1、M7：1、M5：1）　9.深腹單耳陶罐（M10：1）　10、11.鑿耳陶罐（M4：2、M7：3）　12～16.高領陶壺（M6：1、M8：2、.M4：1、M7：1、M22：2）　17.束頸陶壺（M6：2）　18.敞口陶壺（M4：3）　19～22.球形陶缽（M6：6、M1：1、M3：1、M2：1）　23、24.敞口球冠形陶缽（M14：1、M13A：2）

〔註21〕資料待公佈，由新疆文物考古所提供。

出土陶器有罐、腹、缽等三種。

罐，11 件。根據口沿、腹部和耳的特徵分爲三型：

Aa 型：斂口單耳罐，8 件。斂口，鼓腹，環形底，環形單耳（圖七十三，1～8）。

Ab 型：平底罐，1 件。直口，弧腹，平底，單環形耳（圖七十三，9）。

Ac 型：鋬耳罐，2 件。斂口，鼓腹，圜底，一側帶鋬耳（圖七十三，10、11）。

壺，7 件。根據頸部和腹部特徵分爲三型：

Aa 型：高領壺，5 件。直口，高領，鼓腹，圜底（圖七十三，12～16）。

Ab 型：束頸壺，1 件。口微侈，束頸，垂腹，圜底（圖七十三，17）。

Ac 型：筒形壺，1 件。侈口，直壁，環形底（圖七十三，18）。

缽，6 件。根據口沿和腹底特徵可分爲二型：

Aa 型：球形缽，4 件。斂口，環形底（圖七十三，19～22）。

Ab 型：球冠冠缽，2 件。敞口，環形地（圖七十三，23、24）。

8. 闊克蘇溝西 2 號墓地

闊克蘇西 2 號墓群位於特斯克縣城東南，喬拉克鐵熱克鄉阿特恰比斯村東約 3 千米處，地理座標：北緯 43°08′28.3″、東經 081°52′59.5″海拔 1350 米。封堆均爲土石堆築，大小高低不一，部分墓葬地面上僅見數塊石塊。根據墓室的形制可以分爲豎穴土坑墓（70 座）、和豎穴偏室墓（16 座）兩類〔註22〕。豎穴土坑墓中個別墓葬在墓室底部兩端有堆疊石塊現象；豎穴偏室墓，封堆外圍一般有石圈，石圈內有石堆，墓室位於石堆下。偏室均開挖於北壁下部。葬式葬俗較統一，以單人葬爲主，多爲仰身直肢，頭向西。隨葬品均較爲貧乏。出土少量銅器、骨器、陶器、鐵器和石器等。

出土陶器有罐、缽兩種。

罐，1 件。直口，垂腹，圜底（圖七十四，1）.

缽，3 件。根據口沿，腹部和是否有耳分爲二型：

Aa 型：球形缽，2 件。斂口，球形腹底（圖七十四，3、4）。

Ab 型：鋬耳缽，1 件。外折沿，球冠型腹底，沿下帶 4 個鋬耳（圖七十四，4）。

〔註22〕新疆文物考古研究所：《新疆特克斯縣闊克蘇西 2 號墓地發掘簡報》，《文物》2011 年第 5 期。

圖七十四　闊克蘇溝西墓地陶器圖

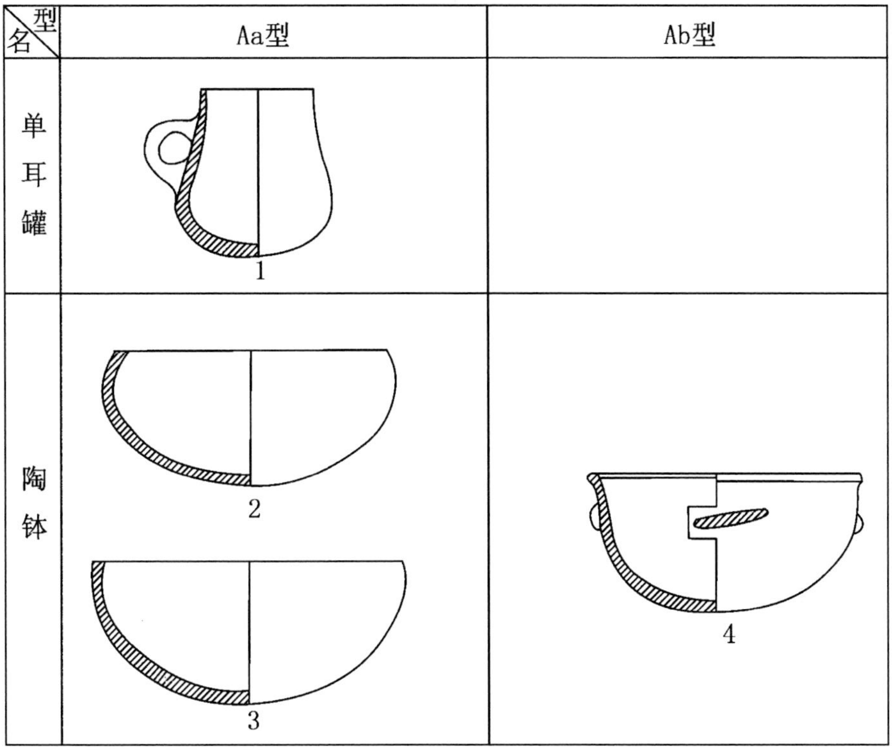

名 ＼ 型	Aa型	Ab型
單耳罐	1	
陶钵	2 3	4

1.單耳陶罐（M19：1）　　2、3.球形陶钵（M8：1、M18：1）　　4.陶釜（M17：1）

9. 巴喀勒克水庫墓地

墓地位於特克斯縣齊勒烏澤克鄉巴喀勒克牧業村附近，特克斯河支流巴喀勒克溝中段。2011 年 9 月，新疆文物考古研究所主持發掘。巴喀勒克溝兩岸臺地上共分佈有古代墓葬 500 餘座，發掘 98 座，其中溝東 C1 料場 78 座，C2 料場 20 座〔註23〕。

C1 料場所發掘墓葬地表均有明顯的封堆，可分爲石圈土堆墓、石圈石堆墓、土堆墓三種類型，墓葬形制以豎穴土坑墓爲主，另有少量的豎穴偏室墓。豎穴土坑墓墓室多位於封堆下的中部位置，平面形狀以橢圓形與圓角長方形爲主，多直壁，平底。地表封堆高大的墓葬早年多被盜掘，保存完整的墓葬較少，墓主多以單人仰身直肢葬爲主，少量二次葬，多無隨葬品。僅個別墓

〔註23〕資料待公佈，由新疆文物考古研究所提供。

葬隨葬有陶器。豎穴偏室墓僅 2 座，豎穴墓道平面形狀多呈橢圓形或圓角長方形，在豎穴墓道一側向內開鑿成偏室，M16 豎穴墓道與偏室間立木作爲封門，墓主葬於偏室內，爲單人仰身直肢葬，僅 M17 出土陶盆 1 件。

C2 料場所發掘墓葬地表亦均有明顯的封堆。部分墓葬地表封堆比較高大，最大者直徑 25 米左右，高約 1.5 米。按形制不同可分爲石圈土堆、石圈石堆、土堆與石堆四種種類型。墓葬形制以豎穴土坑墓爲主，另有少量的豎穴偏室墓。

豎穴土坑墓在地表存有石圈土堆與石圈石堆兩種類型。石圈土堆墓主要分佈於發掘區的東部，封堆平面形狀大致呈圓形，墓室平面形狀以橢圓形居多，直壁，平底。多早年被盜，原應存有葬具，墳土內發現大量的朽木屑，僅在 M8、M15 墓底發現已被破壞的獨木棺。M8、M15 東部均有殉馬坑。墓內多以單人葬爲主，骨骼多已被擾亂，隨葬品較少。石圈石堆墓多分佈於發掘區域的西部，墓葬在地表上存有平面形狀多呈圓形的封堆，墓室平面形狀以橢圓形爲主，直壁，平底。以單人仰身直肢葬爲主，墓主頭西腳東，隨葬品較少。

豎穴偏室墓僅 2 座，墓葬在地表上存有高約 30 釐米的封堆，墓口存有卵石堆積。豎穴墓道呈橢圓形，墓道一側開鑿成偏室。M2 早期被盜。M12 爲合葬墓，東部有殉馬坑。

10. 吾圖蘭墓群

墓地位於喀什河左岸尼勒克縣科蒙鄉屋圖蘭布魯克村北山前開闊地帶。2001 年，新疆文物考古研究所劉學堂主持發掘。在南北數公里範圍內散佈有 200 餘座。發掘 4 座〔註24〕。

4 座墓均位於吾圖蘭墓群的最北面，直徑 6～8 米，土石結構封堆，豎穴土坑和豎穴石棺墓，仰身直肢，頭向西。

出土陶器有罐、壺、杯和缽等，M4 出土有鐵器鐵馬鐙、帶扣（朽腐嚴重無法提取，僅留有照片）等。

出土陶器有罐、缽、壺三種。

罐，2 件。根據頸腹和底部特徵可分二型：

A 型：弧腹平底罐，1 件。束口，弧腹，平底，但環形耳（圖七十五，1）。

〔註24〕 資料待公佈，由新疆文物考古研究所提供。

B 型：束頸平底罐，1 件。敞口，束頸，鼓腹，平底（圖七十五，2）。

壺，3 件。根據頸部、腹部特徵和是否帶耳分為三型：

Aa 型：折沿壺，1 件。侈口，折沿，垂腹，圜底（圖七十五，2）。

Ab 型：細頸壺，1 件。口微侈，束頸，垂腹，圜底（圖七十五，3）。

Ac 型：單耳壺，1 件。直口，頸微束，垂腹，圜底（圖七十五，4）.

缽，1 件。敞口，弧壁，環形底（圖七十五，5）。

圖七十五　吾圖蘭墓地陶器圖

型／名	A型	B型	C型
单耳罐	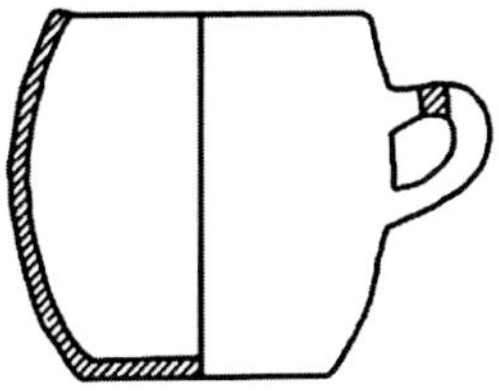 1	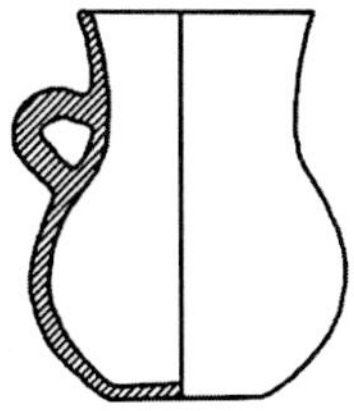 2	
壶	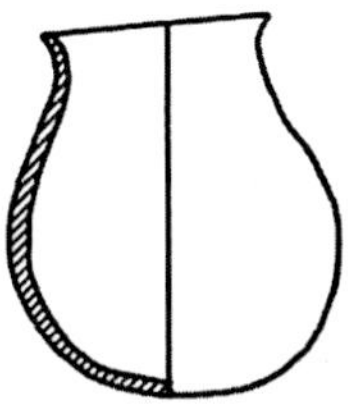 3	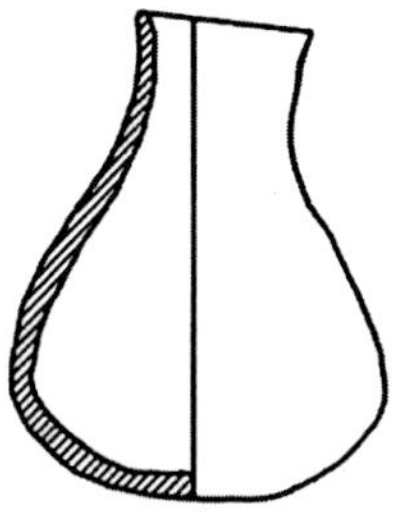 4	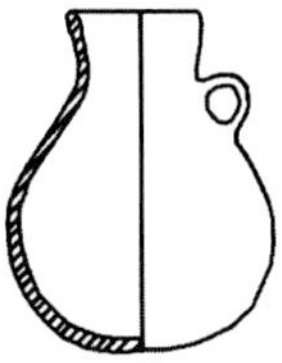 5
钵	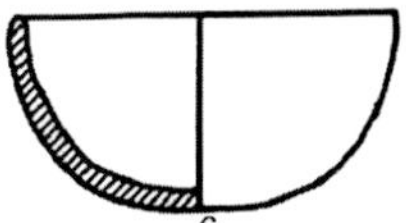 6		

1.平底單耳陶罐（M1：1）　2.高領單耳陶罐（M2：1）　3.敞口壺（M4：1）　4.束頸壺（M3：1）　5.束頸單耳壺（M2A：1）　6.球形缽（M4：2）

三、文化特徵和年代

索墩布拉克類型墓地，從墓葬形制、葬俗葬式和出土器物基本上保留了窮科克類型墓地的所有傳統。

　　封堆仍以土石結構堆築成圓形，封土中有一到兩個石圈，有的則滿鋪卵石和石塊，只不過在分佈規律和形制規模上發生了一些變化。一些墓地內部封堆出現鏈狀排列現象，這種有序排列也許表明了埋葬者識別親族關係的思維。說明當時社會應以一個個家庭或血族爲基本單元所構成，彼此之間有著相對穩定的生產活動空間。一些墓地出現有明顯大於周邊墓葬的封堆，隨葬品也有所明顯的差別，有的則有多個大型墓葬呈鏈狀排列。這說明當時社會已經形成貧富差別，甚至出現了特權階層。

　　墓室結構仍以豎穴墓和豎穴偏室墓爲主，豎穴偏室墓比例有所下降，豎穴石棺、豎穴木棺墓相對於窮科克類型墓地出現較多。葬式以單人一次葬爲主，出現有大量的二次葬和合葬墓，在一個封堆下埋葬兩具或多具屍骨現象，形成這種現象一般應有以下幾種可能：一是二次葬，即把不同時間死亡者的屍骨集中起來同時埋葬，這種情況往往造成人骨散亂；二是續葬，即把後死者埋入先死者的墓穴或同一個封堆下，這種埋葬方法通常可見疊壓和打破關係；三是同時埋葬，即將同時死亡者埋入同一墓穴或同一封堆下，這種死因往往是殉葬、戰爭死亡、處決和災害同時致死。就發掘情況來看，封堆和墓室沒有疊壓和打破現象，應爲同一時間埋葬。有的墓葬有完整的屍骨又有散亂的骨骼，這一現象說明應是二次葬。但是，值得注意的是有不少同一封堆下埋葬有兩個或多個完整的屍骨，且其排放位置和隨葬情況沒有明顯的等級差別，也沒有主次之分，不存在人殉現象，同時病死又只能是偶然現象，也只有一個原因，那就是爭戰。說明這些墓地的使用者，多數都經歷過死傷的戰鬥。這種鬥爭並非是滅絕性的取代，而是經常性的發生，卻又一直沒有改變墓地使用者們的繼續生存。

　　隨葬品以陶器爲主，兼有金、銅、鐵、玻璃、骨質等隨身裝飾品。

　　陶器均爲手製，以夾砂紅陶爲主，陶質堅硬，器形規整。彩陶數量下降，紋飾越變簡單，有山脈紋、蝌蚪文、水波紋、十字紋和一些隨意性較強的簡單紋飾，少見通體飾彩者。器形以圓底缽爲主流，缽的形體和口部變大，有的出現外捲沿，有的底部帶有煙炱，因此索頓布拉克墓地發掘者在報告中稱之爲「陶釜」，此時的缽極有可能除具備盛器功能之外還擔當有炊煮器的功能。陶罐和壺仍然佔有一定的數量，部分罐和壺保留有一期完全一致的形制，一些壺頸變長變細，通體顯得瘦長。罐的口沿出現直口或敞口，個別罐出現流和管狀流。

鐵器已不僅僅局限於小鐵刀，索墩布拉克出土 1 件殘長 10.5、刃寬 1.1 釐米的鐵劍，別特巴斯陶墓地、薩爾布拉克墓地、加勒克孜卡茵特墓地、窮科克 2 號墓地都出現有大量銹蝕嚴重的鐵刀之類，在吾圖蘭墓地還發現有鐵馬鐙（朽腐嚴重無法提取）。

銅器除耳環、臂釧、髮簪等裝飾品外，在別特巴斯陶墓地發現 1 件帶柄銅鏡，在鐵木里克墓地發現有銅鏡、銅刀、銅鏃和銅馬鑣和馬銜。

石器中有石磨、石杵等。

大部分墓葬隨葬羊骨，個別墓葬有殉馬現象。

索墩布拉克類型墓地出土器物中，除少數研磨器外，不見其他農業生產工具。大量的圓底器和隨葬的羊骨說明，當時是以游牧業爲主要生產方式。馬鑣、馬銜和馬鐙的出現，說明已經能夠熟練把馬作爲騎乘工具，他們依託天山山脈積雪融化形成的河流、山麓和高海拔地區形成的草甸，騎著馬趕著自己的羊群放牧。氣候的變化，需要他們冬季在有水源、相對溫暖的底海拔地區選擇據點越冬，春夏又必須根據牧草的生長轉移牧放。他們的生活「逐水草而居」，所以也就無需太多的家當，這也正是這些墓葬中除了隨葬一兩件簡單的陶器和隨身佩戴的飾品外別無他物的重要原因。

索墩布拉克類型墓地陶器製作方法、質地、形制和紋飾基本沒有太大的區別，有的僅在於素面陶器增多，鉢的比例增多，器形上出現帶流罐，鉢的形體變大，應屬於同一文化的一個新的發展階段。從總體碳十四側年數據來看，時代應在公元前 700 年至公元前 300 年之間（表七）。

表七　索墩布拉克類型墓地碳十四數據表

墓地及墓葬名	標本	碳十四數據	樹輪校正年代
闊克蘇河西 2 號墓地 M54	木	2385±40BP	560～380BC
闊克蘇河西 2 號墓地 M59	木	2505±30BP	790～520BC
闊克蘇河西 2 號墓地 M69	木	2465±35BP	670～410BC
索墩布拉克墓地 M7	木	2380±70BP	490BC
索墩布拉克墓地 M10	木	2380±70BP	375BC
索墩布拉克墓地 M33	木	2290±60BP	275BC

注：所用碳十四半衰期爲 5568 年，BP 爲距 1950 年的年代。樹輪校正所用曲線爲 Intl04
（1），所用程序爲 OxCalv3.10（2）。引〔註25〕。

〔註25〕新疆文物考古研究所：《察布查爾縣索墩布拉克古墓葬發掘簡報》，《新疆文物》

四、分佈範圍

　　從調查和發掘情況看，索頓布拉克類型墓地數量和規模都比較大，它們散佈在伊犁河谷的各個角落，每個墓地墓葬數量在數十到上百座不等，說明每個墓地都具有一定的延續使用期。每個墓地屬於一個具有血緣關係的共同體，他們有著自己固定的活動範圍和領地。這種有秩序的社會生活方式，應當是由一個大的、穩定的共同體來維護和維持，也就是部落和部落聯盟。一些高等級墓葬的出現，也證明了這一點，社會中已經出現了貧富分化和階級，雖然游牧民族不像農業民族那樣在聚居形式上可以明顯反映社會組織結構，但這種分散的游牧生產方式也應該有其內在的嚴密組織形式。這種社會階層的差異，也能從佔有優良草場和高規格的墓葬區看出。在尼勒克、新源、特克斯、昭蘇和察布察爾縣等多個地區，都有這種高規格的墓葬分佈區。

1988 年第 2 期；新疆文物考古研究所：《特克斯縣闊克蘇西 2 號墓群的發掘》，《考古》2012 年第 9 期。

第七章　葉什克列克類型墓地

　　葉什克列克類型墓地發現較少，僅見新源縣別斯托別墓地〔註1〕、湯巴勒薩伊墓地〔註2〕部分墓葬和特克斯縣喀拉達拉牧業隊附近幾處墓地〔註3〕。

一、葉什克列克墓地

　　葉什克列克墓地，位於特克斯縣喀拉達拉牧場牧業隊東北3公里處，特克斯河北岸一級臺地上。這裡北依低山南臨特克斯河，東面是特克斯河折向北流的山口，西面山崖與特克斯河交匯，形成一個東西10餘公里、南北最寬3公里多的大的半月形臺地。在這一區域內共發現墓地近20處，墓葬200餘座，分別包括先發掘的恰甫其海1號、2號墓地和葉什克列克3處墓地，以及後發掘的恰普其AI～AXV號墓地〔註4〕等。葉什克列克墓地，於2003年由新疆考古研究所呂恩國主持發掘。共發掘3個點，共計墓葬34座〔註5〕。其中A地點15座，B地點13座，C地點6座，3個點東西最遠大約10公里。

〔註1〕新疆文物考古研究所：新疆新源縣別斯托別墓地2010年的發掘》，《考古》2012年第9期。

〔註2〕新疆文物考古研究所：《新疆伊犁尼勒克湯巴勒薩伊墓地發掘簡報》，《文物》2012年第5期。

〔註3〕新疆文物考古研究所、西北大學文化遺產與考古學研究中心：《新疆特克斯縣恰甫其海A區XV號墓地發掘簡報》，《文物》2006年第9期。

〔註4〕新疆文物考古研究所、新疆特克斯縣文物管理所：《特克斯縣恰甫其海A區X號墓地發掘簡報》，《新疆文物》2006年第1期。

〔註5〕新疆文物考古研究所等《特克斯縣葉什克列克墓葬發掘報告》，《新疆文物》2005年第3期。

（一）墓地材料分析

1、A地點

共有墓葬 22 座，集中分佈在南北兩個地點，其中南面 6 座，北面 16 座。發掘墓葬 15 座，其中 M6 認定爲祭祀壇（圖七十六，M1～M15）。

墓地地表封堆標誌明顯，封堆爲圓形土堆，每個封堆下均隱含有用河卵石鋪築的石圈。封堆大小不一，直徑在 6～15、高 0.4～1 米之間，墓間距大約 6 米左右。墓室開口於石圈中心位置，大致呈東西向，長方形。墓室結構分豎穴土壙、豎穴二層臺和豎穴偏室 3 種，其中豎穴土壙墓 5 座，豎穴二層臺墓 1 座，豎穴偏室墓 9 座。墓室結構、葬俗葬式和隨葬品與窮科克類型墓地和索墩布拉克類型墓地基本一致。

圖七十六　葉什克列克墓地A地點墓地分佈及典型墓葬形製圖

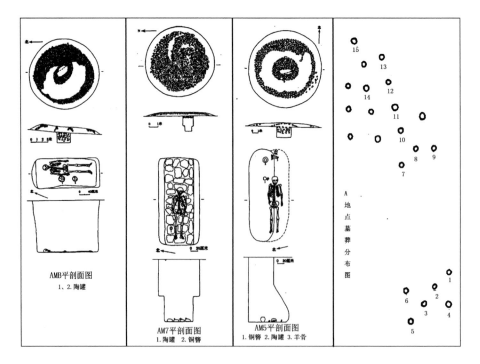

2、B地點

墓地位於臺地中部特克斯河岸邊，在東西 300、南北 200 米範圍內共有墓葬 93 座，發掘 8 座，清理被盜墓葬 5 座。

墓葬封堆標誌明顯，外表看均爲圓形土墩，表面偶見裸露的卵石和石塊。

封堆直徑在 10 米左右，發掘的墓葬中封堆下都隱含有石圈，墓口有集石。墓室口開於石圈中心位置，長方形，大致呈東西向，墓室結構以豎穴偏室墓爲主，其中有 2 座豎穴土壙墓和 11 座豎穴偏室墓。偏室結構、葬俗葬式和出土隨葬品與窮科克類型墓地和索墩布拉克類型墓地偏室結構一致。

3、C 地點

墓地位於臺地西段的狹窄地段，臨近特克斯河邊，零散分佈有 6 座集石和石圈墓，封堆結構與前兩者沒有太大的差別，墓室均爲豎穴土壙。

葬式爲單人一次葬，仰身直肢，頭向西，隨葬品一般放置在死者的頭部一側或頭頂。

隨葬器物　葉什克列克墓群 3 個墓地共出土各類完整器物 27 件，其中陶器 18 件、銅器 6 件、石器 3 件。銅器中有 1 件帶柄立羊銅鏡和 3 件乳釘型銅簪，石器有化妝棒 1 件，紡輪 1 件，石珠 1 件。另有 8 座墓中出土有鐵質短劍、刀等，但均朽腐嚴重，無法提取和詳細描述。

（二）出土陶器類型分析

陶器均爲手製，陶質以泥質紅陶居多，另有夾砂紅陶和夾砂灰陶。除 1 件彩陶外，其餘皆爲素面陶。器形有罐、壺、瓿、鉢等。陶器形制多樣，圓底和平底共存，口沿有圓唇和方唇之分，腹部也不像索墩布拉克類型那麼單一，出現深腹和折腹。

罐，4 件。按照形體特徵可分爲三型：

Aa 型：單耳陶罐，1 件。斂口，垂腹，圓底（圖七十七，1）。

Ba 型：平底無耳罐，1 件。直口，垂腹，平底（圖七十七，2）。

Bb 型：圓底無耳罐，1 件。斂口，垂腹，圓底（圖七十七，3）。

C 型：橄欖形單耳罐，束口，小圓底，鼓腹，底部以上飾紅褐色三角網紋、弦紋等（圖七十七，4）。

壺，3 件。根據頸和腹的特徵分爲三型：

Aa 型：短徑壺，1 件。敞口束頸，垂腹，圓底（圖七十七，5）。

Ba 型：細頸壺，1 件。敞口，細頸，垂腹，圓底（圖七十七，6）。

Bb 型：細頸折腹壺，1 件。敞口，束口，折腹，圓底（圖七十七，7）。

陶瓿，2 件。根據腹壁變化可分二型：

Aa 型：筒形瓿，1 件。口沿外折，深腹直壁，平底（圖七十七，8）。

Ab 型：短領瓯，1件。頸部內折，弧腹，平底（圖七十七，9）。

陶缽，2件。根據口沿特徵分爲二型：

Aa 型：球形缽，1件。斂口，半球形腹地（圖七十七，10）。

Ab 型：折沿缽，2件。圓唇外折，圜底弧度較小，體形較大（圖七十七，11、12）。

圖七十七　葉什克列克墓地出土器物圖

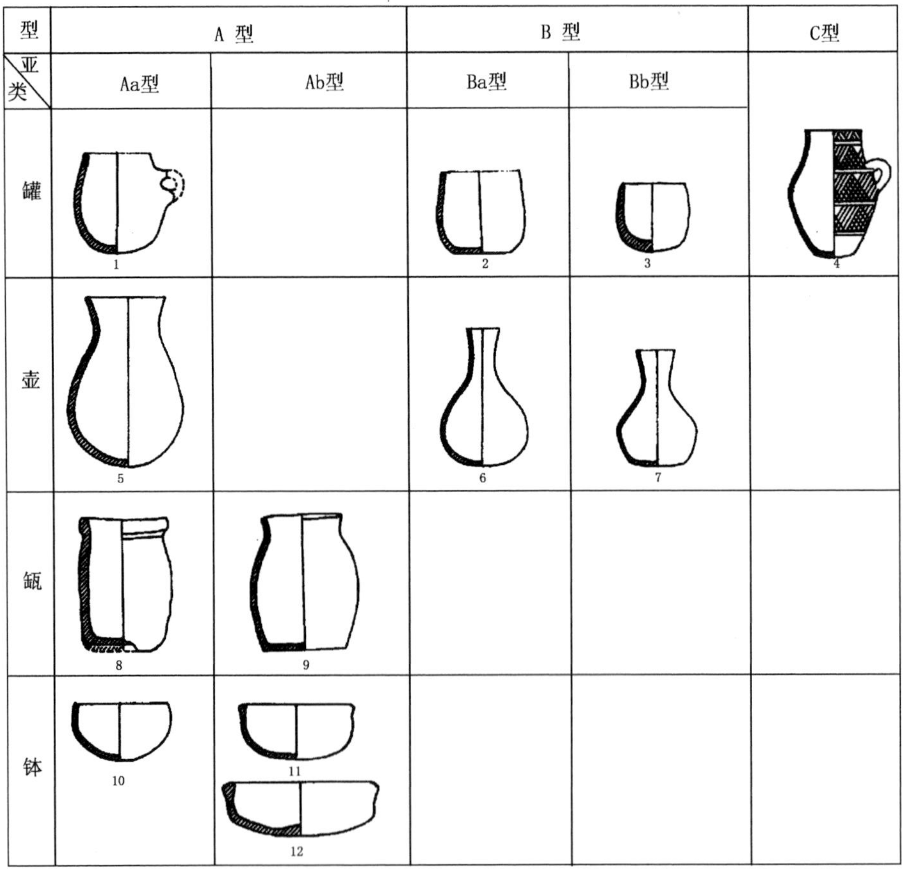

型 亚类	A 型		B 型		C型
	Aa型	Ab型	Ba型	Bb型	
罐	1		2	3	4
壺	5		6	7	
瓯	8	9			
缽	10	11 12			

1.陶罐（AM3：1）　2、3陶杯（CM1：1、AM7：1）　4.陶罐（AM4：1）5.陶壺（？）6.陶瓶（AM2：1）　7.陶瓶（AM5：1）　8.陶罐（BM2：1）　9.陶罐（BM3：1）　10、11.陶缽（AM8：1、AM9：1）　12.陶盒（AM8：2）

（三）墓葬特徵

葉什克列克墓地分佈在 3 個不同個地點，從墓葬封堆結構和墓室形制上看沒有太大的區別。但從隨葬器物看，A 地點保留索墩布拉克類型墓葬陶器特

徵較為明顯，器形主要有罐、缽和壺 3 種，還有 1 件彩陶罐。彩陶罐的形制在窮科克類型墓地和索頓布拉克類型墓地不見，鼓腹圓底較小，通體呈橄欖形。壺的形制趨於多樣化，壺頸有短有長，壺頸中部內收，壺頸細長者呈瓶狀，壺腹出現鼓腹（圖七十五：5）。陶缽出現折沿、折腹現象。口沿外折，與 B 地點的罐的口沿相像。B 地點兩件陶器明顯發生變化，胎體較厚，陶質為灰陶，出現平底，腹部弧度變小，甚至呈直壁，明顯不同於前者。C 地點陶缽形制近於筒形，底部向平底過度。三個墓地出土的陶器可以看出依次由 A 到 C 到 B 這樣一個早晚序列的變化。A、C 兩地點的共性特徵明顯，B 地點完全有所不同。這 3 個墓地共處於一個相對封閉的地理空間，卻保留有各自不同的文化特徵，說明很可能是不同文化碰撞的結果。這一推斷，也可以從這一區域內的其他幾個墓地得以證明。

二、其他同類型墓地

1. 恰甫其海 A 區 X 號墓地

墓地位於特克斯河北岸臺地中段，共有 8 座墓葬。2003 年，新疆文物考古研究所呂恩國主持發掘。其中 4 座呈東北—西南方向鏈狀分佈，墓間距 20 米左右。另外 4 座分兩處與前 4 座平行排列〔註6〕。

墓地地表封堆標誌明顯，封堆大小差別較大，小的僅見小石堆，直徑僅1.2 米，大的封堆表面看是一個個圓形的大土堆，偶見裸露的卵石或石塊，直徑在 10 米左右。所有封堆下均有河卵石鋪築的石圈。墓口開在石圈的中心部位。

墓室口為東西向，墓室豎穴土坑墓和豎穴偏室墓各占一半。墓室豎穴中填土和石塊，1 座豎穴偏室墓在偏室口橫鋪一層原木棒。

葬式以單人一次葬為主，仰身直肢，頭西腳東，其中 1 座為二次葬，另 1 座不清。隨葬品一般放置在死者的頭部一側或頭頂。

8 座墓中 6 座出土隨葬品，少者 1 件，多的 6 件，共計 14 件。其中陶器6 件，均為手製，陶質為夾砂紅陶，器形有罐 1 件、陶瓴 2 件、陶壺 2 件、陶瓶 1 件、單耳杯 1 件。鐵器 4 件，其中鐵刀 2 件，鐵帶扣 1 件。石器 3 件，包括化妝棒、研磨器和石珠。銅耳環 1 件。

〔註 6〕新疆文物考古研究所、新疆特克斯縣文物管理所：《特克斯縣恰甫其海 A 區 X
　　　號墓地發掘簡報》，《新疆文物》2006 年第 1 期。

壺，3件。根據頸部和腹部特徵，可分三型：

Aa 型：長頸壺，1件。敞口，束頸，垂腹，圜底（圖七十八，2）。

Ab 型：短頸壺，1件。閃沿，束口，垂腹，平底（圖七十八，3）。

B 型：鼓腹壺，1件。敞口，束頸，鼓腹，體形較大（圖七十八，4）。

瓴，2件。根據腹底特徵可分爲二型：

Aa 型：鼓腹瓴，1件。敞口，外折沿，鼓腹，圜底（圖七十八，5）。

Ab 型：平底瓴，1件。敞口，外折沿，弧腹，平底（圖七十八，6）。

圖七十八　恰甫其海 A 區 X 號墓地器物圖

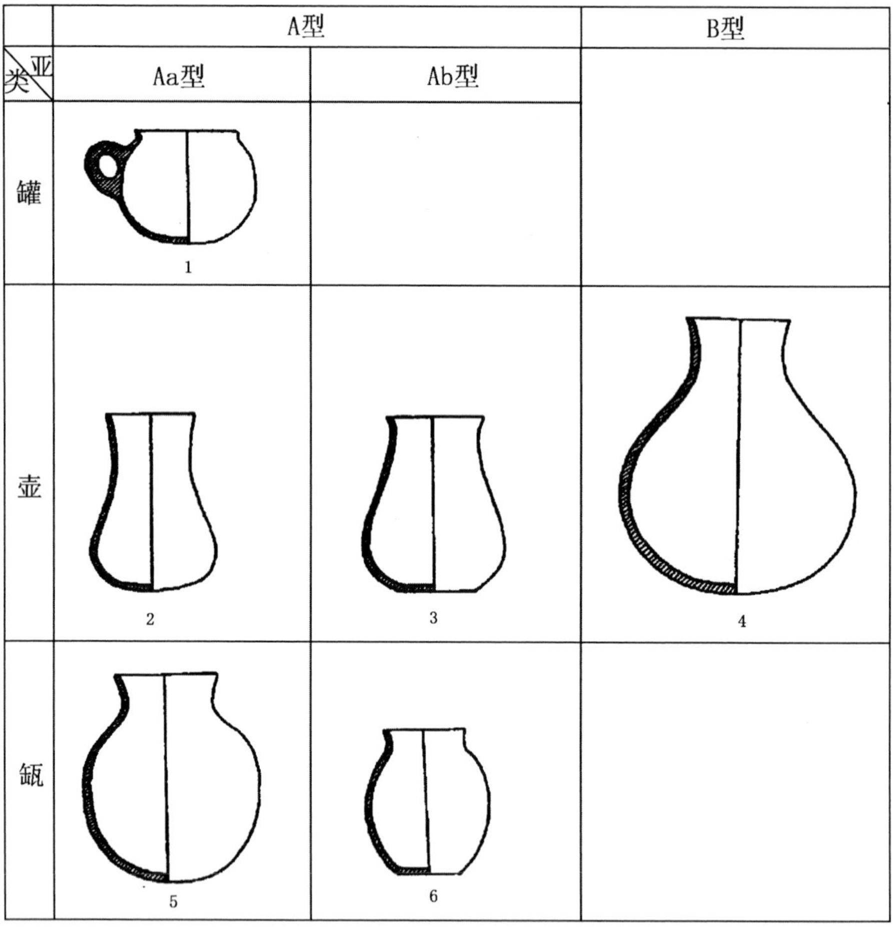

類\亞	A型		B型
	Aa型	Ab型	
罐	1		
壺	2	3	4
瓴	5	6	

1.陶罐（M5：1）　2、3、4.陶壺（M4：1、M6：1、M1：1）　5、6.陶瓴 M2：1、M3：1）

2. 恰甫其海 A 區 XV 號墓地

A 區 XV 號墓地位於特克斯河北岸一級臺地，喀拉達拉牧場牧業隊居民點正西 2 公里處。在東西 1.2、南北 0.8 公里範圍內，分東、中、西三個小區共有墓葬 73 座。2003 年，西北大學文化遺產與考古學研究中心與新疆文物考古研究所聯合發掘墓葬 73 座〔註7〕。

墓葬均有圓形或橢圓形封堆，直徑 2.5～18 米。石堆墓 25 座、雙重石堆墓 2 座，石圈墓 14 座，雙重石圈墓 17 座，石堆石圈墓 15 座。封堆下有墓室的墓有 68 座，無墓室的墓有 5 座。除 1 座有一個小坑附葬一個嬰兒外均爲單室墓，墓室結構有豎穴偏室、豎穴土坑兩種，前者有 22 座，都有一圓角長方形豎井式墓道，底部向一側掏挖偏洞做成墓室，其中有 8 座墓的墓室底部略低於墓道底部，形成生土二層臺；後者有 46 座，平而多呈圓角長方形。葬具有石槨、石槨的墓計 5 座，均是在豎穴土坑墓室內用石料搭建槨室。另外，個別墓葬在墓口使用棚木封蓋。出土有人骨的墓有 58 座，其中單人葬墓 55 座，雙人合葬墓 3 座。19 座墓的人骨比較凌亂，其餘保存狀況較好。大部分爲仰身直肢葬，只有 M06 爲側身屈肢葬。墓主多是頭西腳東，少量的是頭北腳南。墓中隨葬器物的數量很少，一部分墓中有羊骨和銹蝕嚴重的鐵器位於墓主頭部右側，推測是插有鐵刀的羊肉。陶器多是壺、罐、缽類的炊煮盛食器，置於墓主頭部。還有少量銅、骨和鐵質的裝飾品或武器，多位於墓主隨身佩戴的位置。

東區 13 座（M60～M72），分佈稀疏，其中豎穴土坑墓 12 座，墓室東西向，人骨頭西腳東，仰身直肢。

西區 20 座（M36～M53、M56、M73），其中豎穴土坑墓 15 座，豎穴偏室墓 1 座，豎穴石槨墓 1 座，無墓室 3 座，雙人葬 2 座，單人葬 12 座。墓室南北向，死者頭北腳南。

中區 40 座（M01～M35、M54、M55、M57～M59），豎穴土坑 14 座、豎井偏洞室 20 座，豎穴石槨墓 4 座，人骨散亂者 30%，墓室東西向，死者頭西腳東，除 1 座側身屈肢外均爲仰身直肢。

出土陶器形制多樣，有罐、壺、缽和甌等。

陶罐，4 件。

〔註7〕新疆文物考古研究所、西北大學文化遺產與考古學研究中心：《新疆特克斯縣恰甫其海 A 區 XV 號墓地發掘簡報》，《文物》2006 年第 9 期。

A 型：單耳罐，1 件。斂口，鼓腹，圜底，環形耳（圖七十九，1）。

B 型：單耳彩陶罐，1 件。敞口，束頸，鼓腹，圜底，頸部帶一週三角紋（圖七十九，2）

C 型：管流彩陶罐，1 件。束口，鼓腹，頸部一側帶管狀流，腹部一側帶環形耳，腹部以上飾格子形紋飾（圖七十九，3）。

D 型：管流罐，1 件。敞口，束頸，垂腹，素面，頸部一側帶管狀流（圖七十九，4）

圖七十九　恰甫其海 A 區 XV 號墓地器物圖

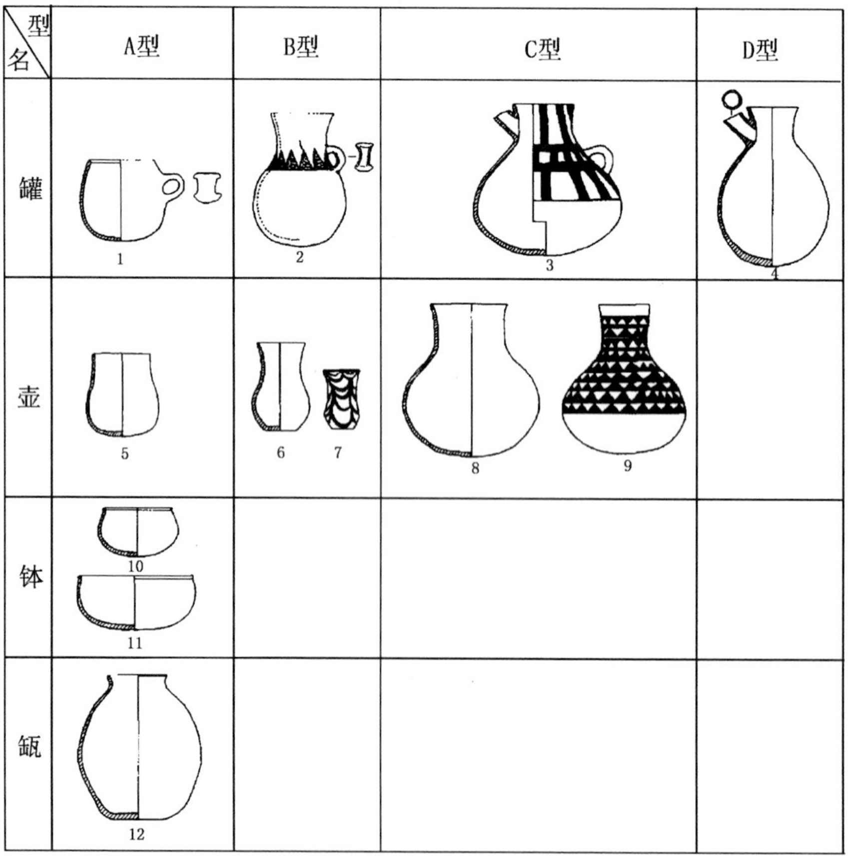
型
名
A型
B型
C型
D型
罐
壺
钵
瓿
1
2
3
4
5
6
7
8
9
10
11
12

1.陶罐（M72：01）　2、3、4、5、6.陶壺（M15：01、M10：01、M13：01、M19：02、M23：02）　7.陶罐（M28：01）　8.帶流陶壺（M24：01、M17：01）　10、11.陶缽（M33：01、M31：01）　12.陶瓿（M08：01）

壺，5 件。根據口、頸、腹及是否帶流分爲如下三型：

A 型：短頸壺，1 件。直口，短徑，垂腹（圖七十九，5）。

B 型：平底壺，2 件。敞口，垂腹，小平底（圖七十九，6、7）。

C 型：鼓腹壺，2 件，均爲直口，短徑，鼓腹，圜底。其中 1 件口沿下和底部以上飾紅褐色彩，圖案爲黑白相對三角形（圖七十九，8、9）。

缽，2 件。均爲球形缽（圖七十九，10、11）。

瓶，1 件。小口，折沿，垂腹平底（圖七十九，12）。

3、湯巴勒薩伊墓地

墓地位於尼勒克縣湯巴勒薩伊，喀什河上游南岸。2010 年，新疆文物考古研究所阮秋榮主持發掘。墓地共有墓葬 30 餘座，封堆表層爲草甸覆蓋，封堆分土堆和土石堆。其中早期鐵器時代墓葬 11 座，分別爲：M2、M3、M5～8、M11、M18、M20、M21、M25〔註 8〕。

圖八十　湯巴勒薩伊墓地陶器圖

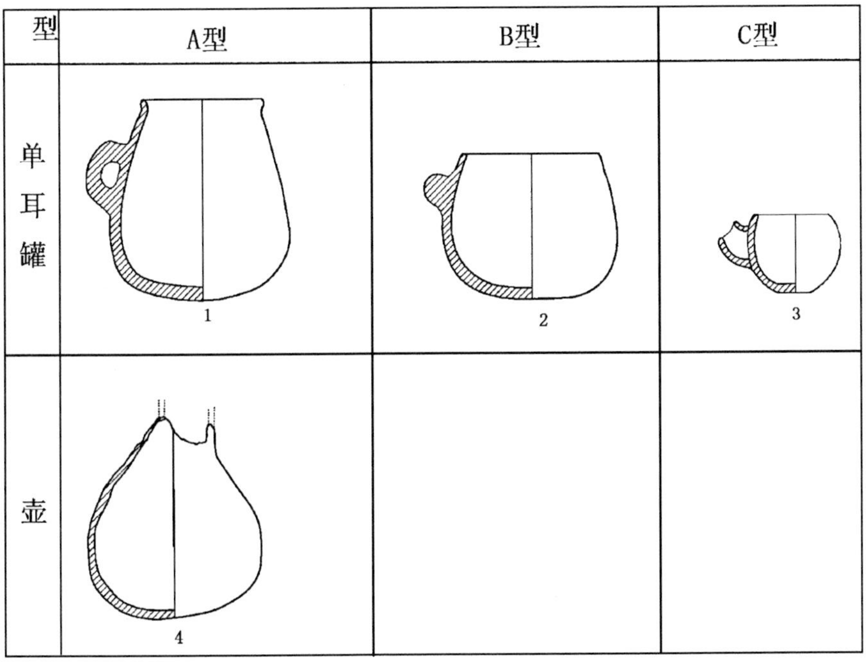

1.單耳罐（M21：1）2.鋬耳罐（M20：1）3.管流壺（M25：1）4.陶壺（M6：1）

〔註 8〕新疆文物考古研究所：《尼勒克縣湯巴勒薩伊墓地考古發掘報告》，《新疆文物》2012 年第 2 期；新疆文物考古研究所：《新疆伊犁尼勒克縣湯巴勒薩伊墓地發掘簡報》，《文物》2012 年第 5 期。。

出土陶器 4 件，有罐和壺兩種。

罐，3 件，根據口沿和耳部特徵分為三型：

A 型：單耳罐，1 件。收口，垂腹，圓底，單環耳（圖八十，1）。

B 型：鋬耳罐，1 件。斂口，鼓腹，鋬耳（圖八十，2）。

C 型：管流罐，1 件。斂口，弧腹，圓底，帶流（圖八十，3）。

壺，1 件。細徑，垂腹，圓底（圖八十，4）。

4. 新源別斯托別墓地

墓地位於新源縣新源鎮別斯托別村南 200 米，鞏乃斯河南開闊的農田中。地理座標為：43°25'11.3"，83°16'0.1"，海拔 960.8 米在南北 110 米範圍內，一字分佈 3 座大墓，大致呈南北鏈狀排列，墓間距 20 米左右。2010 年 10 月，新疆文物考古研究所阮秋榮主持發掘〔註9〕。

M1 位於墓地北部。地表封堆已被農耕破壞，墓葬封堆高出地面 0.5～1 米，直徑約 30 米，附近散佈有大量小卵石（可能是封堆外圍石環圈）。墓室位於中心位置，分上下兩部分，上部東西向，豎穴土坑，長 6、寬 3、深 1.5 米。下部四周留生土二層臺，圓角長方形，西寬東窄，西頭寬、東頭窄，長 3.7、寬 1.4～1.8、深 2 米。二層臺上南北方向鋪橫木（即墓口棚木），上面填以大石塊，填土為土石。因盜擾嚴重，只在二層臺上留有殘木段，填土中夾雜有擾亂的土石、人骨、獸骨（羊距骨）、碎陶片和 3 枚骨箭。

墓室底部東頭出土被擾亂的 3 具成年人肢骨，從殘留骨骼看為 3 個南北並列的個體，仰身直肢，頭西腳東。其中兩個緊鄰南北墓壁，南側一具人骨股骨以上凌亂不全，膝蓋處出土 1 件銅馬鑣。北一具人骨較完整。中間一具人骨僅左腿骨擺放在生理位置，股骨旁出土 2 件（組）銅器。墓底西端也散落部分人骨。經鑒定中間個體為男性，兩側為女性

M2 封堆結構被嚴重破壞，大致呈圓形，直徑 42 米、殘高 3 米。封堆底部邊緣用有寬約 3 米的石圈。墓室位於中部，呈南北向，豎穴土坑，長 6.2、寬 5.8、深 4.2 米。距墓口深 2 米處留留有生土二層臺，東、西、南側二層臺較寬，二層臺上鋪有原木 27 根。墓室呈圓角長方形，長 4.5、寬 3.2、深 2.2 米，內填大量小卵石。墓室西南部隨葬一隻完整的羊（骨架），呈俯臥狀。因

〔註9〕新疆文物考古研究所：《新疆新源縣別斯托別墓地 2010 年的發掘》，《考古》2012 年第 9 期；新疆文物考古研究所：《新源縣別斯托別墓地考古發掘報告》，《新疆文物》2012 年第 2 期。

被盜掘，塡土中夾雜部分人骨、動物骨（羊骨、馬牙等）碎陶片。

　　墓底葬 4 個成年個體。A 個體，位於墓底南壁下，仰身直肢，頭東腳西，面朝上，爲一成年女性個體，頭端隨葬 1 件單耳陶罐和 1 件鐵簪。B 個體，位於東壁下，仰身直肢，頭東腳西，爲一成年男性個體，腹部出土 1 件鐵鏃。C 個體，位於墓底南中部偏東，腹部以上骨殖殘失，下肢微屈，腳端隨葬 1 件鐵刀和羊的椎骨一段，男性。D 個體，僅殘留小腿骨及腳趾骨，齡性別不詳，附近隨葬有 1 件銅鏡、2 件陶器、1 件銅簪、1 套眉石眉筆和金箔、金泡等（圖八十一）。

圖八十一　新源縣別斯托別村墓地 M2 墓葬及隨葬品圖

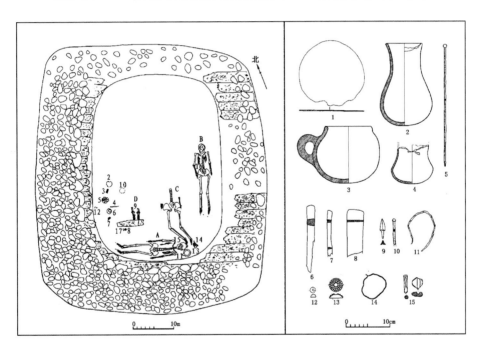

1.銅鏡（M2：2）　　2.陶壺（M2：6）　　3.陶罐（M2：11）　　4.陶壺　（M：5）
5 銅簪（M2：4）　　6.鐵刀（M2：14）　　7.鐵刀（M2：7）　8.殘鐵器（M2：3）
9.鐵鏃（M2：16）　　10.鐵簪（M2：15）　　11.金飾（M2：9）　　12.金泡（M2：17）　　13.金飾（M2：8）　　14.手鏈（M2：10）　　15.眉石眉筆（M2：12）

　　M3 地表封堆呈圓形，直徑 30 米、殘高 2 米左右，底部邊緣鋪有一圈規整的卵石圈，石圈寬約 3 米，墓室口周圍有內石圈，直徑 10、寬約 1～1.5 米，高 0.4 米。墓室開口於封堆下中部，豎穴土坑，東西向，長 6、寬 3、深 3.5

米。深 2.8 米處留有一周生土二層臺，中部下挖出墓室。二層臺上殘留有南北向鋪設的部分原木。有盜洞。

墓室內出土 4 具互相疊壓人骨。A 個體，在最上層，俯身直肢，頭東腳西，為一成年男性。B 個疊壓 D 個體，骨殖較散，俯身屈肢，頭西腳東，頭骨在小腿骨之間，成年男性。C 個體，在最底層，側身屈肢，頭北腳南，面朝東，成年女性；D 個體，疊壓 B、A 個體，俯身直肢，頭北腳南，其頭骨缺失，成年男性。墓室因嚴重被盜，僅在填土中出土零星碎人骨及陶片，墓主年齡性別不詳（圖八十二）。

圖八十二　新源縣別斯托別村墓地 M3 及器物圖

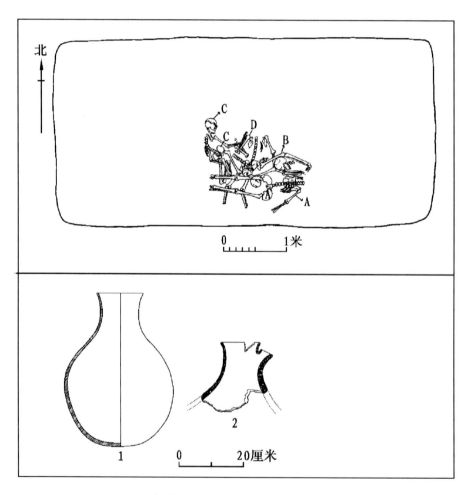

1.陶壺（M3：1）　2.殘陶器（M3：2）

三、文化特徵與年代

葉什克列克類型墓地，目前發現數量不多，主要集中分佈在特克斯河北岸的葉什克列克村附近，另一處在新源的別斯托別村附近。

墓地封堆標誌明顯，不同墓地和每個墓地內部封堆有大有小，更有甚者出現了一些巨型墓。小的封堆直徑僅 1～2 米，大的封堆直徑達到數十甚至上百米。這些巨大的墓葬封堆，有的堆土量達到數百乃至上千立方，需要投入大量的人力物力，在短期內非一般家庭或家族所能為之。這種封堆大小之間的巨大差異，反映出死者在當時社會中身份和地位的懸殊。這種差異，不僅在於墓群之間，甚至每個墓地內部都存在著這種差異。

封堆為土石結構，封堆下用河卵石鋪築石圈。墓室形制，分為豎穴土坑、豎穴偏室和豎穴二層臺 3 種類型，個別大型墓室一般都在二層臺上封蓋原木。

葬式以單人一次葬為主，亦有二次葬和分室合葬者。新源縣別斯托別墓地 3 座巨型墓出現多人同穴合葬，M1 同葬 3 人，中間為一男性，兩側為兩副女性骨架。M2 同穴葬 4 人，1 女 2 男和 1 個性別不明者，均為成年個體。M3 同葬 4 人，1 女 3 男亦是成年個體。《發掘簡報》沒有說明這些同穴死者的死亡原因和死亡時間關係，但從發掘資料來看，M1 和 M2 死者均放置在墓室底部同一平面，未被擾動的骨骼均在生理位置，彼此之間排放有序，說明他們應屬於同一時間下葬的。M3 人骨雖為疊壓關係，但未說明填土層位關係，所以不好推斷。前文曾經分析過多人合葬的成因，這種肢體齊全的合葬墓非二次葬必然是偶然同時死亡或殉葬的結果。在 3 座大墓中都有這種合葬的現象，說明偶然同時死亡的可能性很小，應該屬於殉葬。

隨葬器物仍以陶器為主，手製，夾砂紅陶，表面施土黃色陶衣，彩陶較少，有的墓地不見彩陶。器形種類較多，有罐、缽、壺，甌、瓶等，出現有平底器。同一個墓地中交叉出現有明顯屬於另一類文化的陶器，如葉什克列克墓地出土的夾砂灰陶罐（BM2：1 和 BM3：1），胎體較厚，陶色呈灰褐色，器形均為平底；恰甫其海 A 區 X 號墓地的陶罐（M3：1）和陶甌（M2：1），前者為折沿鼓腹圜底，後者為折沿鼓腹平底。這種折沿鼓腹罐在恰甫其海 A 區 XV 號墓地也有出土，明顯屬於另一種文化風格。這種風格的陶器在昭蘇縣薩勒臥堡（薩爾闊布）墓地、夏臺墓地均有完全一致器形。薩爾闊布和夏臺

墓地屬於典型的漢代烏孫墓〔註 10〕。這樣兩種完全不同風格和文化屬性器物同出一地，說明這兩種文化曾經出現過碰撞，最後前者逐漸消失，爲後者所全部取代。碳十四測年數據〔註 11〕顯示墓地年代最晚在公元前 200 年前後（表八）。這一文化交替現象，與歷史記載公元前三世紀大月氏和烏孫相繼進入，伊犁河谷發生的重大歷史變遷相契合〔註 12〕。

表八　葉什克列克類型墓地碳十四數據表

墓地墓葬名稱	樣品	碳十四數據	樹輪校正年代
別斯托別墓地 M1	木	2240±25	公元前 220 年
別斯托別墓地 M2	木	2220±30	公元前 220 年
別斯托別墓地 M3	木	1080±30	

注：所用碳十四半衰期爲 5568 年，BP 爲距 1950 年的年代。　樹輪校正所用曲線爲 Intl04（1），所用程序爲 OxCalv3.10（2）〔註 13〕。

　　葉什克列克類型墓地，時代晚於索墩布拉克類型墓地，結合陶器演變規律、碳十四數據（表七），以及歷史記載公元前 2 世紀初伊犁河谷重要歷史變遷材料，可以確定葉什克列克類型墓地時代在公元前 3 世紀至公元前 2 上世紀上半葉之間。

〔註 10〕 中國科學院新疆分院民族研究所考古組，昭蘇縣古代墓葬試掘簡報，文物 1961（7、8）
〔註 11〕 新疆文物考古研究所：《新源縣別斯托別墓地考古發掘簡報》，《新疆文物》2012 年第 2 期；新疆文物考古研究所：《新疆新源縣別斯托別墓地 2010 年的發掘》，《考古》2012 年第 9 期。
〔註 12〕 漢・班固：《漢書》卷九十六《西域傳下》，北京：中華書局，1962 年。
〔註 13〕 新疆文物考古研究所：《新源縣別斯托別墓地考古發掘報告》，《新疆文物》2012 年第 2 期。

第八章　相關問題的討論

　　窮科克臺地一號、索墩布拉克和葉什克列克類型三個類型墓地，墓葬分佈規律、地表封堆結構、墓室結構以及葬俗葬式，出土器物質地、形制和紋飾風格基本一致，表明這些墓地應為同一考古學文化遺存的不同時期。不同類型墓地中，一些出土器物的形制和紋飾發生的些許變化，應為同一文化在不同發展階段的產物。墓地普遍出土小件鐵器（表九），說明當時已經進入鐵器時代〔註1〕早期階段。

一、文化定名

　　窮科克類型墓地、索墩布拉克類型墓地和葉什克列克類型墓地，共同反映了伊犁河谷早期鐵器時代墓葬文化面貌。此類墓地最早在 1958 年由黃文弼先生在察布查爾縣索墩布拉克村發現，新疆考古研究所先後在 1987 年、1989年和 1990 年對索墩布拉克墓地進行了發掘。根據考古學文化定名原則〔註2〕，索墩布拉克墓地不僅最先發現，而且墓葬文化具有伊犁河谷早期鐵器時代考古學文化的典型性和代表性。且楊毅勇已經於 1999 年提出索墩布拉克文化文化概念〔註3〕，丁傑也就索墩布拉克文化進行了專門的討論〔註4〕。因此，這裡將這三種類型墓地文化，統一定名為「索墩布拉克文化」。

〔註 1〕鐵器時代，是以使用鐵器為標誌的人類物質文化發展階段的最初期。雖然鐵器已經普遍出現，但多數僅限於小件物品，尚未廣泛應用於生產領域。

〔註 2〕夏鼐：關於考古學上文化的定名問題》，《考古》1959 年第 4 期。

〔註 3〕楊毅勇：《新疆古代文化的多樣性和複雜性及其相關文化的探討》，《新疆文物》1999 年第 3～4 期。

〔註 4〕丁傑：《論索墩布拉克文化》，《伊犁師範學院學報》2011 年第 3 期。

二、索墩布拉克文化分期

　　窮科克類型、索墩布拉克類型和葉什克列克類型墓地，整體文化上雖然一致，但具體到每個類型的墓葬形制和出土物上是有變化的，這種變化具有連續和承繼關係的。從墓葬封堆形制來看，窮科克類型墓葬封堆大小差別不大，索墩布拉克文化類型開始在一些墓地中出現大墓，到了葉什克列克時期，更出現一些巨型墓，這種墓葬封堆大小差距出現，說明了索頓布拉克文化人群經歷了一個人與人平等，和到出現等級和階級的差異過程。

　　三種類型墓地出土器物均以罐、缽和壺三種陶器爲主，陶質、陶色和製作方法沒有明顯差別，但各個類型所出陶器中，彩陶所佔比例有明顯差別，缽的數量也有區別，器物形制也有明顯的變化。根據這些特徵，運用器物類型學方法，首先劃分出不同的器物群體（圖八十三、八十四、八十五），同時，結合窮科克、小喀拉蘇、湯巴勒薩伊等早期遺址，不同種類墓地碳十四數據和數值年輪校正結果，以及晚期文化中其他文化因素的滲透，最終確定出三個不同器物群體的早晚關係。即：索墩布拉克一、二、三期。

　　一期：窮科克類型　墓地集中分佈在伊犁河上游的喀什河和鞏乃斯河兩岸，墓地模不大。封堆沒有明顯的大小差別，多爲石圈墓。墓室以豎穴偏室墓爲主，兼有豎穴土坑和豎穴石棺墓。葬式以單人一次葬爲主，仰身直肢，頭向西。隨葬多爲陶器，普遍出土小件鐵器，兼有骨、木、石器等。陶器以彩陶數量居多，器形有罐、壺、缽三種，缽在器物組合中所佔比例較少。陶器製作精細，器形規整。彩陶紋飾有網格紋、三角紋、水波紋、弦紋、針腳紋、堆塑紋等。

　　二期：索墩布拉克類型　墓地遍及整個伊犁河谷地區，規模大小不等。封堆有的出現明顯的大小差別，且部分墓葬在群體內有南北鏈狀排列現象，封堆結構仍以石圈墓爲主。墓室結構豎穴土坑和豎穴石棺墓比例增多，一些大型墓葬出現豎穴二層臺。葬式以單人、仰身直肢爲主，二次葬佔有一定比例。隨葬器物以陶器爲主，兼有鐵器、銅器、骨器、石器等。彩陶相對減少，缽的數量占大部分。陶器製作精細，器形規整。罐，除保留有一期器形外，出現有帶流罐。帶流的器形稍大，流分舌形和管狀兩種。壺除保留一期形制外，出現有細頸壺。缽的數量明顯增多，除保留有一期形制外，出現有帶棱缽、鋬耳缽等。

　　三期：葉什克列克類型　墓地僅在特克斯和新源有所發現，不同墓地和

每個墓地內部封堆有大有小，更有甚者出現了一些巨型墓。墓室結構豎穴偏室墓減少，豎穴土坑墓增多。墓地彩陶數量明顯減少，甚至消失。隨葬器物仍以陶器為主，手製，夾砂紅陶，表面施土黃色陶衣，彩陶較少，有的墓地不見彩陶。器形種類較多，有罐、缽、壺，瓿、瓶等，出現有平底器。同一個墓地中交叉出現有明顯屬於另一類文化的陶器，如胎體較厚，陶色呈灰褐色，折沿鼓腹平底等。

索墩布拉克文化各期墓葬均普遍出土鐵器，一期以形體較小的鐵刀和裝飾品為主，二、三期鐵器形制多樣化，出現有長鐵刀、馬鐙、飾品和其他工具等（表九）。

表九　伊犁河谷早期鐵器時代墓葬出土鐵器統計表

序號	墓 地 名 稱	墓（座）	鐵 器 名 稱	件數	保存狀況
1	窮科克臺地一號墓地	14	刀、錐	15	無完整
2	加勒克孜卡茵特 II 號墓地	16	刀、錐、劍、簪、鉤、帶扣、釘、柱狀	16	個別完整
3	阿克布早溝墓地	多數	刀、錐等	?	
4	什布克其 I 號墓地	WM12：2	馬鐙	1	殘
5	什布克其 II 號墓地	—	—	—	
6	湯巴拉薩伊墓地	多數	刀、錐	5	
7	紅旗磚廠墓地	多數	環等	4	朽腐嚴重
8	鐵列克薩伊墓地	多數	刀、錐、耳環	4	
9	東麥里墓地	多數	刀、錐、簪、環帶扣	14	
10	塔爾克特北墓地	2	刀、簪	2	殘
11	索墩布拉克墓地	9	刀、劍、錐	9	多數朽腐重
12	加勒克孜卡茵特 I 號墓地				
14	別特巴斯陶墓地	16	刀、劍、簪、針、其他	16	多數完整
15	奇仁托海墓地	50 多座	刀、錐、劍、牌、馬鐙、扣、鉤	30	多數朽腐
16	胡吉爾臺墓地	部分			
17	薩爾布拉克墓地	多數	刀、錐等	15	朽腐嚴重
18	鐵木里克溝口墓地	多數	刀		朽腐嚴重

19	闊克蘇溝西墓地		刀、錐、鏃	5	朽腐嚴重
21	吾圖蘭墓地	部分	刀、馬鐙	2	朽腐嚴重
22	葉什克列克墓地	8	短劍、刀	8	朽腐
23	窮科克臺地二號墓地	12	刀、簪、鏃	12	朽腐嚴重
23	恰甫其海 A 區 X 號墓地	4	刀、錐、帶扣	4	
24	恰甫其海 A 區 XV 號墓地		刀、容器（？）	29	
25	別斯托別墓地	5	簪、刀	5	
26	窮科克臺地一號墓地	14	刀、錐	15	無完整
27	加勒克孜卡茵特 II 號墓地	16	刀、錐、劍、簪、鉤、帶扣、釘、柱狀	16	個別完整
28	阿克布早溝墓地	多數	刀、錐等	？	
29	什布克其 I 號墓地	WM12：2	馬鐙	1	殘
30	什布克其 II 號墓地	—	—	—	
31	湯巴拉薩伊墓地	多數	刀、錐	5	
32	紅旗磚廠墓地	多數	環等	4	朽腐嚴重
33	鐵列克薩伊墓地	多數	刀、錐、耳環	4	

圖八十三　索墩布拉克文化陶罐型式圖

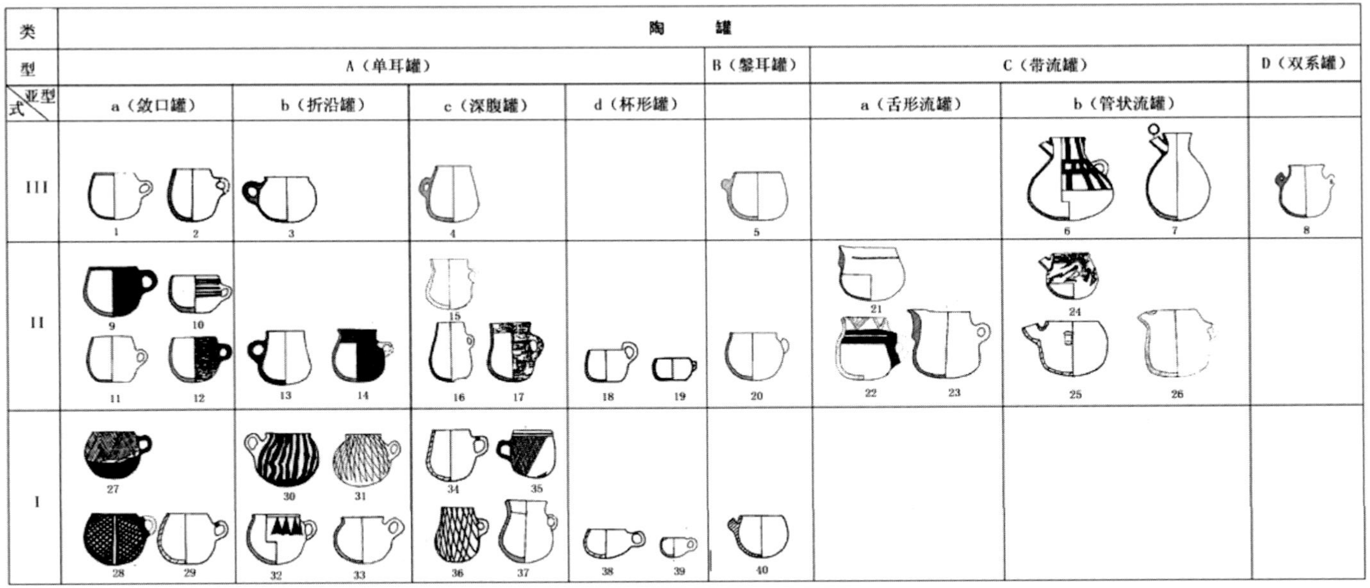

类型		陶罐								
亚型		A（单耳罐）				B（鋬耳罐）	C（带流罐）		D（双系罐）	
式		a（敛口罐）	b（折沿罐）	c（深腹罐）	d（杯形罐）		a（舌形流罐）	b（管状流罐）		
III		1、2	3	4		5		6、7	8	
II		9、10、11、12	13、14	15、16、17	18、19	20	21、22、23	24、25、26		
I		27、28、29	30、31、32、33	34、35、36、37	38、39	40				

1、2.斂口罐（2003TQAVXM72：01、2003TQYAM3：1）　3.折沿罐（2003TQAXM4：1）　4.深腹罐（2010YNTM21：1）　5.鋬耳罐（2010YNTM20：1）　6、7.管流罐（2003YTQAVXM24：01、M17：01）　9～12.斂口罐（2003YNBM24：1、M12B：1、2003YNTM16：1、M10：1）　13、14.折沿罐（2010YTKM19：1、2003YNSM52：1）15、16、17.深腹罐（1990YCSM25：1、2003YNBM12B：1、M56：1）　18、19.杯形罐（2003YNQM154：1、143：1）　20.鋬耳罐（2003YNTM4：2）　21、22、23.舌形流罐（2003YNB63：1、1999YCSM6：1、2003YNSM68A：3）　24、25、26.管流罐（2003YNBM26B：1、2002YNQM39：1、1999YNS33：3）　27、28、29.斂口罐（2002YNQM4：1、2009YNDM26：1、2002YNQM54：1）　30～33.折沿罐（2009YNDM43：2、2003YNAM39：1、M？：2）　34～37深腹罐（35352002YNQM12：1、M11：1、M35：1、2003YNAM？）　38、39.杯形罐（2003YNQM12：2、2003YNJM45：1）40.鋬耳罐（2004YNYM10：1）

圖八十四　索墩布拉克文化陶壺型式圖

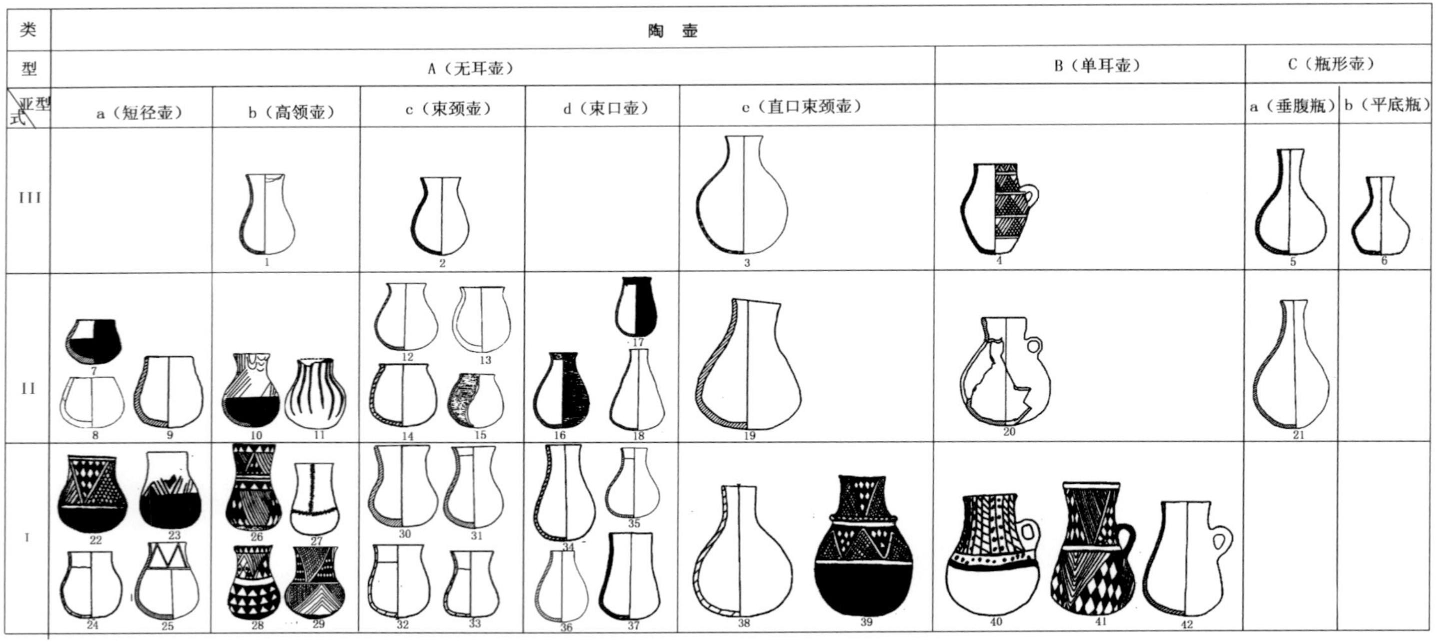

陶壺

类型	A（无耳壶）					B（单耳壶）	C（瓶形壶）	
亚式 / 式	a（短径壶）	b（高领壶）	c（束颈壶）	d（束口壶）	e（直口束颈壶）		a（垂腹瓶）	b（平底瓶）

1、3、4、5、6、8、9.別斯托別墓地（M2：6、M3：1、AM2：1、AM4：1、AM5：1、M16：1、M59：1）　2.萊什克列克墓地（M？）　7、15、18.窮科拉克2號墓地（M15A：1、M5：2、M22B：1）　10、16、17、21.薩爾布拉克墓地（M62：1、M68A：1、M80：1、M60：4）　11、14.奇仁托海墓地（M87：1、M123：1）　13.索墩布拉克墓地（M15：1）　19、20.吾圖蘭墓地（M3：1、M2A：1）　22、23、24、27、32、33、38、39、41.窮科拉克墓地（M16A：1、M36：1、M53A、M28：1、M7：2、M7：1、M40：1、M21：1）　25、28、30、40.阿克布爾淖墓地（M？、M29：1、M25：2、M？）　26、29、31、35、36.加勒克孜尕特（M57：2、M138：1、M42：2、M101：1、M35：1）　34.紅旗磚廠墓地（M6：1）　37.東參里墓地（M34：1）　42.特克特北墓地（M66B：1）

圖八十五　索墩布拉克文化陶鉢型式圖

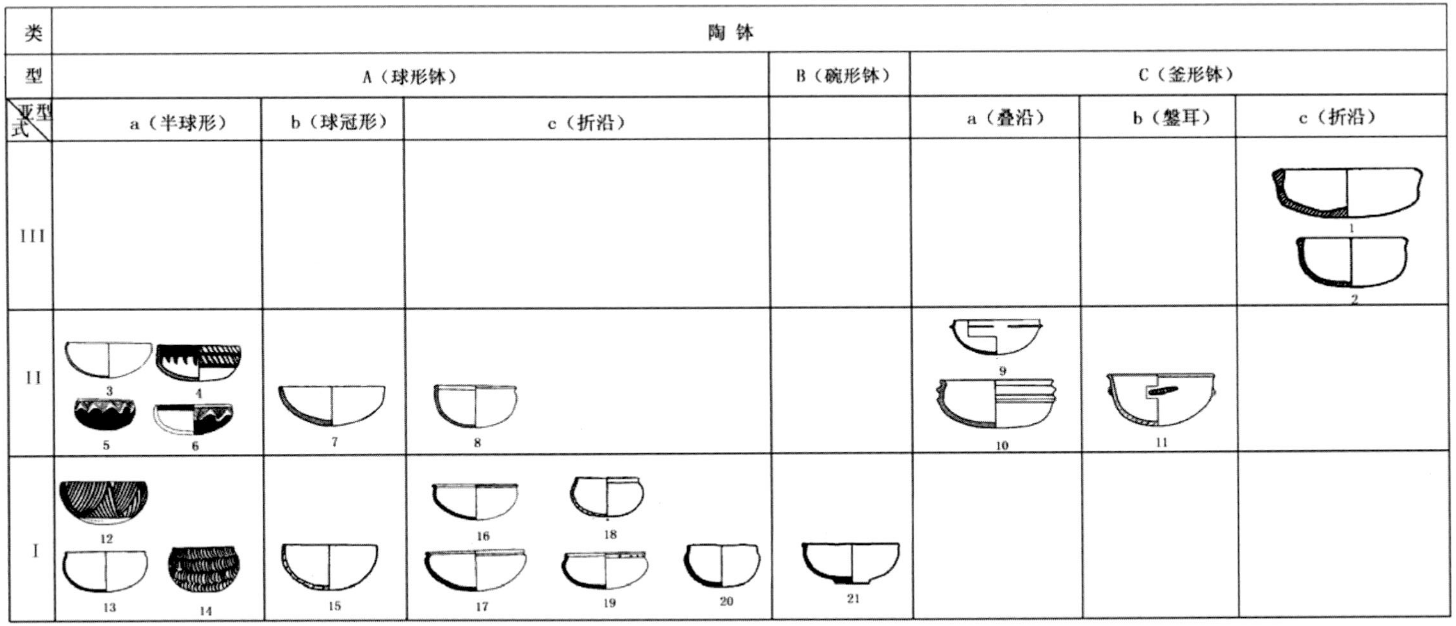

类型		A（球形体）			B（碗形体）	C（盂形体）		
式型	a（半球形）	b（球冠形）	c（折沿）		c（折沿）	a（叠沿）	b（鋬耳）	c（折沿）
III								1 2
II		7	8	16 17		9 10	11	
				18 19	21			
I	3 5 12	15	14	20				

1、2.莱什克列克墓地（AM8：2 AM9：1）　3.加勒勒克孜卡茵特墓地（M110：2）　4.别特巴斯陶墓地（M75：2）　5、6、7.索墩布拉克墓地（M10：2、M8：1、M33：1、M17：2）　9.窮科克2號墓地（M5：1）　10.薩爾布拉克墓地（M5：1）　11.開克蘇溝西號墓地（M17：1）　12、13.加勒勒克孜卡茵特墓地（M117C：1、M110：2）　14、17.阿克布早溝墓地（M24：1、M52：1）　15、18.窮科克墓地一號墓地（M33：2、M34：1）　16、19.加勒勒克孜卡茵特墓地（M44：1、M4：1）　20.泰參里墓地（M23：1）　21.什布克其I號墓地（WM7：1）

三、周邊地區相關發現

索墩布拉克文化以伊犁河谷爲中心，向北到達準噶爾盆地南緣，東到烏魯木齊市及周邊地區，天山南麓和伊塞克湖周邊均有發現，伊犁河下游哈薩克斯坦境內亦有眾多發現（圖八十六）。

圖八十六　索墩布拉克文化相關墓地分佈圖

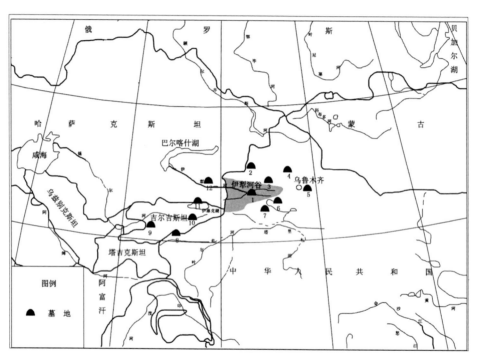

1.伊犁河谷　2.塔城地區　3.博爾塔拉蒙古自治州　4.石河子市　5.烏魯木齊市
6、7.巴音格勒蒙古自治州　8.帕米爾地區　9.費爾干納盆地　10.伊塞克湖南
11.伊塞克湖周邊　12.哈薩克斯坦伊犁河北岸

（一）準噶爾盆地

準噶爾地區經發掘確定爲早期鐵器時代的墓葬和遺址有：吉木薩爾的大龍口墓地〔註5〕、小西溝遺址〔註6〕、基建隊墓地〔註7〕、石河子市南山墓

〔註5〕新疆文物考古研究所、昌吉回族自治州文管所、吉木薩爾縣文物管理所：《吉木薩爾縣大龍口墓葬》，《考古》1994年第4期。

〔註6〕闞耀平、閻順：《吉木薩爾縣小西溝遺址的初步調查》，《新疆文物》1992年第4期。

〔註7〕于志勇、閻倫昌：《阜康市阜北農場基建隊古遺存調查》，《新疆文物》1995年

地〔註8〕和安集海墓地、塔城地區白楊河墓地〔註9〕、阿勒泰市克孜爾加爾墓地〔註10〕、烏蘇市吉日郭勒水庫墓地〔註11〕、溫泉縣阿日夏特水庫墓群〔註12〕、溫泉縣窮庫斯臺墓群〔註13〕等。其中石河子南山墓地、塔城地區白楊河墓地部分墓葬、烏蘇市吉日郭勒水庫墓地、溫泉縣阿日夏特水庫墓群、溫泉縣窮庫斯臺墓群墓葬形制、葬俗葬式和出土陶器與索墩布拉克文化明顯一致，應為同一文化範疇（圖八十七）。

1. 石河子南山墓地

石河子南山墓地位於西部天山北坡山谷口，共有墓葬 30 餘座，發掘 13 座。墓室分豎穴土坑和豎穴偏室兩種，出土陶器 19 件，其中彩陶 6 件，器形有單耳罐、杯、壺。兼有小件鐵器、銅器等。文化特徵和時代與索墩布拉克文化中晚期一致。

2. 塔城地區白楊河墓地

共清理發掘 51 座，墓葬封堆為圓形土石結構，墓室分豎穴土坑、豎穴石棺和豎穴偏室墓 3 種，出土陶器 5 件、木器 8 件銅器 5 件、骨器 1 件、石器 5 件、鐵刀 1 件、金器 2 件。文化特徵和時代同索墩布拉克文化晚期相同。

3. 烏蘇市吉日郭勒水庫墓地

墓地位於烏蘇市西南 50 公里四棵樹河西側二級臺地上，共計 21 座。墓葬形制分地表石室墓、豎穴土坑墓、豎穴石棺墓和無室墓四種，葬式、葬俗及隨葬器物基本一致，器物多為盤、杯、鉢、罐、刀成組出現，部分人骨不全。從墓葬形制和出土器物看與索墩布拉克文化晚期相同。

第 1 期。

〔註 8〕 新疆文物考古研究所、石河子市博物館：《石河子市古墓》，《新疆文物》1994 年第 4 期；新疆文物考古研究所、石河子市博物館、新疆大學：《新疆石河子南山墓葬》，《文物》1999 年第 8 期。

〔註 9〕 新疆文物考古研究所：《塔城白楊河墓地考古發掘簡報》，《新疆文物》2012 年第 2 期。

〔註10〕 新疆文物考古研究所：《阿爾泰市克孜爾加爾墓地考古發掘簡報》，《新疆文物》。

〔註11〕 新疆文物考古研究所：《烏蘇市吉日郭勒水庫墓地考古發掘報告》，《新疆文物》2012 年第 2 期。

〔註12〕 新疆文物考古研究所：《溫泉縣阿日夏特水庫墓群考古發掘簡報》，《新疆文物》2012 年第 2 期。

〔註13〕 新疆文物考古研究所：《溫泉縣窮庫斯臺墓群考古發掘簡報》，《新疆文物》2012 年第 2 期。

圖八十七　準噶爾盆地早期鐵器時代墓葬陶器圖

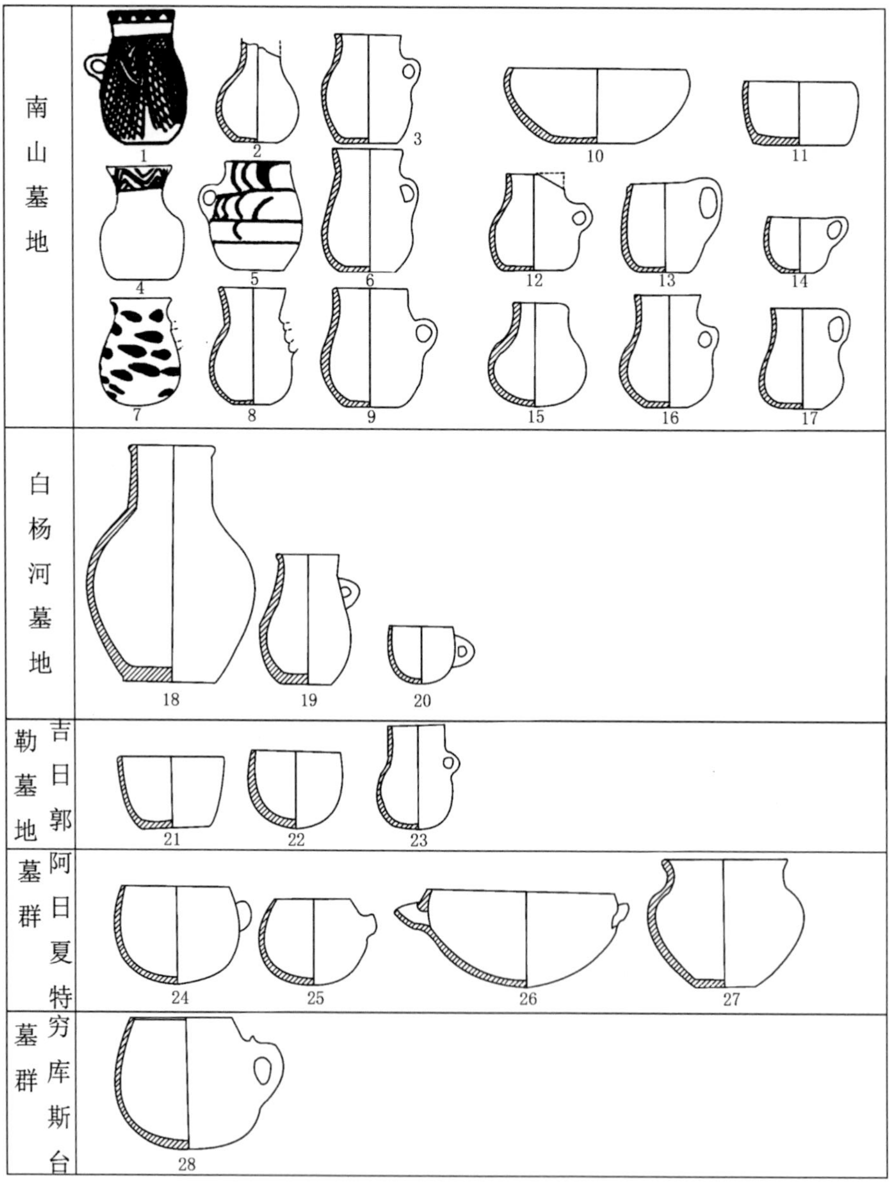

1.單耳彩陶壺（M2：1）　2.陶壺（M9：2）　3.單耳罐（M2：3）　4.彩陶壺
（M3：1）　5.單耳彩陶罐（M4：1）　6.單耳罐（M12：1）　7.單耳彩陶罐（M4：
2）　8.單耳罐（M10：1）　9單耳罐　10、11.陶缽（M3：2、M5：2）　12、
16.單耳陶罐（M12：2、M2：2）　13、14.單耳陶杯（M12：2、M2：2）　15.
陶壺（M11：1）　17.單耳陶杯（M6：1）　18.陶壺（M49：1）　19.單耳罐（M48：
2）　20.單耳杯（M30：1）　21、22 陶杯（M11：2、M18：1）　23.陶罐（M7：

1 ）　24.鋬耳陶缽（M3：1）　25.鋬耳帶流陶缽（M6：1）　26.鋬耳陶罐（M6：
2 ）　27.陶罐（M5：1）　　28.單耳罐（11BWQM2：1）

4. 溫泉縣阿日夏特水庫墓群

墓地位於溫泉縣哈日布呼鎮北 15 公里一條河岸臺地上，共計發掘墓葬 16 座。墓葬地表封堆爲土石結構，墓室有豎穴土坑和豎穴石棺兩種，出土陶器 4 件、石器 2 件。墓葬文化特徵與索墩布拉克文化晚期同。

5. 溫泉縣窮庫斯臺墓群

墓地位於阿拉套山山前洪積扇前端隆起的小山丘上，西鄰大庫斯臺河，共發掘 8 座。封堆結構爲圓形土石堆，墓室分豎穴土坑和豎穴偏室兩種。出土陶器 1 件、鐵器 9 件、銅器 2 件、骨器 2 件、玻璃器 3 件。墓葬文化特徵與索墩布拉克文化晚期相同。

（二）烏魯木齊市

烏魯木齊市發現發掘早期鐵器時代墓地主要烏拉泊水庫墓地〔註 14〕、柴窩堡墓地〔註 15〕和薩恩薩伊墓地〔註 16〕等（圖八十八）。

1. 薩恩薩伊墓地

墓地位於烏魯木齊市南郊板房溝鄉東白楊溝村三隊薩恩薩伊溝二級臺地和山坡上，共發掘 180 座，出土各類文物 300 餘件。墓葬形制結構多樣，分早、中、晚三期，其中中、晚期墓葬形制和出土器物與索墩布拉克文化基本一致。

〔註 14〕 王明哲、張玉忠：《烏魯木齊市烏拉泊古墓葬發掘研究》，《新疆文物》1986 年第 1 期；新疆文物考古研究所：烏拉泊烏魯木齊汽運公司農場墓葬發掘報告》，《新疆文物》1998 年第 3 期。

〔註 15〕 新疆文物考古研究所、西北大學文博學院八九級考古班：《烏魯木齊柴窩堡古墓葬發掘報告》，《新疆文物》1998 年第 1 期；新疆文物考古研究所：《烏魯木齊柴窩堡古墓葬發掘報告》，《新疆文物》1998 年第 3 期；新疆文物考古研究所等：《烏魯木齊市柴窩堡林場 I、III、IV 號點墓葬發掘報告》，《新疆文物》2000 年第 1、2 期。

〔註 16〕 新疆文物考古研究所、烏魯木齊市文物管理所《烏魯木齊市薩恩薩伊墓地發掘簡報》，《新疆文物》2010 年第 2 期。

圖八十八　烏魯木齊市早期鐵器時代墓葬陶器圖

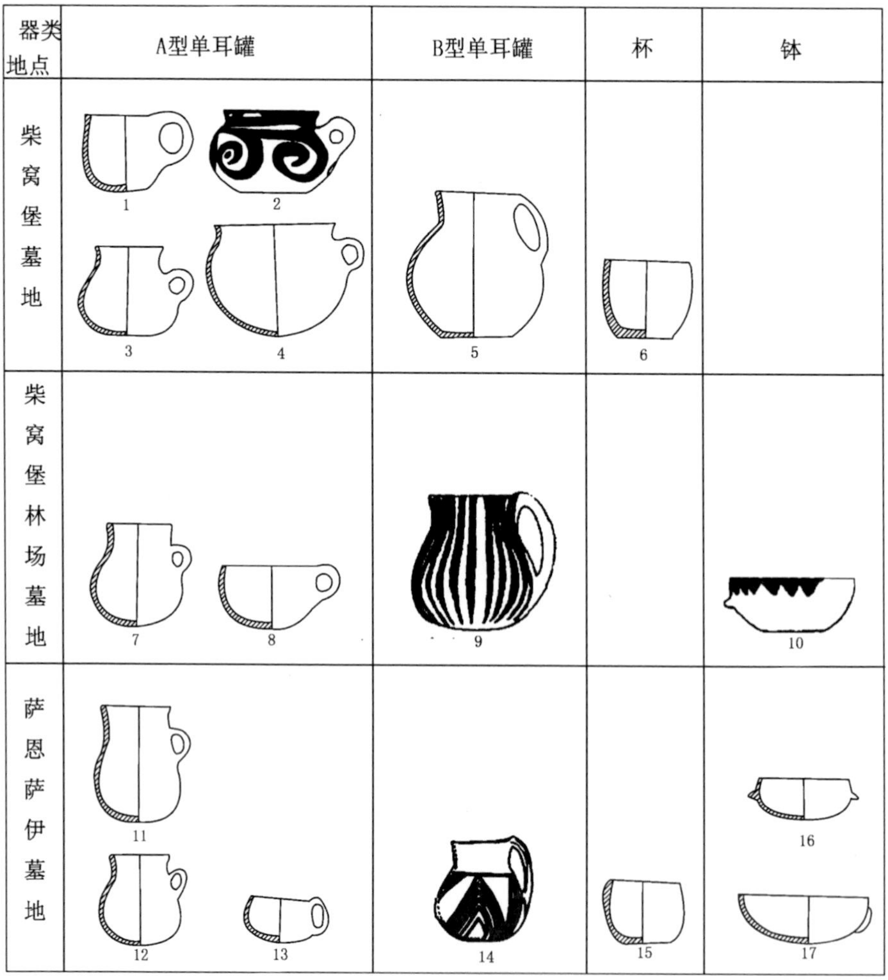

器类 地点	A型单耳罐		B型单耳罐	杯	钵
柴窩堡墓地	1　2	3　4	5	6	
柴窩堡林場墓地	7　8		9		10
萨恩萨伊墓地	11　12　13		14	15	16　17

1.單耳罐（M3：1）　2.單耳彩陶罐（M4b：2）　3.單耳罐（M4b：3）　4.單耳罐（M7：3）　5.單耳罐（M4b：1）　6.陶杯（M20：1）　7.單耳罐（IM1：4）　8.單耳罐（ⅢM1A：1）　9.單耳彩陶罐（IM1：2）　10.彩陶缽（IM1：1）　11.單耳罐（M82：1）　12.單耳罐（M78：1）　13.單耳罐（M78：3）　14.單耳彩陶罐（M82：1）　15.陶杯（M82：2）　16.陶缽（M82：5）　17.陶缽（M78：2）

2. 柴窩堡諸墓地

柴窩堡墓地包括柴窩堡墓地和柴窩堡林場Ⅰ、Ⅲ、Ⅳ號點墓葬。柴窩堡墓地位於烏魯木齊市東南約 50 公里，柴窩堡湖東岸。大約有墓葬 69 座，先後

於 1991 年和 1993 年進行過兩次發掘，共發掘墓葬 23 座。其中部分墓葬屬於早期鐵器時代，部分彩陶和單耳罐與索墩布拉克文化有著密切關係。柴窩堡林場 I、III、IV 號點墓葬，位於烏魯木齊市東南約 50 公里，天山山前的洪積扇上，共清理發掘 15 座。墓葬形制分豎穴土坑和豎穴偏室墓兩種，出豎穴偏室墓的形制以及出土的單耳罐和彩陶紋飾與索墩布拉克文化基本一致。但幾處墓地中的窩紋彩陶和大耳罐又明顯具有吐魯番地區的蘇貝希墓地〔註 17〕和洋海墓地〔註 18〕的特徵。

（三）天山南麓及帕米爾地區

天山橫亙南北疆之間，雖然南北不便交往，但對於游牧民族來說，兩地並不缺乏接觸。這從一些通向南北的山間溝谷、草原上連綿不斷地分佈著大量相同的古代遺跡可以窺見一斑，在托克遜縣、阿拉溝山谷、巴侖台山谷和靜察吾乎溝，天山裕勒都斯大草原、鞏乃斯大草原以及伊犁河谷，我們隨處可以發現一些形制相同的古代墓葬。天山南麓考古發現和發掘的早期鐵器時代墓地，主要有巴音格勒蒙古自治州且末縣的絲洪魯克墓地〔註 19〕、巴輪臺縣的群巴克墓地〔註 20〕和規模宏大的察吾乎溝墓群〔註 21〕等（八十九）。

〔註 17〕　新疆文物考古研究所：《鄯善蘇貝希墓群一號墓地發掘簡報》，《新疆文物》1993
　　　　　年第 4 期；新疆文物考古研究所、吐魯番地區博物館：《新疆鄯善縣蘇貝希遺
　　　　　址及墓地》，《考古》2002 年第 6 期。
〔註 18〕　新疆文物考古研究所、吐魯番地區文物局：《鄯善縣洋海一號墓地》，《新疆文物》
　　　　　2004 年第 1 期；新疆文物考古研究所、吐魯番地區文物局：《鄯善縣洋海二號墓
　　　　　地》，《新疆文物》2004 年第 1 期；新疆文物考古研究所、吐魯番地區文物局：《鄯
　　　　　善縣洋海三號墓地》，《新疆文物》2004 年第 1 期；新疆吐魯番學研究院、新疆
　　　　　文物考古研究所：《新疆鄯善洋海墓地發掘報告》，《考古》2011 年第 1 期。
〔註 19〕　巴音格勒蒙古自治州文管所：《且末縣絲洪魯克古墓葬》，《新疆文物》，1992
　　　　　年第 2 期。
〔註 20〕　中國社會科學院考古研究所新疆隊、新疆巴音格勒蒙古自治州文管所：《新疆
　　　　　輪臺群巴克古墓葬第一次發掘簡報》，《考古》1987 年第 11 期。
〔註 21〕　新疆文物考古研究所：《新疆和靜縣察吾乎溝一號墓地》，《考古學報》1988
　　　　　年第 1 期；新疆文物考古研究所：《和靜縣察吾乎溝四號墓地 1987 年度發掘
　　　　　簡報》，《新疆文物》1988 年第 4 期；新疆文物考古研究所：新疆和靜縣察吾
　　　　　乎溝二號墓地》，《新疆文物》1989 年第 4 期；新疆文物考古研究所：和靜縣
　　　　　察吾乎溝四號墓地 1986 年度發掘簡報》，《新疆文物》1987 年第 1 期；新疆文
　　　　　物考古研究所：《新疆和靜縣察吾乎溝三號墓地》，《新疆文物考古研究所》1990
　　　　　年第 1 期；新疆文物考古研究所：《和靜縣察吾乎溝五號墓地發掘簡報》，《新
　　　　　疆文物》1992 年第 2 期。

圖八十九　天山南麓早期鐵器時代墓葬陶器圖

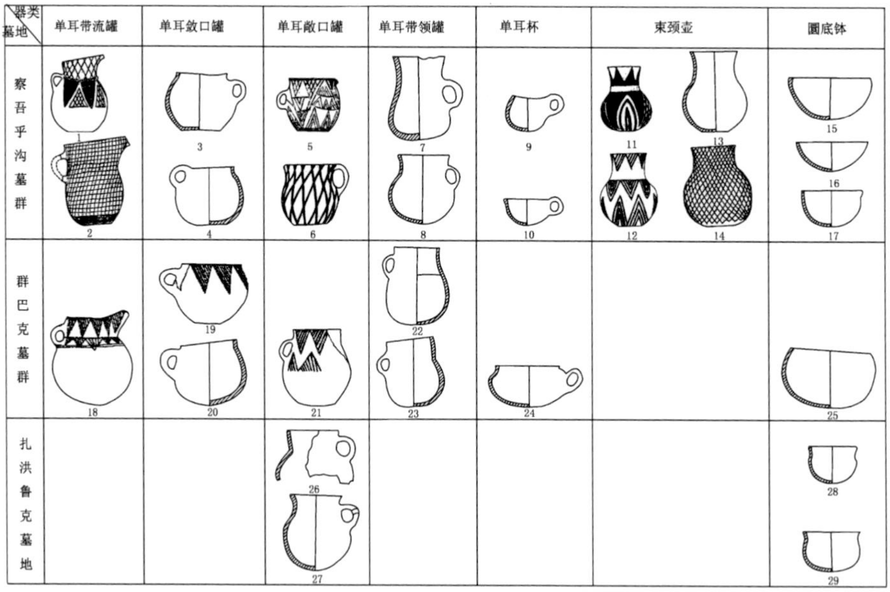

器類 墓地	單耳帶流罐	單耳斂口罐	單耳敞口罐	單耳帶領罐	單耳杯	束頸壺	圜底缽
察吾乎溝墓群	2	3	5　6	7　8	9　10	11　12　13　14	15　16　17
群巴克墓群	18	19　20	21	22　23	24		25
扎洪魯克墓地			26　27				28　29

1、2.單耳帶流罐（CIVM159：5、IVM157：5）　　3、4.單耳罐（CIM31：1、CIIM212：3）　　5、6.單耳彩陶罐（IVM192：10、IVM127：3）　　7、8.單耳有頸罐（87CYP：80、CVM16：1）　　9、10.單耳杯（CIM22：2、CVM5：6）　　11～14.陶壺（CIV156：16、CIVM127：7、CIVM233：8、CIVM168：10）　　15～17.圜底缽（CIM33：6、IVM165：6、CIM49：4）　　18.單耳帶流罐（QM3D：7）　　19、20.單耳斂口罐（QM3：24、QM1：19）　　21.單耳短徑罐（QM3：35）　　22、23.單耳短徑罐（QM3：23、QM3：39）　　24.單耳杯（QM3：59）　　25.圜底缽（QM3B：2）　　26、27.單耳罐（ZMI：01、ZMC：03）　　28、29.圜底缽（ZMC：01、ZMZMC：01）

1. 紮洪魯克墓地

位於且末縣城西南約 6 公里，托格拉克鄉紮洪魯克村南的一個臺地上，墓葬無任何地表標誌，墓地規模不清楚。分別於 1985 年和 1988 年由新疆博物館和社科院考古研究所新疆隊進行兩次發掘，共發掘墓葬 7 座。墓室結構爲豎穴土坑，方向呈南北向，多爲合葬墓，個別墓葬死者屍體保存完好，已形成乾屍，服飾和隨葬品擺放位置也比較清楚。隨葬器物有陶器、毛織品、皮具、骨器、木器等，同時還隨葬有馬骨和牛角等。經對 5 件標本進行 C14 檢測，年代距今 2700 年～2300 年之間﹝註22﹞。年代與索墩布拉克文化同期，

﹝註22﹞ 中國社會科學院考古研究所新疆隊、新疆巴音格勒蒙古自治州文管所：《新疆

出土陶器均爲圓底器，單耳罐形制與索墩布拉克文化單耳罐基本相同。

2. 群巴克墓群

位於巴音格勒蒙古自治州輪臺縣西北 18 公里，共有三片墓地，小者十餘座，大者四、五十座。1985 年，社科院考古研究所新疆隊發掘了其中 4 座。墓地封堆標誌明顯，均爲圓形封土堆，墓室爲豎穴土壙，或帶有小型墓道，其中 1 座爲多室。大部分使用草編席或柳枝席鋪在屍體下面，均爲二次葬，骨骼凌亂，兼有用火焚燒的痕跡。隨葬器物主要有陶器、銅器、鐵器、石器、骨器、木器和毛織品。陶器絕大部分爲圓底器，器形有單耳罐、單耳帶流罐、雙耳罐、單耳杯、球形缽，彩陶占一定比例，紋飾有線條組成的三角紋、網紋、弦紋等。其中單耳罐、單耳杯、單耳帶流罐、球形缽在索墩布拉克文化陶器中均能找到相同形制，彩陶母體紋飾也如出一轍。三組 C14 數據分別爲：2570±70 年（半衰期爲 5730，下同），樹輪校正爲 2630±125 年；2680±90 年，樹輪校正 2760±135 年；2795±100 年，樹輪校正 2905 ±130 年。〔註23〕

3. 察吾乎溝墓群

察吾乎溝墓群位於巴音格勒蒙古自治州和靜縣西城西約 30 公里，天山南麓的一條山溝兩側。這裡集中分佈著多個墓地，中國社會學院考古所新疆隊和新疆文物考古研究所自 1983 年開始，在此進行了 10 年的考古發掘，確定並發掘了察吾乎一到五號墓地，並命名爲察吾乎文化。

察吾乎溝墓群規模較大，墓葬地表標誌明顯，封堆一般有石圈結構。墓室形制有圓形、橢圓形和長方形，多爲豎穴土坑，亦見豎穴偏室。墓葬一般有木質或葬具，多二次葬，有的人骨堆積有明顯的層位關係，一次葬多爲仰身曲肢，亦有仰身直肢葬。出土器物以陶器爲主，兼有銅器、鐵器、骨器、木器、石器等。墓葬形制多樣，不同墓地和同一墓地內葬俗葬式上有一定的差異，出土器物也有所不同，但從整個陶器演變規律上看，陶器製作工藝、彩陶母體紋飾和帶流罐形制和風格基本一致，一些陶器形態也保持始終，屬於同一文化的不同時期，時代從公元前一直延續到公元前後。察吾乎文化彩陶紋飾與索墩布拉克文化基本相同，部分器物如單耳陶罐、陶缽和陶壺也能

輪臺群巴克古墓葬第一次發掘簡報》，《考古》1987 年第 11 期。
〔註23〕《放射性碳素測定年代報告（一四）》《考古》1987 年第 7 期。

在索墩布拉克文化中找到完全相同的器形，說明這兩支文化存在有一定的淵源關係。

4. 香寶寶墓地

香寶寶墓地位於新疆塔什庫爾干縣縣城東北約 4 公里。1976、1977 年中國社會科學院考古研究所新疆隊發掘 40 座〔註24〕。墓葬地表封堆標誌明顯，有橢圓形、圓形、方形石圍標誌。每個封堆或石圈下面一班有一個墓室，個別有兩個墓室，墓室有圓形、橢圓形，均爲豎穴土坑。分一次葬、二次葬和火葬三種。一次葬以側身屈肢葬爲主，仰身直肢葬和俯身直肢葬較少。隨葬器物以陶器爲主，兼有銅器、鐵器、木器等。陶器均爲手製，多素面紋，個別器物飾弦紋和指甲紋。器形多爲圓底，亦有部分爲平底，有釜、罐、碗、缽、杯等，其中缽和壺器形特徵與伊犁河谷同類器物一致，說明亦有文化上的交流。

（四）境外相鄰地區

境外相鄰地區主要指伊犁河谷以西的哈薩克斯坦七河地區（謝米里契）、特克斯河源頭以西的伊塞克湖地區以及西南帕米爾和費爾干納盆地。其中七河地區和伊塞克湖周邊地區地理環境與伊犁河谷聯繫緊密，考古學文化上一直有著一致和相似性。其他地區也始終保持者文化上的交流（圖九十）。

1. 七河地區（謝米里契）和伊塞克湖周邊地區

這兩個地區均與伊犁河谷接壤，早期鐵器時代文化遺存主要集中分佈有三大塊〔註25〕，即伊犁河中下游北岸、伊塞克湖周邊和伊塞克湖以南。伊犁河谷北岸多爲墓葬遺存，後兩者墓葬和遺址都很豐富。墓葬文化地表封堆標誌明顯，有大型和中小型，封堆結構有出土和土石結構，封堆下多含石圈。墓室分豎穴土坑、豎穴偏室和豎穴石棺等。隨葬器物以陶器爲主，兼有銅器、鐵器、骨器、木器、石器等。陶器均爲手製，器形有罐、壺、缽、豆等。墓葬形制和出土器物同伊犁河谷具有很大的一致性，但同時亦有明顯的地方因素，如陶器中的平底罐、碗形器和豆佔有一定的比例，這是伊犁河谷陶器中

〔註24〕 新疆社會科學院考古研究所：《帕米爾高原古墓》，《考古學報》1981 年第 2 期；中國社會科學院考古研究所編：《中國考古學中碳十四年代數據集（1965 ～1991）》，文物出版社，1991 年。

〔註25〕 М.П.Гязнов. Ранние кочевники Семиречья и ТЯН' Ь-ШаНЯ （《天山七河地區早期游牧》）。

所不見的。

2. 費爾干納盆地

　　費爾干納地區早期鐵器時代遺存主要分佈在錫爾河源頭的納倫河流域和奇爾奇克和以南地區〔註 26〕，墓葬文化封堆標誌明顯，土石結構，一般有石圍。墓室分豎穴土坑、豎穴石棺和豎穴洞室三種，洞室墓尤為流行。隨葬品以陶器為主，兼有銅器、鐵器等多種。陶器較為發達，分有耳和無耳兩種，紋飾以刻畫問居多，亦有少量的紋飾簡單的彩陶。器形有缽、壺、單耳罐等。

圖九十　境外相鄰地區早期鐵器時代墓葬陶器

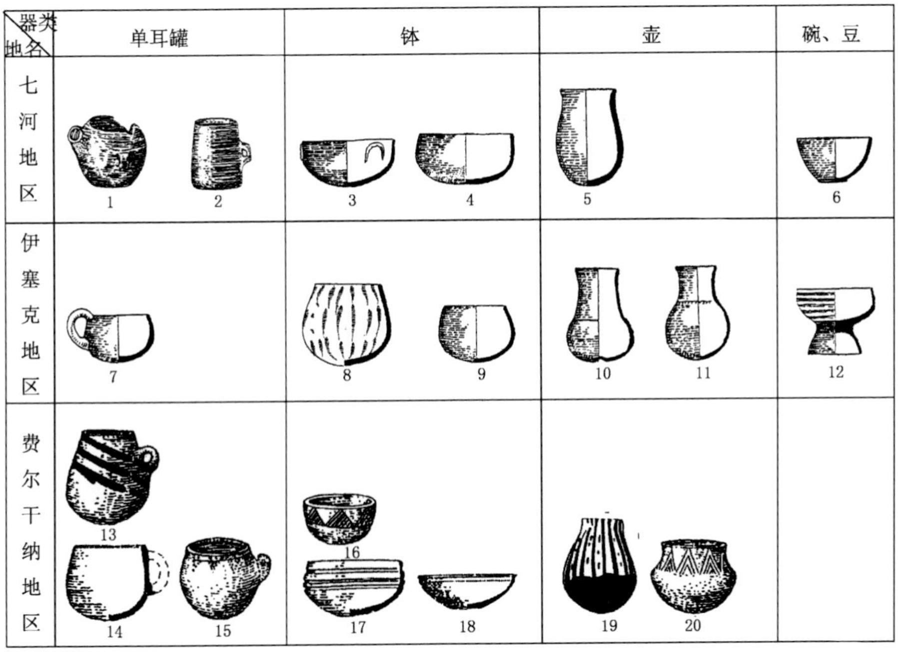

器类地名	单耳罐		钵		壶		碗、豆
七河地区	1	2	3	4	5		6
伊塞克地区	7		8	9	10	11	12
费尔干纳地区	13 14	15	16 17	18	19	20	

1～6.哈薩克斯坦境內伊犁河北岸墓葬出土　　7～12.伊塞克湖周邊地區墓葬出土
13.～20.費爾干納盆地墓葬出土

四、文化屬性

　　關於伊犁河流域早期鐵器時代文化屬性的研究，國際國內學者已有不少成果。上世紀 50、60 年代，前蘇聯學者阿契舍、庫沙耶夫等，在伊犁河中下

〔註 26〕М.П.Грязнов.Ранние кочевники кетменъ-тюбе，ферганьы и ала（《費爾干納和阿賴山地區的早期游牧民族》）

游地區做了大量的工作。分別著有《1954 年伊犁河地區考古調查工作成果總結》〔註27〕、《七河流域的薩迦人》〔註28〕、《伊犁河谷地的塞人與烏孫文化》〔註29〕、《伊塞克湖的考古收穫》等。對伊犁河中下游地區考古學文化進行了分類分期研究，提出塞克—烏孫文化概念等。國內學者王炳華〔註30〕、王明哲〔註31〕、蘇北海〔註32〕、曾憲法〔註33〕等，從歷史文獻和考古資料等方面入手探討了古代塞人的活動軌跡。這些研究成果基本上都肯定了「塞克」與伊犁河谷地區的關係。

「塞克」是中亞地區具有很大影響的一個古老民族。古波斯大流士碑銘中稱 saka，希臘史家著作中稱 Saca 或 Saga，印度史詩《羅摩衍那》和《摩訶婆羅多》中稱 Saka，中國古文獻中稱之爲「塞」、「塞種」。種種迹象表明，塞克人早在公元前七世紀以前就早已爲世人所知，並對歐亞內陸歷史的發展產生了巨大作用。

塞克部族與居住在黑海沿岸和第聶伯河沿岸的斯基泰人，以及居住在伏爾加河下游和烏拉爾南部地區的薩夫羅馬特人屬同一時代。

阿契門尼德時期的楔形文字文獻中曾援引的關於塞克的資料，提到塞克的三大支：提格拉豪達（尖帽塞克），豪瑪瓦爾格塞克（熬製豪麻汁的塞克）和提艾伊·塔拉·達拉伊雅塞克（近海塞克）。

希羅多德著作《歷史》中稱前兩者塞克爲奧爾托卡利班季雅（ＯＴＰＯ ＫａＰＩＢＩＴＩＹ）和阿繆爾基亞（ＡＭЮＰＧＩＹ）塞克。在中亞和哈薩克斯坦區域內，還有其他一些塞克部族，他們是馬薩格特人、達希人和伊塞盾人等。學術界一般把上述三大支塞克等同看待。

至於公元前 7 世紀以前，塞克人的行動軌跡史料裏已經無從可考。所以

〔註27〕 【蘇】阿契舍夫：《1954 年伊犁河地區考古調查工作成果總結》（第一卷）哈薩克蘇維埃加盟共和國科學院 ИИАЭ。

〔註28〕 【蘇】阿契舍夫：《七河流域的薩迦人》

〔註29〕 【蘇】阿契舍夫、庫沙耶夫著：《伊犁河谷地的塞人與烏孫古代文化》，阿拉木圖：哈薩克蘇維埃加盟共和國科學院出版社，1963 年（К.А.Акишев、Г.А.Кушаев：Древняя культура саков и усуней долины реки или，Алма-Ата，1963）。

〔註30〕 王炳華：《塞人史蹟鉤沉》，《新疆社會科學》，1985 年第 1 期。

〔註31〕 王明哲：《伊犁河流域塞人文化初探》，《新疆社會科學》，1985 年第 1 期。

〔註32〕 蘇北海：《《哈薩克草原塞種人的文化》，《新疆文物》，1989（4）。

〔註33〕 曾憲法：《先秦時期塞種人之族源及其東漸問題》，《國際關係學院報》，2000 年第 2 期。

在討論塞克的起源問題上有諸多不同的意見〔註 34〕。前蘇聯學者
O.Szemerenyi 認爲：「塞克」是分佈在波斯北部地帶游牧民族〔註 35〕；
И.В.Пьянков 認爲：「塞克」是亞洲中部一些部落，最初從七河地區遷徙到了
南部的興都庫什山區的自稱③；Э.А.Грантовский 認爲：「塞克」是起源於居
住在黑海沿岸的部落內部〔註 36〕；В.И.баев、Э.А.Грантовский 提出：「塞克
係歐亞大陸上古代操伊朗語的一些那落的自稱。它先是在金美里亞人，包括
東突厥斯坦操當地方言的部落和東南歐的一些部落部落中，而後由此傳播到
廣大的歐亞草原地帶〔註 37〕」。

　　有關塞克的起源，有「東來說」和「西來說」兩種觀點。東來說，主要
是根據唐道宣之《廣弘明集》，引荀濟上樔武帝蕭衍之《論佛表》，稱：「塞
種……世居敦煌，爲月氏迫逐，往葱嶺南奔」〔註 38〕；「據信是從突厥斯坦
的極東部、西藏和天山遷到那裡來的……他們離開自己的故鄉後，向西遷往
今阿富汗與波斯之地，直到公元前八世紀時才到達了烏拉爾山山麓。然後，
他們從巴爾喀什湖分出，出現於阿爾泰，並隨即在今吉爾古斯之地建立大本
營」〔註 39〕；西來說，主要是西方學者和部分蘇聯學者，蘇聯學者伯恩斯坦、
依金娜、托爾斯托夫等人也支持這種觀點。如 A6aeB 認爲：「在公元一千年
前的末期，斯基泰人在形成大部落聯盟時，一些原始塞人從斯基泰人的基本
分佈區分離了出來，向遙遠的東方遷徙，到達了中國的邊地。

　　荀濟所引，出自《漢書·西域傳》，可今本《漢書·西域傳》不見此文。
所以，荀濟之說缺乏史料佐證。至於「西來說」，只是根據塞克人所操語言是
印歐語系東伊朗語而推斷。

　　關於塞人最早活動區域，在漢文史料中還是可以找到一些線索的。《漢

〔註34〕各種不同意見參閱：В. А. Литвинский 等著《東突歐斯坦塞克人的早期歷史》
　　　　和 И.В.Пьянков《塞克》，分別載《亞非民族)》1988.5，《塔吉克蘇維埃社會
　　　　主義共和國科學院通報》（社科版）1968.3。

〔註35〕0.Szemerenyi《Four old Iranian Ethnic Nameg：Setythian—Skudra—Sogdian—
　　　　Saka》1980.Wien.轉引 В. А. Литвинский 上揭文。

〔註36〕【蘇】Э.А.Грантовский《貴霜時代的中央亞細亞》II 卷，莫斯科 1975 年，第
　　　　83～84 頁。

〔註37〕【蘇】В.И.баев《關於印歐人的起源和早期遷徙問題》──《古代東方與古典
　　　　世界》莫斯科 1972 年.第 33、36 頁；Э.А.Грантовский《貴霜時代的中央亞細
　　　　亞》II 卷，莫斯科 1975 年，第 81 頁以下

〔註38〕唐·道宣《廣弘明集》引荀濟《論佛表》文。

〔註39〕王治來著：《中亞史》，北京：人民出版社，2010 年，第 40 頁。

書》中有關塞人的資料，主要見於《西域傳》、《張騫李廣利傳》。如：

「烏孫國……東與匈奴、西北與康居、西與大宛、南與城郭諸國相接，本塞地也。大月氏西破走塞王，塞王南越懸度，大月氏居其地，後烏孫昆莫擊破大月氏，大月氏西徙臣大夏。而烏孫昆莫居之，故烏孫民有塞種、大月氏種云。」（《漢書·西域傳·烏孫》）

「休循國，王治鳥飛谷，在葱嶺西……民俗衣服類烏孫。因畜隨水草。本故塞種也。」（《漢書·西域傳·休循國》）

「捐毒國，王治衍敦谷……北與烏孫接，衣服類烏孫。隨水草，依葱嶺，本塞種也。」（《漢書·西域傳·捐毒國》）

「昔匈奴破大月氏，大月氏西君大夏。自塞王南君尉賓，塞種分散，往往爲數國。自疏勒以西北，休循、捐毒之屬，皆故塞種也。」（《漢書·西域傳·罽賓國》）

「時，月氏已爲匈奴所破，西擊塞王。塞王南走遠徙，月氏居其地。」（《漢書·張騫李廣利傳》）

根據《漢書》中有關塞人的記載，可以得到兩種判斷：一是塞人在新疆活動的主要地域，就是漢代烏孫、休循、捐毒等國居住活動的地區。漢代烏孫在新疆地區的活動地域，據上引文獻並結合烏孫遺跡分佈狀況，主要在「天山到伊犁河之間」廣闊的草原地帶，「如昭蘇、特克斯、新源、鞏留、尼勒克等縣」，就是烏孫活動的中心地區。〔註 40〕休循，其活動地域大概在帕米爾山中。〔註 41〕捐毒，活動地域大概在塔什庫爾干地區。〔註 42〕總體看來，漢代以前塞人在新疆地區的主要活動地域應在伊犁河流域並及於天山和更南的阿賴嶺、東帕米爾等地。二是在公元前 3 世紀末大月氏西遷伊犁河流域前，〔註 43〕這裡本爲塞人領地。這時期的塞人，已經進入了階級社會，建立

〔註40〕 王明哲、王炳華：《烏孫研究》，新疆人民出版社，1983 年版，第 11 頁。

〔註41〕 關於休循國今地，學術界觀點分歧，至今尚無定論。或說即今克什米爾之洪查；或說爲帕米爾山中的伊爾克斯坦（1 rkeshtam）；或說在阿賴山中；或說爲喀什至浩罕的山口，等等。參見岑仲勉：《漢書西域傳地理校釋》（下），中華書局，1981 年版，第 310～317 頁；馮承鈞原編、陸峻嶺增訂：《西域地名》，中華書局，1980 年版，第 36 頁。

〔註42〕 關於捐毒今地，同樣是眾說紛紜，並無定論，此從岑仲勉說。參見《漢書西域傳地理校釋》（下），中華書局，1981 年，第 318～322 頁。

〔註43〕 關於大月氏西徙年代，有多種意見。但應以公元前 3 世紀末即開始西徙較爲合理。參見王明哲、王炳華：《烏孫研究》，新疆人民出版社，1983 年，第 64

了國家政權，其最高統治者被稱爲「塞王」。

綜上所述，戰國或更早時期的北疆草原基本上是塞人（西部和西北部）和呼揭人（東部和東北部），東部天山北麓也可能還存在某些較小的部族，如姑師等，但主體是塞和呼揭則是沒有問題的。也就是說，伊犁河谷早期鐵器時代考古學文化文化遺存應屬於塞克是無可爭論的。

伊犁河谷早期鐵器時代考古學文化，一脈相承且有序發展，完全與塞克活動時間一致，而且可以追溯到公元前 9 世紀。說明這裡從公元前 9 世紀開始，伊犁河谷已經是塞克的主要活動區域。這就填補了歷史文獻資料的空白，爲研究早期塞克的形成與發展、經濟形式和社會結構找到了可靠的依據。

五、文化源流

所謂文化源流，亦即文化發展的來龍去脈。從縱向發展來看，索墩布拉克文化與其前一階段的青銅時代安德羅諾沃文化從器物類型學特徵上沒有任何繼承的迹象，索墩布拉克文化以圓底器爲主，器形分有耳和無耳兩種，彩陶佔有一定的比例。而其前一階段安德羅諾沃文化則以夾砂灰陶爲主，兼有夾砂褐陶或紅陶，陶器以平底器爲主，兼有圈足器。器形有缸形器、碗形器等，不見彩陶，紋飾以刻畫、壓印等方法，以線條、點劃等組成幾何形圖案。兩種風格的陶器，完全找不出相同或相近的親緣關係。

橫向比較，在伊犁河谷西鄰七河地區和以北的南西伯利亞地區，青銅時代考古學文化與伊犁河谷同樣經歷了安德羅諾沃時期。有所不同的是南西伯利亞地區在青銅時代早期屬於阿凡納謝沃時期，青銅時代晚期則進入了卡拉蘇克時期〔註 44〕。阿凡納羨沃陶器以蛋形和尖底器爲主，流行刻畫紋。卡拉蘇克文化屬於外來文化和當地文化的融合體，陶器以蛋形爲主，流行刻畫紋，不見彩陶。因此也就排除了西面和北面傳播的因素。七河和費爾干納盆地青銅時代晚期爲安德羅諾沃文化所佔據，而且在早期鐵器時代彩陶的也明顯不如伊犁河谷豐富，彩陶具有明顯東強細弱的趨勢，這種趨勢說明了越向西越遠離彩陶文化的中心。因此也就排除了西來或北來的可能。

西南地區，中亞兩河流域和伊朗高原青銅時代文化與伊犁河谷也有著明

〜66 頁。

〔註44〕【蘇】吉謝列夫：《西域史譯叢——南西伯利亞古代史》（上冊），新疆社會科學院民族研究所翻譯出版，1981 年，第 54〜86 葉。

顯的區別。伊朗高原青銅時代第一階段與納馬茲加第一期同時代，此時裏海沿岸地區陶器流行簡單的幾何紋，由各種變體的三角形組合成紋飾，裝飾在口沿下方。兩地雖有相似的陶器，但紋飾風格卻完全不同，文化上並無聯繫。伊朗高原第二階段時代對應納馬茲加第二、三期，這一階段裏海沿岸流行彩陶，出現少量磨光黑陶。彩陶用黑彩、紅彩施於淺色陶衣上，口沿下方施精緻的幾何紋。人和山羊、雪豹、飛鳥的形象出現在紋飾中，早期三角紋退化，被複雜的幾何紋飾所代替，斑點動物紋飾最具特色，另外出現一種階梯狀線條組合成各種十字或半十字圖案。伊朗高原與裏海沿岸有不少共性，但還是有一定的區別。伊朗高原出現植物紋，裏海沿岸沒有，前者開始流行圈足器，後者則以平底器為主。伊朗高原第三階段時代對應納馬茲加第四期。這時裏海沿岸灰陶數量增多，灰陶主要是折腹器和有足器，裝飾刻花紋。灰陶裝飾刻花紋與伊朗高原同期相似。彩陶數量減少，山羊、鳥、樹組合在一起的寫實紋飾增多。裏海沿岸彩陶仍然繁盛，伊朗高原彩陶紋飾則已衰落，紋飾只有簡單的幾何紋。伊朗高原第四階段時代對應納馬茲加第五、六期。納馬茲加第五期，彩陶和灰陶全部消失，取而代之的是紅色素面陶。「優雅型」是其標誌性陶器，器表光滑、器壁很薄，其中瓶的形制與伊朗高原的瓶很相似。納馬茲加第六期折腹數量減少，「優雅型」陶器消失，主要以紅衣素面磨光陶為主，灰陶再度出現，器類增多，包括碗、杯、瓶、壺、缸、盆、鍋等。從以上西南地區青銅時代文化發展軌跡和青銅時代晚期陶器特徵來看，與伊犁河谷早期鐵器時代發達的彩陶文化沒有任何直接關係。

以東以南地區，在伊犁河谷以東、以南的東天山地區和塔里木盆地北緣地區，青銅時代和早期鐵器時代都有著十分發達的彩陶文化。而且在這些地區的陶器中經常可以看到一些與索墩布拉克文化陶器完全相同的器形和紋飾，尤其是彩陶的顏色和母體紋飾幾乎完全相同。不難看出索墩布拉克文化與這些地區的考古學文化有著淵源上的關係。

天山南麓塔里木盆地北緣，早期鐵器時代文化以察吾呼文化為代表，包括紮洪〔註45〕魯克墓地、群巴克墓地〔註46〕和香寶寶墓地〔註47〕等。本篇已

〔註45〕 巴音格勒蒙古自治州文管所：《且末縣紮洪魯克古墓葬》，《新疆文物》1992年第二期。

〔註46〕 中國社會科學院考古研究所新疆隊、新疆巴音格勒蒙古自治州文管所：《新疆輪臺群巴克古墓葬第一次發掘簡報》，《考古》1987年第11期。

〔註47〕 新疆社會科學院考古研究所：《帕米爾高原古墓》，《考古學報》1981年第2

對察吾呼文化做了簡單的介紹，該文化陶器以帶流罐為主流，這種帶流罐與吐魯番地區蘇貝希文化〔註48〕中的帶流罐幾乎沒有太大的區別。索墩布拉克文化中雖然也偶見這種帶流罐，但耳部特徵已經成為半環形，不見前兩者中常見的橋形大耳。察吾乎文化器形種類多樣，而索墩布拉克文化陶器始終以單耳罐、圓底缽和垂腹壺三種器形為主，即使有所變化也不會脫離這三種器形的大致形態。由此可見兩種文化雖然出於同宗，但各自有其自身的發展特點。二者起始年代均在公元前1000年前後，目前尚不能說明此二者文化之間是否存在互動關係。

伊犁河谷以東烏魯木齊市地區，早期鐵器時代文化以薩恩薩伊墓地為代表，包括阿拉溝墓地、烏拉泊水庫墓地、柴窩堡墓地等。薩恩薩伊墓地共計發掘墓葬180座，規模雖然不大，但墓葬類型多樣，時間跨度較大，上至青銅時代下到漢唐時期，各期墓葬交錯分佈，其中一部分墓葬形制和出土器物幾乎完全與索墩布拉克文化一致。發掘者根據墓葬特徵及出土器物將其分為早、中、晚三期，認為早期文化具有奧庫涅文化特徵，中期與卡拉蘇克文化、塔加爾文化、中國北方地區具有一定的聯繫，晚期與蘇貝希墓地最為接近〔註49〕。其實，在研究中不難發現，所謂的早、中、晚期均有彩陶出現，彩陶紋飾以線條或填實法構成方格紋、三角形、菱形以及網紋等。這種彩陶紋飾在奧庫涅夫文化、卡拉蘇克文化和塔加爾文化中是不見的，而在其以東的吐魯番地區和哈密地區則為常見，中晚期彩陶與蘇貝希墓地所出彩陶極其接近。

蘇貝希文化〔註50〕是新疆早期鐵器時代最為重要的考古學文化之一，目前已經發現和發掘的遺址和墓葬已有數十處。蘇貝希文化以彩陶為主流，多為圓底器，器形有單耳罐、雙耳罐、壺、缽、瓶、豆、碗、杯等。彩陶為紅衣黑彩，紋飾主要有線條和填實方法繪製的條形紋、方格紋、三角紋、漩渦紋、鋸齒紋等，越早彩陶比例越多。其中部分單耳罐、壺和缽的器形和紋飾

期。

〔註48〕陳戈：《新疆史前時期又一考古學文化——蘇貝希文化試析》，《蘇秉琦與當代中國考古學》，北京：科學出版社，2001年，第153~171頁。

〔註49〕新疆文物考古研究所、烏魯木齊市文物管理所：烏魯木齊市薩恩薩伊墓地發掘簡報》，《新疆文物》2010年第2期。

〔註50〕陳戈：《蘇貝希文化的源流及與其他文化的關係》，《西域研究》2002年第2期；邵會秋：《新疆蘇貝希文化研究》，《邊疆考古研究》第12期第193~220頁。

和索墩布拉克文化陶器幾乎完全一致。蘇貝希文化起訖年代在公元前 1000 年到公元前 3 世紀之間，與索墩布拉克文化、察吾乎溝文化屬同一時代。三者之間既有相同之處，也有各自的特點，說明它們很可能是源出一處，在各自不同的發展進程中出現了彼此之間的差異。總體上來看，蘇貝希文化與察吾乎溝文化聯繫更加緊密，索墩布拉克文化陶器類型僅保留了少部分原有的器形。

陳戈認爲青銅時代晚期南灣類型年代與蘇貝希文化相銜接，墓葬文化特徵相似，彼此有著淵源關係〔註 51〕。韓建業研究指出奇臺半截溝遺址對於蘇貝希文化起源意義重大〔註 52〕。邵會秋則認爲蘇貝希文化的起源十分複雜，尚不能確定其具體淵源，但肯定了吐魯番以東地區的南灣類型遺存、焉不拉克文化以及青海地區唐汪式陶器遺存等諸類遺存對蘇貝希文化的起源作用是十分巨大的〔註 53〕。本文贊同上述學者們的觀點，同時在研究中注意到烏魯木齊薩恩薩伊墓地的特殊性。這一墓地青銅時代墓葬與早期鐵器時代墓葬交錯分佈，且在青銅時代墓葬中亦有類似紋飾彩陶的發現，無疑爲研究新疆早期鐵器文化的形成提供了新的線索。

總之，本文研究結果表明索墩布拉克文化的文化根源在新疆東部地區。

這支進入伊犁河谷的彩陶文化，依託伊犁河谷和天山得天獨厚的自然條件，迅速發展壯大起來。經過近 200 年的發展，在公元前 7 世紀以後走向強盛。

六、墓葬特徵

伊犁河谷早期鐵器時代一、二、三期墓葬文化，在墓葬分佈、封堆結構、墓室形制、葬式葬俗以及隨葬器物上都有著共同特徵。

墓群一般集中分佈在海拔 1000～2300 米之間，有水源的山前地帶，這一高度範圍氣候溫良多雨，草甸較厚，適合早期人類活動，在有水源附近的山前臺地和河谷兩岸發現了大量的古代墓葬。而且墓葬分佈比較集中，每個墓地墓葬都在數十甚至上百座。這一時期墓地數量眾多，整個伊犁河谷地區都

〔註 51〕 陳戈：《蘇貝希文化的源流及與其他文化的關係》，《西域研究》2002 年第 2 期。

〔註 52〕 韓建業：《新疆青銅時代——早期鐵器時代文化的分析和譜系》，《新疆文物》2005 年第 3 期。

〔註 53〕 邵會秋：《新疆蘇貝希文化研究》，《邊疆考古研究》第 12 期第 193～220 頁。

有發現。且向北延續到準噶爾盆地南緣、向東到昌吉、烏魯木齊地區，向南達到天上南麓，向西和西南一直到巴爾喀什湖以東、伊塞克湖周邊地區。

墓葬地表封堆標誌明顯，一般都有圓形的土石結構封堆。封堆下或以河卵石或以石塊堆築成石圈。植被稀疏的乾旱地方，封堆中的土已經流逝，只剩下石堆或石圈，草場裏的封堆基本完整，封堆表面中部散見有石頭，周圍隱約可見石圈。一期墓葬封堆差別不大，一般這幾個在 6～15 米之間，二期開始出現一些封堆較大的墓葬，三期出現一些集中呈鏈狀分佈的巨型墓。從封堆發掘剖面看，一般是先在墓室口堆土或石塊，然後在堆築土丘，最後在土丘邊緣鋪卵石或石塊形成石圈，也有先堆土丘鋪石再堆土鋪石圈的，有的甚至有 2～3 層石圈，這種堆築方法很可能是與固土有關，也有人認為環形代表著太陽，屬一種原始自然崇拜。

墓室口開在封堆底部石圈中心位置，呈圓角長方形或梯形，東西向，一般墓室長 1.2～2 米，寬 0.5～1.2 米，墓壁垂直向下，深在 0～52 米之間，大型墓葬的墓室大小和深度同比增大。墓室結構分豎穴土坑、豎穴石棺、豎穴二層臺和豎穴偏室和 4 種。豎穴土坑墓：即在地表以下挖出一個長方形或梯形豎坑，將死者直接放在墓室底掩埋，有的在墓底兩側留出土臺，死者下葬後在土臺上鋪上橫木或石塊，然後再填土石掩埋；豎穴石棺墓：是在豎穴土坑底部四周立片石或大型河卵石形成方形石棺，死者下葬後，用大型片石或石塊封擋在上面，然後再填土和石塊；豎穴二層臺墓：是在豎穴土坑底部四周留有一定寬度的生土二層臺，有的在二層臺上放置橫木，以免填土和石頭直接覆蓋在屍體上；豎穴偏室墓：是在地表以下先挖一個長方形或長方形豎坑，然後依墓道長度在墓道北壁下方開一弧形墓室口，向外掏出一個半橢圓形或不規則長方形墓室，將死者放入墓室後，或直接填土石，或用石塊或木棒封擋墓口之後再填土石，墓道底部和墓室之間一般有二層臺。

葬式一般為單人一次葬，仰身直肢，頭西腳東。也有部分二次葬、同墓異穴合葬和多人同墓室合葬者。絕大多數無葬具，個別有木棺。隨葬品主要為陶器，一般放置在死者的頭部附近放置 1～3 件陶器、動物骨、小件鐵器、骨器等，亦有隨身佩戴的小件裝飾品，大型墓葬隨葬品數量較多。

陶器以罐、壺、缽 3 中為主，一期壺多為短徑、垂腹、圓底，二期出現細長頸壺，三期壺的形制較為多樣。罐絕大部分為一側單耳，一期罐口內收、鼓腹、圓底，二期出現直口，腹和底變化不大，三期出現個別平底罐。一期

陶缽口沿內收，二期口沿比例增大，三期口沿有的出現凸棱。但這幾種器形陶器在二、三期中都可以找到與一期完全一致的。

骨簇，在三個時期均有出現，有兩翼和單翼，帶扁鋌，形制沒有太大變化。

鐵器在三個時期均有相當數量，一期鐵器普遍爲小鐵刀之類，形體較小，一般同羊骨一同放置在陶缽或陶罐中。二、三期除小鐵刀之外，偶見短劍和較長的鐵刀，甚至出現鐵馬鐙之類。

銅器在三個時期也均有出現，多爲銅簪、銅穿和飾件之類。在二期出現 1 面素面帶柄銅鏡，三期出土 1 面立羊帶柄銅鏡。另從伊犁河谷出土的大量的銅鍑、銅方盤以及武士俑、對獸銅環、銅燈等大型銅器看，銅器在當時仍佔有相當重要的位置。它們廣泛應用於生活器具、禮儀和祭祀場所以及日常的裝飾品。

二、三期墓葬中還出現有一些黃金、瑪瑙、綠松、炭精等質地小件器物。

總之，伊犁河谷早期鐵器時代墓葬和出土物反映出的是一種單一的、有序發展的考古學文化。這種考古學文化開始於公元前 1000 年，一直延續到公元前 3 世紀，始終保有自己獨有的特徵，一脈相承。

七、群體食物結構

爲研究窮科克墓地古代居民的食物結構，進一步研究早期鐵器時代伊犁河谷古代居民的經濟方式，我們曾對窮科克墓地 8 例個體骨骼中的 δ 13C 和 δ 15N 比值進行了測定和分析〔註54〕。

測定結果表明，所有樣品的 δ 13C 值在-16.02‰～-16.47‰範圍內，C_3 類食物所佔比例約爲 69.40%～72.81%，說明窮科克墓地古代居民植物性食物的攝入以 C_3 類植物爲主，而 C_4 類植物所佔比重則相對較少。N 在不同營養級之間存在著同位素的富集現象，按營養級的上升，每上升一級，大約富集了 3‰～4‰，即食草類動物骨膠原中的 δ 15N 比其所吃食物富集 3‰～4‰，以食草類動物爲食的食肉類動物又比食草類動物富集 3‰～4‰。其中食草類動物的 δ 15N 值大約爲 3‰～7‰，一級食肉類動物以及各種魚類的 δ 15N 值爲 9‰～12‰，雜食動物 δ 15N 值則在 7‰～9‰之間。因此，根據 δ

〔註54〕張超、李溯源：《新疆尼勒克縣窮科克臺地一號墓地古代居民的食物結構分析》，《西域研究》2006 年第 4 期。

15N 值可以大體推測出所出營養級狀態，窮科克墓地古代居民骨骼中的δ
15N 值爲 12.08‰～13.33‰，基本與食肉類動物相當，說明其生前的食物結
構中以肉類食物爲主（見表十）。

表十　窮科克墓地人骨樣品分析測試值

墓葬編號	N%	C%	δ^{15}（‰0）	δ^{13}（‰0）	C／N	C_3（%）	C_4（%）
01YNQM12	16.25	44.05	12.89	-16.47	3.16	72.81	27.19
01YNQM15：B	16.26	43.75	13.33	-16.19	3.14	70.71	29.29
01YNQM3	16.07	43.46	12.08	-16.15	3.16	70.39	29.61
01YNQM4	16.35	44.11	12.85	-16.29	3.15	69.81	30.19
01YNQM5	16.12	43.44	12.92	-16.29	3.15	71.42	28.58
01YNQM1	16.15	43.58	12.27	-16.22	3.15	70.92	29.08
01YNQ7	16.31	43.75	12.64	-16.02	3.13	69.40	30.60
01YNQM6	16.22	43.78	12.55	-16.46	3.15	72.78	27.22

按照蔡連珍和仇士華先生計算公式〔註55〕

通過對窮科克墓地古代居民骨骼中的δ^{13}N 和δ^{15}N 的比值測定，我們做
出以下推論：

（1）窮科克墓地古代居民的飲食結構中，肉類食物所佔比例很高，表明
該組居民在日常飲食習慣中保持著很高比例的肉類食物的攝入。從該墓地隨
葬大量羊骨的現象分析，發達的畜牧業經濟爲窮科克墓地居民提供了充足的
肉類來源。

（2）窮科克墓地古代居民在植物類食物攝入中以 C_3 類植物爲主，所佔的
比例爲 69.40%～72.81%，而 C_4 類植物所佔的比例相對較少。新疆地區早期農
業的研究成果表明，青銅時代至早期鐵器時代新疆地區主要的糧食作物大體
包括小麥、大麥、穀子、高粱、小米等，因此，我們推測窮科克墓地古代居
民食物結構中的 C_3 類植物很可能來源於小麥等植物。而 C_4 類植物則很可能來
源於穀子、小米等植物，當然我們也不排除一部分 C_4 類植物間接來源於牧草。
隨著新機地區農業經濟的不斷發展，小麥、穀子、小米等糧食作物也成爲窮
科克墓地古代居民食物結構中的必要補充。

（3）窮科克墓地所在的伊犁河谷地區，歷史上是游牧民族活動的主要舞

〔註55〕蔡連珍、仇士華：《碳十三測定和古代食譜分析》，《考古》1984 年第 4 期。

臺，考古發現表明，這裡的古代居民以游牧經濟為主，同時存在一定量的農業經濟因素。窮科克墓地大多數墓葬中隨葬羊的骶骨，這些羊骶骨常放在木盆或陶盆中，羊骶骨的旁邊多置一把小鐵刀。表明羊肉是當時居民的主要食物之一，窮科克墓地及附近其他同一考古學文化的目的墓葬的封堆中，常出土成套的、用來加工穀物類食物的磨盤和魔棒，磨盤為橢圓形的馬鞍狀，磨盤為中間磨成凹面窄長方形。將窮科克墓地出土文物與古代居民骨幹中的 C、N 同位素的研究結合起來，為我們提供了一份更為全面的關於新疆伊犁地區早期鐵器時代居民食物結構的信息。

（4）歷史上新疆天山以南南疆綠洲區和天山以北的北疆地區不是純粹的農業或者純粹的游牧經濟，常常是游牧和農業並存的混合式經濟生產方式，不同地區游牧和農業因素所佔的比重各不相同，這與它們各自自然的、歷史文化環境有密切關係。新疆地區古代經濟因素分析是這一地區考古學文化研究的重要方面。以此為契機，今後，更多地利用人類骨骼的化學元素，結合其他考古材料，會不斷地獲取更全面的關於新疆地區古代居民的食物結構信息，將對新疆古代居民經濟形態多樣性的研究產生重要影響。

這一測試結果，與窮科克臺地一號墓地墓葬中出土大量動物骨骼相吻合。窮科克臺地一號墓地幾乎每座墓葬中都出土有羊骶骨或頭骨，這些羊骨有的放置在陶缽或陶罐中，有的還伴隨出土小件鐵刀。這種隨葬羊骨的習俗，一直貫穿著整個早期鐵器時代，說明羊一直是塞人這個游牧部族生活中的主要食物來源。同時，在發掘中也發現了一些條形石磨和石磨棒等加工糧食作物的工具，這與人骨測試中發現有食用麥類或穀物殘留一樣說明了，當時人們除了食肉之外也食用糧食作物。

八、社會經濟形式

從考古調查和發掘情況看，伊犁河谷早期鐵器時代墓葬大部分分佈在較高海拔的山前地帶的河流兩岸，這些地方地形雨較多，蒸發量相對較小，所以水草豐美，適宜放牧。墓葬中還發現隨葬有馬頭和完整的馬，一些墓葬中還出現有鐵馬鐙，銅馬鑣等，這些發現均已說明當時已經人們已經熟練掌握騎馬技術，而且馬已經成為當時人們日常騎乘工具。有的墓葬還發現了狗的骨架。馬和狗都是游牧民族的得力助手。有了它們，游牧業變得行動自如。但從墓葬集中分佈情況來看，絕非隨意「逐水草而居」，每個部落群體應該有

自己相對固定的活動範圍。放牧也是有季節性的，春夏秋冬草的長勢和氣候
氣候環境不同，牧民往往要隨著季節的變化而遷移，這種四季遷移的生活方
式甚至在現代哈薩克牧民中仍然有所保留。但這種遷移是循環的，一年四季
都有各自固定的草場。因此，他們也可能根據時令在適宜種植的地方小範圍
種植一些農作物，這從墓葬中出現的石磨盤和石磨棒等加工糧食的工具可以
推測，但也不一定有農業，因為直到目前尚未發現農業生產工具。至於人體
中檢測出植物類食物元素和糧食加工工具，也許這些植物種子來源於野生植
物的採集，也許是通過交換所得。總之，早期鐵器時代伊犁河谷古代居民的
經濟形式是以游牧業為主，輔助以小範圍的種植和採集。

　　採礦和冶鑄業在這一時期也很發達，銅器在生產、生活和戰事中仍然居
於十分重要的地位，同時在一期文化中已經開始普遍出現小件鐵器。目前尚
未找到冶鐵的證據，但銅礦的開採和冶煉遺址在伊犁河谷早有重大發現。

　　奴拉賽古銅礦，位於尼勒克縣城南約 3 公里的天山奴拉賽溝，北依喀什
河。礦脈沿一條東西走向的溝谷中分佈。古銅礦遺址分採礦和冶煉兩大部分。
採礦遺址，已經發現 10 餘處豎井洞口，每個洞口大致 5 米見方，洞口均已坍
毀，為碎石、礫沙和草叢所覆蓋。在洞口周圍發現有大量礦石和石器。有 1
處豎井，深達 20 米左右，礦壁陡峭，礦壁兩側，橫空支撐有許多水平原木，
可分數層，其兩端分別楔入圍岩內。但由於年代久遠，大部分支架木都已塌
折於地面上，與大量礦石、石器、泥沙等混雜在一起，形成了厚達 4、5 米的
堆積層。

　　從地面上暴露的 10 餘處豎井洞口看，豎井在地下是連通的，形成了網絡
似的採礦平洞和巷道，從而構成了一處較為完整和規模頗大的採礦遺址。

　　冶煉遺址位於礦井附近的山溝裏，這裡有一條溪水流過。附近及水流下
游堆滿了礦石和煉渣，堆積層厚達數米，在一條埋於地下一點五米、長二十
米、厚半米的爐渣層內，發現有陶片、礦石、爐渣、動物骨骼以及經過粗煉
的呈圓龜背形的銅錠（俗稱白冰銅）。銅錠經光譜分析，含銅量高達百分之六
十左右。從一些釉質多孔的黑色爐渣看，孔內殘留有木炭或木質纖維狀的印
痕，說明當時是以木炭作燃料煉礦的。

　　採礦豎井內外發現大量石器。其形制多為圓形或橢圓形的柱狀體和錐狀
體，均為大型河卵石打磨加工而成，一端圓鈍鑿有縱的和橫的作十字形的寬
狀凹槽，以便繫繩或綁木，石器特徵與湖北大冶銅綠山東周時期古銅礦遺址

所出石器極其相似。同時，根據對銅礦豎井坑木的碳式測定，兩個數據都是在距今 2500 年左右。開採時間在伊犁河谷早期鐵器時代二期，無疑爲塞克文化遺存。

奴拉塞古銅礦的發現，對於研究伊犁河谷早期鐵器時代銅的開採、冶煉和鑄造整個工藝流程，以及銅原料的來源與擴散範圍具有十分重要的意義。一些研究者曾對奴拉塞古銅礦的成分進行分析，據側銅礦中帶有天然砷的成分。林梅村、潛偉等對伊犁河谷及周邊青銅器做了系統的採樣分析，發現新疆範圍內有相當一部分銅器爲砷銅，這些銅器很可能與奴拉塞古銅礦有關。另外，伊犁河谷採集的大量塞克時期的銅器，尤其是從銅鍑在新疆及中亞的分不情況看，密集分佈中心正在伊犁河谷。

在廣泛使用銅的同時，在早期鐵器時代一期伊犁河谷塞克墓葬中已經普遍出現小件鐵器。根據研究分析，這些小鐵刀多爲塊煉鐵鍛打而成，從這些鐵器製作工藝和廣泛使用程度來看，絕非偶然所得，說明當時人們已經對鐵有一定的認識。在冶銅業十分發達的基礎上，掌握冶鐵技術應該不是一件難事，不能排除這些鐵器也是當地說生產製造。

陶器製作和金屬冶煉必然形成生產專門化，而這種專門化生產結果必然導致產品的交換和流通，在這種製造業非常發達的情況下必定催生商品交換的產生。至於這一時期產品是如何交換的，尚待進一步發現和研究。

九、社會結構形式

從墓葬形制和規模來看，窮科克類型墓葬封堆大小基本一致，隨葬品的數量幾乎沒有差別。這說明死者生前彼此之間沒有貧富差距，共同處在一個財產平等或者共同擁有財產的「大家庭」中，很可能是以氏族公社的形式存在。索墩布拉克類型開始偶然出現一些大型的墓葬，且這些大型墓葬的隨葬品數量明顯多於普通墓葬，說明已經開始出現貧富分化和社會地位的不平等。這種死者墓葬等級的不同，也正反映了當時階級社會的產生，說明塞克文化在公元前 7 世紀前後已經逐漸走入階級社會，這種階級社會的存在當以部落和部落聯盟的形式存在。到了第三期，這種等級差別更爲明顯，甚至出現了殉人現象，說明社會高層已經擁有了極大的財富和高尚的地位，他們不但擁有大量的財富，還掌握著一般人的生殺大權。

正因爲階級社會的產生，社會團體勢力迅速擴大，公元前 7 世紀前後塞

克人的勢力已經擴張到整個中亞地區。此時的塞克，不再是單一的氏族共同
體，已經走向一個強大的游牧部落聯盟社會。這也可能正是西方古典對於這
個強大的部落聯盟有著不同稱呼的原因。希羅多德曾記載，斯基泰人自稱為
斯科洛托伊人，斯基泰只是希臘人稱呼他們的名字。在《歷史》中，希羅多
德特別考證了斯基泰人的起源。他認為「居住在亞細亞的游牧的斯奇提亞人
由於在戰爭中戰敗而在瑪撒該塔伊人的壓力之下，越過了阿拉克塞斯河，逃
到了奇姆美利亞人的國土中去……」比較可信〔註56〕。而漢文史料中則稱之
為「塞種」，且通過對大月氏和烏孫的記載中提到了塞種的活動區域。古波斯
大流士時的碑銘中也列舉了三種「薩迦人」，見到的稱呼有提格拉豪達·薩迦、
豪瑪瓦爾格·薩迦、提艾伊·塔拉·達拉伊雅·薩迦，他們分為三個部分，
各有不同地域。提格拉豪達·薩迦，意為戴尖帽子的薩迦人，活動地域在黑
海以東、錫爾河東南，包括吉爾吉斯斯坦與哈薩克斯坦南部，帕米爾、阿賴
嶺以北，塔什干、天山以至巴爾哈什湖以南，楚河、塔拉斯河流域；豪瑪瓦
爾格·薩迦，意為帶著所崇拜的植物葉子的薩迦人，活動地域在費爾干納盆
地、帕米爾及阿賴嶺等地；提艾伊·塔拉·達拉伊雅·薩迦，意為海那邊的
薩迦人，活動地域當在阿姆河以西、黑海、鹹海周圍。〔註57〕從古希臘作家
希羅多德的《歷史》這部巨著中，也可以看到，在中亞大地存在許多不同的
薩迦部落。在希羅多德的筆下，黑海、黑海以北至錫爾河流域的廣大游牧人，
都與薩迦人有關。他們或被稱為斯奇提亞人（亦譯西徐亞人、斯基泰人），或
稱薩爾馬希安人，或稱馬薩該達伊人，或稱薩迦人。薩爾馬希安人的語言「是
斯希提亞語」。而「烏薩該達伊人是一個勇武善戰的強大民族……有一些人說
他們與斯奇提亞人是同一個民族」，「屬於斯奇提亞人的薩卡依人（即薩迦
人），戴著一種高帽子，帽子又直又硬，頂頭的地方是尖的。……這些人雖是
阿米爾吉歐伊·斯奇提亞人，卻被稱為薩卡依人。因為波斯人是把所有的斯

〔註56〕希羅多德著、王敦書譯：《歷史》，北京：商務印書館，1995。
〔註57〕在波斯貝希斯敦（Behistum）、波斯波立斯（Persepolis）、納克沁·伊·羅斯
　　　　塔（Naksh.i.Rostam）三處刻石，均提到大流士王征服、繳納貢賦的國家和地
　　　　區，也均提到薩迦（Saka），後者更具體提出提格拉豪達·薩迦、豪瑪瓦爾格·
　　　　薩迦及塔拉達拉雅·薩迦。引自白鳥庫吉《西域史研究》（上），第369頁，
　　　　參見 W.M.麥高文：《中亞古國史》，附錄第三節；阿·尼·格拉德舍夫斯基著
　　　　《古代東方史》。高等教育出版社，1956年版，第320頁；王治來《中亞史》
　　　　第一卷，第二章，中國社會科學出版社，1980年版。

奇提亞人都稱爲薩卡依人的」。〔註 58〕從這些記錄中，我們可以得到一個概念，在希羅多德生活的公元前 5 世紀，對中亞廣大地區以至歐洲一些地方的所謂薩迦人，概念還不是十分具體、精確的。這些不同的薩迦人集團，彼此也存在不同特點。

這一時期的墓葬，在伊犁河谷發掘已有近千座，這些墓葬封堆都有一個共同的特點，就是每個封堆下面都有一個圓形的石圈。關於這些石圈，我們在發掘過程中也曾經做過一些推測，首先想到的是可能是爲了固土之用。在圓形的封堆築城之後，在周邊鋪設圓形的石圈，以防封堆土壤流失。但從大部分封堆解剖情況上來看並非如此，這些封堆往往是先於堆土鋪築的，多數是在原地表上就已經鋪設好圓形的石圈。這些石圈應該是當時人們對自然界太陽的認識和崇拜。另外，在窮科克臺地一號墓地、恰甫其海 A 區墓地都有用石頭堆築的圓形祭祀壇，說明當時人們已經有了對自然崇拜的宗教意識和行爲。

〔註 58〕〔希〕希羅多德：《歷史》，第 4 卷、第 7 卷，這裡的引文，分別見該書第 267、476、660 頁。商務印書館，1959 年版。

第九章　伊犁河谷銅鍑研究

　　銅器使用較早，而且始終貫穿著整個後期人類的發展進程，鐵器的普遍出現並不排斥銅器在人類生產和生活中的繼續使用。伊犁河谷早期鐵器時代銅器仍然佔據重要的位置，這一時期的銅器多以大型生活用具和祭祀用品出現，兼有一些小刀、鏃、裝飾品等。墓葬中隨葬的銅器多爲一些小件器物，絕大多數大件銅器都是偶然在地層中或遺址中發現。伊犁州館藏庫存大型銅器上百件，其中有對翼獸銅環、武士俑、銅鍑、放盤等。因其絕大多數爲偶然發現，缺乏地層關係和伴出陶器，所以全面分類分期研究難度較大，本章僅就這一發現的 30 餘件銅鍑進行專題討論。

　　銅鍑，是早期草原游牧文化中經常出現的一種炊煮器和祭祀用具〔註1〕，它廣泛分佈於歐亞大陸草原地帶，在西起黑海沿岸，東至貝加爾湖和朝鮮半島，南到我國黃土高原南緣，北緯 35°～60°之間的廣大地域均有分佈〔註2〕。我國北京、河北、內蒙古、山西、陝西、寧夏、甘肅和新疆都有發現。由於這類器物分佈範圍廣闊，形制多樣，蘊含著豐富的考古學文化內涵，透過它可以窺見歐亞草古代民族的變遷，因此也就特別引起國內外考古學界的關注。關於銅鍑的功用，發生、發展和傳播，以及鑄造工藝，不少學者已經做過大量的研究並取得了豐碩的成果。

　　新疆銅鍑主要分佈於東疆的巴里坤草原、北疆的準噶爾盆地周邊、阿勒泰山南緣和伊犁河谷，天山南麓很少發現。伊犁河谷，也是銅鍑密集分佈地

〔註 1〕劉莉：《銅鍑考》，《考古與文物》1987 年第 3 期。

〔註 2〕滕銘予：《中國北方地區兩周時期銅鍑的再探討──兼論秦文化中所見銅鍑》，《邊疆考古研究》第 1 輯，第 34 頁。

區。以往報導新疆出土銅鍑共計 30 件，其中出自伊犁河谷的有 11 件〔註3〕。有關這些銅鍑資料，國內多數研究銅鍑的學者文章中有所涉及，但由於資料所限，大都一筆帶過。根據我們所掌握的材料，伊犁河谷出土的銅鍑已達 32 件之多。

一、銅鍑資料

標本 1：直口圓唇外折沿、口沿上貼附兩對稱扁體帶乳突環形耳（一耳殘）、蛋形腹、喇叭形高圈足，腹部有一周玄紋，口徑 45 釐米、高 70 釐米，新源縣出土，現藏伊犁州博物館。

標本 2（引）〔註4〕：直口平沿微外折，圓環形直立耳、耳上有乳突，蛋形腹，喇叭形圈足，口沿下有凸起的倒三角紋一周，腹部有一周玄紋，高 61、口徑 38、鞏留縣出土。

標本 3：直口平唇外折沿、口沿上貼附兩對稱環形帶乳突雙耳（一耳殘缺）、蛋形腹、喇叭形高圈足，腹部有一周玄紋，口徑 38 釐米、高 53.5 釐米、重 18.15 公斤，1989 年鞏留縣塔斯比爾鄉牧民發現，現藏伊犁州博物館。

標本 4：束口平唇外折沿、口沿上貼附兩對稱扁體凸棱環形豎耳、蛋形腹、喇叭形高圈足，腹部有一周玄紋，高 37 釐米、口徑 30 釐米、重 6.5 公斤，鞏留縣莫合鄉出土，現藏伊犁州博物館。

標本 5：束口平折沿、口沿上貼附兩對稱扁體凸棱環形豎耳、蛋形腹、喇叭形高圈足，腹部有一周繩紋，高 34、口徑 26.5、重 7.8 公斤。1997 年尼勒克縣克令鄉卡拉木東村徵集。

標本 6：直口平唇微外折沿，沿上對稱豎立弧形柱體雙耳，蛋形腹，腹底弧度較大。喇叭形矮圈足，無具體尺寸。新源縣出土，現藏伊犁州博物館。

標本 7：平唇外折沿，沿上對稱豎立遍體弧形雙耳，沿下有一周折線構成的三角紋，足缺失，無具體尺寸。鞏留縣吉里格朗鄉出土，現藏伊犁州博物館。

標本 8：直口外折沿、口沿上豎立兩對稱柱體半圓形耳、蛋形腹、喇叭形

〔註3〕 梅建軍、王博、李肖：《新疆出土銅鍑的初步科學分析》，《考古》2005 年第 4 期，78～84 頁。

〔註4〕 張玉忠、趙德榮：《伊犁河谷新發現的大型銅器及有關問題》，《新疆文物》1991 年第 2 期，第 43 頁。

高圈足，腹部有兩條玄紋，口徑 20.5 釐米、高 24.5 釐米，1990 年徵集，霍城縣蘆草溝鎮西寧村出土，現藏霍城縣博物館。

標本 9：束口平唇外折沿、口沿下橫出兩對稱扁體凸棱弧形耳、球形腹、喇叭形高圈足，口沿下有一周曲折形三角紋，足部有兩組 6 條玄紋，口徑 42 釐米、高 46 釐米，1989 年新源縣 72 團出土，現藏伊犁州博物館。

標本 10：束口平唇外折沿、口沿下橫出兩對稱扁體弧形耳、喇叭形高圈足，口徑 41 釐米、高 47 釐米，1977 年霍城縣南東幹鄉出土，現藏新疆維吾爾自治區博物館。

標本 11：束口斜折沿、口沿下斜出兩對稱扁體弧形橫耳、球形腹、喇叭形圈足，口徑 38 釐米、高 38 釐米，特克斯縣庫什臺出土，現藏伊犁州博物館。

標本 12：束口平折沿、口沿下橫出兩對稱柱體環形耳、球形腹、喇叭形矮圈足，口徑 47 釐米、高 38 釐米、重 15.88 公斤，特克斯縣庫什臺出土，現藏伊犁州博物館。

標本 13：直口平沿、口沿下橫出兩對稱柱體弧形耳、球形腹、足缺失，口徑 49.3 釐米、高 35 釐米，1989 年徵集，出土地不明，現藏伊犁州博物館。

標本 14：直口平沿、口沿下橫出兩柱體弧形耳、球形腹、底足殘缺，口徑 45、高 31 釐米，重 14.6 公斤，1985 年特克斯縣出土，現藏伊犁州博物館。

標本 15：侈口平唇、口沿下橫出兩對稱柱體弧形耳、球形腹、底足殘缺（有圈足痕），口徑 48.5 釐米、高 37 釐米、中 15.3 公斤，特克斯縣出土，現藏特克斯縣博物館。

標本 16：束口斜外折沿、口沿下橫出兩對稱半圓形耳（一耳殘）、球形腹，底部有圈足殘缺痕跡，口徑 51 釐米、高 31.5 釐米，昭蘇縣出土，現藏伊犁州博物館。

標本 17（引）〔註5〕：無具體尺寸和重量，2011 年 4 月發現於霍城縣清水鎮出土。

標本 18：侈口外閃沿、口沿下斜出兩對稱棱柱體弧形耳、球形腹、喇叭形矮圈高足，腹部有一條繩紋，口徑 45.5 釐米、高 51.5 釐米，1987 年霍城縣蘆草溝鎮元寶山村出土，現藏霍城縣博物館。

標本 19：侈口外折沿、口沿下橫出兩對稱柱體弧形耳、球形腹，口徑 45

〔註 5〕伊犁州黨建網：《霍城縣清水河鎮驚現古岩畫和春秋戰國青銅鍑》，2011-4-13。

釐米、高 31 釐米，重 14.6 公斤，1994 年特克斯縣出土，現藏伊犁州博物館。

標本 20：圓唇外折沿、沿下斜出兩對稱圓柱體橫耳，領內收，球形腹，腹部有多處修補的乳釘和銅片，圈足缺失。口經 28 釐米、高 20.5 釐米、14 公斤，新源鎮玉其布拉克村發現，現藏新源縣文物局。

標本 21：侈口外折沿、口沿下斜出兩對稱柱體環形耳、球形腹、喇叭形高圈足、腹部有兩條玄紋，口徑 29 釐米、高 31.5 釐米，1990 年霍城縣蘆草溝鎮西寧村出土，現藏霍城縣博物館。

標本 22：侈口外折沿、口沿下橫出兩對稱柱體弧形耳、球形腹、喇叭形高圈足，器形因受擠壓變形，高 38 釐米，1985 年霍城縣清水鎮農科站出土，現藏霍城縣博物館。

標本 23：侈口外折沿、口沿下斜出兩對稱柱體環形耳、球形腹、喇叭形矮圈足，口徑 37 釐米、高 35 釐米，霍城縣蘆草溝西寧村出土，1990 年現藏霍城縣博物館。

標本 24：侈口外折沿、口沿下斜出兩對稱柱體環形耳、球形腹、喇叭形矮圈足，口徑 29 釐米、高 29 釐米，1990 年霍城縣蘆草溝西寧村出土，現藏霍城縣博物館。

標本 25：侈口外折沿、口沿下斜出對稱扁體雙橫耳、球形腹、喇叭形高圈足，口徑 40.5 釐米、高 39.5 釐米，重 11.76 公斤，1989 年鞏留縣莫乎爾鄉發現，現藏伊犁州博物館。

標本 26：平唇外折沿、球形腹、腹部有一條玄紋，弧形扁體耳。出土時被拖拉機壓破變形嚴重，無具體尺寸和重量。

標本 27（引）〔註 6〕：斂口，斜沿，球形腹，圓底，腹有大小四耳，大耳在肩部，耳下有三道凸弦紋。通高 34.5、口徑 39.5 釐米。

標本 28：束口斜外折沿、口沿下橫出兩對稱扁體凸棱紋耳和豎出兩對稱扁體弧形耳、球形腹、蹄形高三足，腹部有三道玄紋，口徑 42 釐米、高 44.5 釐米，重 17.54 公斤，1989 年尼勒克縣蘇布臺鄉出土，現藏伊犁州博物館。

標本 29：束口圓唇斜外折沿、口沿下橫出兩對稱遍體弧形凸楞橫耳和豎出兩對稱柱體弧形豎耳、球形腹、蹄形矮三足，腹部有三道玄紋，通高 45.5 釐米、口徑 37.5 釐米、高 40.5 釐米，尼勒克縣徵集，現藏伊犁州博物館。

〔註 6〕 王博、齊小山：《出土青銅鍑及其族屬分析——兼談亞歐草原青銅鍑》，《絲綢之路草原石人研究》，新疆人民出版社 1996 年，第 276～294 頁。

　　標本 30：束口斜外折沿、沿下斜出兩對稱柱體弧形橫耳和豎出兩柱體弧形豎耳、蹄形高三足，口徑 43.5 釐米、高 54 釐米，重 24 公斤，昭蘇縣出土，現藏伊犁州博物館。

　　標本 31：斂口圓唇、口沿下橫出兩對稱柱體弧形耳、球形腹、底足缺失，口徑 43.5 釐米、高 23.5 釐米、重 11.5 公斤，特克斯縣出土，現藏特克斯縣博物館。

　　標本 32：平唇侈口、沿下斜出兩對稱弧形圓柱體耳，鍑身呈球冠形，口徑 26 釐米、高 14 釐米、重 14.25 公斤，出土地不詳，現藏新源縣文物局。

二、類型學分析

　　以上銅鍑中 2 件時代較晚，這裡根據器形耳部和足的變化特徵將早期 30 件銅鍑分爲雙立耳銅鍑、雙橫耳銅鍑、三足銅鍑三個類型：

　　A 型，8 件。雙立耳銅鍑，分 4 式。

　　I 式，3 件。斂口，平沿或平折沿，口沿兩側對稱貼附一組直立的環形耳，耳上帶凸棱和一小乳突，蛋形腹，腹較深，腹外中部均有一條合範鑄造時留下的範痕，喇叭形高圈足。標本 1，平折沿。口徑 45、高 70 釐米。新源縣出土，現藏伊犁州博物館（圖九十一，1）。標本 2，平沿。口徑 38、高 61 釐米。鞏留縣出土（圖九十一，2）〔註7〕。標本 3，平沿。口徑 38、高 53.5 釐米。鞏留縣塔斯比爾鄉出土，現藏伊犁州博物館（圖九十一，3）。

　　II 式，2 件。斂口，平折沿，口沿兩側對稱貼附一組直立的環形耳，耳兩側帶凸棱，蛋形腹，腹部均有一條合範鑄造時留下的範痕，腹底弧度稍大，喇叭形高圈足。標本 1，口徑 30、高 37 釐米。鞏留縣莫合鄉出土，現藏伊犁州博物館（圖九十一，4）。標本 2，口徑 26.5、高 34 釐米。尼勒克縣克令鄉卡拉木東村徵集（圖九十一，5）。

　　III 式，2 件。雙半圓形直立耳。標本 1，斂口，平沿，腹較深。腹部有一條範痕。口徑 45、高 70 釐米。新源縣出土，現藏伊犁州博物館（圖九十一，6）。標本 2，斂口，外折沿，腹稍淺。腹部有兩條範痕。口徑 20.5、高 24.5 釐米。霍城縣蘆草溝鎮西寧村出土，現藏霍城縣博物館（圖九十一，7）。

　　IV 式，1 件。斂口，外折沿，沿下有一周折線，雙半圓形立耳，腹呈球

〔註7〕張玉忠、趙德榮：《伊犁河谷新發現的大型銅器及有關問題》，《新疆文物》1991 年第 2 期。

冠形，足缺失。口徑 34.7、殘高 24.7 釐米。鞏留縣吉爾格郎鄉出土，現藏伊犁州博物館（圖九十一，8）。

圖九十一　雙立耳銅鍑圖

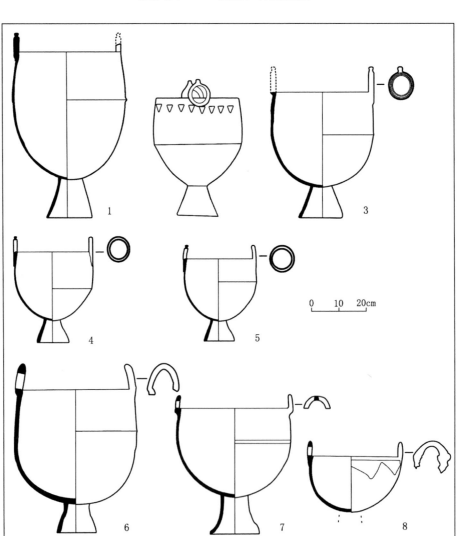

1.新源縣出土　2.鞏留縣出土　3.鞏留縣塔斯比爾鄉出土　4 鞏留縣莫合鄉出土　5. 尼勒克縣克令鄉出土　6.新源縣出土　7.霍城縣蘆草溝鎮出土　8.鞏留縣吉爾格朗鄉出土

A 型銅鍑的變化特徵是：腹部由深變淺，底部弧度逐漸變大；耳由環形帶乳突向半圓形無乳突發展；圈足由高變矮，喇叭口由小變大。

B 型，18 件。雙橫耳銅鍑，分 4 式。

I 式，4 件。敞口，平折沿或小斜沿，沿下對稱橫出兩半環形柱體耳，腹呈蛋形，足均缺失。標本 1，口徑 48.5、高 37 釐米。特克斯縣出土，現藏特克斯縣博物館（圖九十二，1）。標本 2，口徑 51、高 31.5 釐米。昭蘇縣出土，現藏伊犁州博物館（圖九十二，2）。標本 3，口徑 49.3、高 35 釐米。出土地不明，現藏伊犁州博物館（圖九十二：3）。標本 4，口徑 45、高 31 釐米。特克斯縣出土，現藏伊犁州博物館（圖九十二，4）。

II 式，5 件。斂口，外折沿，腹呈球冠形，喇叭形圈足。一件爲半環形柱體耳，其餘爲半環形扁體耳。標本 1，口徑 47、高 38 釐米。特克斯縣庫什臺出土，現藏伊犁州博物館（圖九十二，5）。標本 2，口徑 41、高 47 釐米。霍城縣東幹鄉出土，現藏新疆博物館（圖九十二，6）。標本 3，口徑 38、高 38釐米。特克斯縣庫什臺出土，現藏伊犁州博物館（圖九十二，7）。標本 4，口沿下飾一週三角形紋飾。口徑 42、高 46 釐米。新源縣 72 團出土，現藏伊犁州博物館（圖九十二，8）。標本 5，口徑約 33、高 26.7 釐米。霍城縣清水鎮出土，現藏霍城縣博物館（圖九十二，9）。

III 式，6 件。侈口，外折沿，出現短領，球形腹，以半環形柱體耳爲主，喇叭形圈足。標本 1，口徑 37、高 35 釐米。霍城縣蘆草溝西寧村出土，現藏霍城縣博物館（圖九十二，10）。標本 2，口徑 45、高 46 釐米。霍城縣薩爾布拉克鎮出土，現藏霍城縣博物館（圖九十二，11）。標本 3，口徑 29、高 31.5釐米。霍城縣蘆草溝鎮西寧村出土，現藏霍城縣博物館（圖九十二，12）。標本 4，口徑 29、高 29 釐米。霍城縣蘆草溝西寧村出土，現藏霍城縣博物館（圖九十二，13）。標本 5，高 38 釐米。霍城縣清水鎮農科站出土，現藏霍城縣博物館（圖九十二，14）。標本 6，口徑約 21、殘高 20 釐米。新源縣出土，現藏新源縣文物局（圖九十二，15）。

IV 式，3 件。侈口，外折沿，領部變長，以半環形扁體耳爲主，有蛋形和球形腹兩種。標本 1，口徑 45.5、高 51.5 釐米。霍城縣蘆草溝鎮元寶山村出土，現藏伊犁州博物館（圖九十二，16）。標本 2，口徑 40.5、高 39.5 釐米。鞏留縣莫乎爾鄉出土，現藏伊犁州博物館（圖九十二，17）。標本 3，口徑 28、高 20.5 釐米。新源縣出土，現藏新源縣文物局（圖九十二，18）。

B 型銅鍑的變化特徵是：腹壁弧度由小到大；口沿由平沿外折向斜折沿演化，並逐漸出現領；圈足喇叭口變大。

圖九十二　雙橫耳銅鍑圖

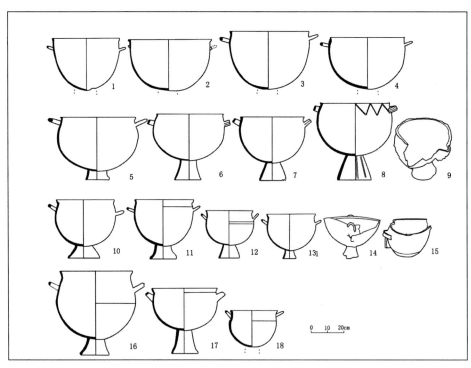

1.4 特克斯縣出土　2.昭蘇縣出土　3.出土地不詳　5.7 特克斯縣庫什臺鄉出土
6.霍城縣東幹鄉　8.昭蘇縣 72 團出土　9.霍城縣清水鎮出土　10.12。13 霍城縣
蘆草溝鎮西寶莊子出土　11.霍城縣薩爾布拉克鎮出土　14 霍城縣清水鎮農科
站出土　15.18 新源縣出土　16.霍城縣元寶村出土　17.鞏留縣莫乎爾鄉出土

C 型，4 件。三足銅鍑，分 2 式。

I 式，2 件。斂口，外折沿，沿下對稱置兩橫耳和兩豎耳，球形腹，三足
較長，蹄形內收。標本 1，口徑 43.5、高 54 釐米。昭蘇縣出土，現藏伊犁州
博物館（圖九十三，1）。標本 2，口徑 42、高 44.5 釐米。尼勒克縣蘇布臺鄉
出土，現藏伊犁州博物館（圖九十三，2）。

II 式，2 件。斂口，外折沿，沿下對稱置兩橫耳和兩豎耳，腹呈球形，三
足較短，蹄形外張。腹部飾弦紋。標本 1，口徑 39.5、高 34.5 釐米。新源縣
出土，現藏新疆博物館（圖九十三，3）。標本 2，口徑 45.5、高 37.5 釐米。
尼勒克縣徵集，現藏伊犁州博物館（圖九十三，4）。

C 型銅鍑的變化特徵是：I 式腹壁弧度較小、較深，II 式腹壁弧度稍大；I
式三足長且內收，II 式三足變短且向外張。

圖九十三　三足銅鍑圖

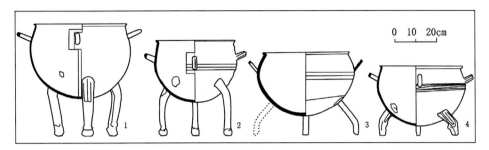

1.昭蘇縣出土　2.尼勒克縣蘇布臺鄉出土　3.新源縣出土　4.尼勒克縣出土

圖九十四　伊犁河谷銅鍑型式圖

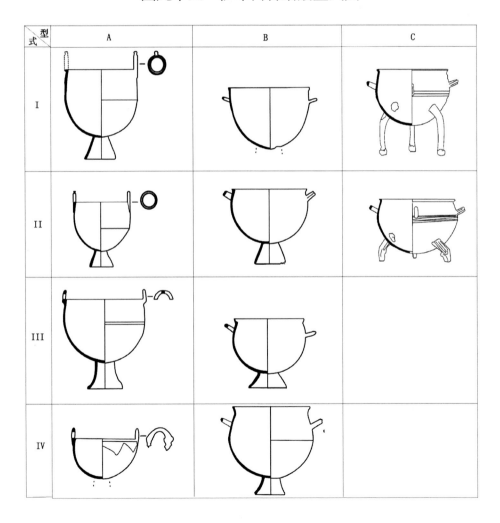

三、年代及文化屬性

　　關於銅鍑的研究，日本學者高浜秀曾對其收集的中國境內出土的銅鍑，進行了形態學分析和年代學討論〔註8〕。美國學者 M.Erdy 根據歐亞大陸發現的銅鍑，對草原文化的傳播與互動關係進行過描繪〔註9〕。國內學者劉莉、馮恩學〔註10〕、王博、郭物〔註11〕、滕銘予等對中國北方和新疆銅鍑進行過研究，不僅對其進行了形態學研究和年代劃分，同時還涉及整個歐亞草原，討論了銅鍑的起源、流向等問題。但銅鍑既無銘文又缺少可靠的地層關係和測年數據，因此要想判定每件器物的確切年代幾乎是不可能的。這裡只能在考古類型學研究的基礎上，將這些器物逐個進行排隊，根據器形變化規律給出他們之間的先後順序（圖八十五）。同時，結合歷史文獻、考古發掘材料和前人研究成果大致推斷出每組器物的上下限。

　　A 型銅鍑，在新疆天山一帶、中國北方地區、南西伯利亞和北高加索山均有類似的標本。I 式銅鍑與蘭州灣子〔註12〕、奇臺〔註13〕、北高加索山〔註14〕出土的銅鍑基本一致。II 式銅鍑與鐵熱克提〔註15〕、烏魯木齊〔註16〕、呼和浩特市〔註17〕出土的銅鍑相似。III 式銅鍑與北京西撥子村〔註18〕、岐山王家村〔註19〕出土的銅鍑接近。IV 式銅鍑與玉皇廟〔註20〕、上郭村〔註21〕、

〔註 8〕高浜秀：《中國の鍑》，《草原考古通訊》1994 年第 4 期。

〔註 9〕M.Erdy: Hun and Xiongnu Type Cauldron Finds Throughout Eurasia, Eurasian Student Yearbook, Continuation of Fortsetzung der Uarl-Altaische Jahrbcher/Uarl-Altaic Yearbook67, Berlin\Blooming_ton\London\Paris\Toronto, 1995, ppl～94。

〔註 10〕馮恩學：《中國境內的北方系東區青銅釜研究》，《青果集——吉林大學考古專業成立二十週年考古論文集》，知識出版社，1993 年。

〔註 11〕郭物：《青銅鍑在歐亞大陸的初傳》，《歐亞學刊》第 1 輯，中華書局，1999 年。

〔註 12〕王博：《歐亞草原所見青銅鍑及其研究》，《新疆師範大學學報（哲學社會科學版）》1995 年第 4 期。

〔註 13〕王炳華：《天山東段考古調查紀行》，《新疆文物》1988 年第 1 期。

〔註 14〕郭物：《鍑中乾坤——青銅鍑與草原文明》，上海社會科學院出版社，2003 年。

〔註 15〕王博：《歐亞草原所見青銅鍑及其研究》，《新疆大學學報（哲學社會科學版）》1995 年第 4 期。

〔註 16〕王博：《歐亞草原所見青銅鍑及其研究》，《新疆大學學報》（哲學社會科學版）1995 年第 4 期。

〔註 17〕郭物：《鍑中乾坤——青銅鍑與草原文明》，上海社會科學院出版社，2003 年。

〔註 18〕北京市文物管理處：《北京市延慶縣西撥子村窖藏銅器》，《考古》1979 年第 3 期。

〔註 19〕龐文龍、崔玫英：《岐山王家村出土青銅器》，《文博》1989 年第 1 期。

〔註 20〕靳楓毅：《軍都山玉皇廟墓地的特徵及其族屬問題》，《蘇秉琦與當代中國考古學》，科學出版社，2001 年。

〔註 21〕楊富斗：《1976 年聞喜上郭村周代墓葬清理記》，《三晉考古》第 1 輯，山西人

雍城東社〔註22〕出土的銅鍑相近。郭物認為王家村、西撥子村銅鍑是歐亞草原發現最早的，蘭州灣子銅鍑稍晚於前兩者，是新疆地區最早的，銅鍑的產生應是在商代晚期和西周早期〔註23〕。但是，蘭州灣子銅鍑有明確的地層關係，與其共出的有環首銅刀、雙耳鼓腹紅陶罐、彩陶罐、陶鉳、磨石、石球等。出土銅鍑底層的木碳碳十四年代距今 3285±75 年〔註24〕，相當於商代晚期。奇臺銅鍑出自西卡爾孜遺址，共存遺物有刻畫紋灰陶，其中有一件橄欖形篾紋陶罐〔註25〕。篾紋陶器在阿勒泰縣克爾木齊一處墓地曾出土多件〔註26〕。據前蘇聯考古學資料，篾紋橄欖形陶罐是分佈於米努辛斯克盆地和南阿爾泰地區阿凡納謝沃文化的典型器物〔註27〕。因此奇臺銅鍑的年代在距今 3000 年前後，這一時限應早於西周晚期的王家村銅鍑和春秋晚期的西撥子村銅鍑。從器物演變規律上看，此型銅鍑早期腹較深，底部尖圓，更像蛋形。往後發展，腹開始變淺，且底部弧度變大。A 型 II 式和 I 式銅鍑的區別僅在於腹深變淺、底部弧度變大。A 型 III 式銅鍑耳部發生變化，出現半環形耳。由此可見，A 型銅鍑一脈相承，上限在商代晚期或西周早期，下限則到了春秋戰國時期。

　　B 型銅鍑，未見周邊有形制完全一致的標本。類似的扁體橫耳銅鍑在新疆哈密地區巴里坤縣奎蘇南灣和阿勒泰地區哈巴河縣各發現 1 件，中亞七河流域（謝米里契）亦發現 4 件〔註28〕。但南灣和哈巴河銅鍑口沿內收，腹部呈橢圓形，形體與 B 型銅鍑差異較大。七河流域銅鍑形體與 B 型銅鍑雖然相近，但卻多出了一對豎耳，這與 C 型三足銅鍑上半部更相似。據前蘇聯考古學家阿吉舍夫和庫沙耶夫研究，七河流域橫耳鍑的年代在公元前 7

民出版社，1994 年。

〔註22〕陝西省雍城考古隊：《一九八二年鳳翔雍城秦漢遺址調查簡報》，《考古與文物》1984 年第 2 期。

〔註23〕郭物著：《鍑中乾坤——青銅鍑與草原文明》，上海社會科學院出版社，2003 年。

〔註24〕王炳華等：《巴里坤縣蘭州灣子三千年前石構建築遺址》，《中國考古學年鑑》，文物出版社，1985 年。

〔註25〕王炳華：《天山東段考古調查紀行》，《新疆文物》1988 年第 1 期。

〔註26〕王炳華：《天山東段考古調查紀行》，《新疆文物》1988 年第 1 期。

〔註27〕新疆社會科學院考古研究所：《新疆克爾木齊古墓群發掘簡報》，《文物》1981 年第 1 期。

〔註28〕吉謝列夫著《南西伯利亞古代史》上冊，新疆社會科學院民族研究所譯本，1981 年。

世紀～前 4 世紀〔註29〕。從器形演變規律看，BI 式銅鍑口沿、腹部形狀與
AII 式接近；BII 式腹部變鼓，折沿明顯，與 AIII 式相近；BIII 式折沿變大；
BIV 式口沿出現領。B 型銅鍑的腹部演化規律與 A 型基本一致，口沿由平沿
到折沿，最後口沿出現領。B 型銅鍑時代上限應在西周早期，下限應在秦漢
之際。

　　C 型銅鍑，新源縣出土 1 件 CII 式銅鍑，與其共出的有銅武士俑 1 件、銅
鈴 1 件、對虎距伏紋飾銅環 1 件、對翼獸銅環 1 件、喇叭形高足燈 1 件〔註30〕。
張玉忠、趙德榮根據這批文物中的承獸方盤，與天山東部阿拉溝東口發掘的
一座豎穴木槨墓中的同類器物進行比較，認為和該墓葬屬同時期，並參照墓
葬碳十四數據，將這批文物的年代推定為戰國到西漢時期。在前蘇聯天山和
謝米列契地區塞克文化遺址中也有獸足方形銅盤和同類三足銅鍑出土，其中
三足銅鍑還往往和方形承獸銅盤（臺）及圓形承獸盤（燈）共存〔註31〕。前
蘇聯考古學家分析，他們的用途很可能同拜火教的祭祀活動有關，其時代大
致在公元前 5～前 3 世紀〔註32〕。郭物《鍑中乾坤——青銅鍑與草原文明》一
書中收錄了一件哈薩克斯坦出土的塞人三足銅鍑，三足鑄成羊的形象，山羊
的上身為圓雕，單獨突出，而羊的腳直接鑄出作為銅鍑的足。伊犁發現的這 4
件三足銅鍑和哈薩克斯坦發現的銅鍑器形基本一致，稍有不同的是哈薩克斯
坦銅鍑的足部裝飾更具形象化。從球形腹體、橫耳及口沿的形制看，C 型銅鍑
與 BII 式銅鍑有一定的淵源關係，其鑄造和使用年代應在戰國晚期到西漢初期
（表十一）。

　　綜上所述，伊犁河谷出土的銅鍑年代與窮科克文化同期。

〔註29〕 王博、祁小山《新疆出土青銅鍑及其族屬分析——兼談亞歐草原青銅鍑》，圖
　　　　十一，《絲綢之路草原石人研究》，新疆人民出版社，1996 年。
〔註30〕 張玉忠、趙德榮《伊犁河谷新發現的大型銅器及有關問題》，《新疆文物》1991
　　　　年第 2 期。
〔註31〕 張玉忠、趙德榮《伊犁河谷新發現的大型銅器及有關問題》，《新疆文物》1991
　　　　年第 2 期。
〔註32〕 А·Н·伯恩施坦姆《謝米列契和天山歷史文化的基本階段》，《蘇聯考古學》
　　　　1949 年第 11 期。

表十一　伊犁河谷銅鍑年代表

年　代	A　型	B　型	C　型
商代晚期	I		
西周早期	II	I	
西周晚期	III	II	
春秋戰國	IV	III	I
秦漢時期		IV	II

四、相關問題

　　伊犁河谷銅鍑分佈密集，同類銅鍑在天山東部、阿勒泰山和西伯利亞地區都有零星的分佈，可見這裡應是此類銅鍑的使用中心。伊犁河上游喀什河南岸的努拉塞古銅礦是迄今我國西北地區發現最早、保留較爲完好的古銅礦，這裡一直保留著採礦、冶煉和當時生活遺址。王炳華曾經提出這裡可能是塞人的礦冶和金屬加工業的中心。淩勇、梅建軍提出新疆本地有可能形成了區域性的冶金技術中心。這些銅鍑的發現再一次印證了前人的研究結果。同時，從大量使用銅鍑來看，當時這裡也應是塞人王權的中心所在。伊犁河谷銅鍑早在商代晚期就已經出現，說明在強大的塞人部落聯盟形成之前，這裡已經有了塞人的活動。伊犁河谷銅鍑出現的年代較早，從商代晚期銅鍑出現一直到戰國晚期，這裡的銅鍑一直以獨立的體系發展，說明這一時期這裡的考古學文化有著相對的獨立性和穩定性。伊犁河谷與黃河流域在早期銅鍑形制上的驚人相似，說明早在商代晚期兩地就已經有了文化的交流，但準確描述銅鍑的起源和傳播方向還有待於進一步的發現和研究。

參考文獻

一、著　作

1. 《漢書》卷九十六下《西域傳下》，北京：中華書局，1962。

2. 【蘇】阿吉舍夫、庫沙耶夫著：《伊犁河谷塞人和烏孫的古代文化》，阿拉木圖：哈薩克蘇維埃社會主義共和國科學院出版社，1963。

3. 蘇聯科學院主編：《世界通史》，北京：生活・讀書・新知三聯書店，1959。

4. 【蘇】弗魯姆金著、新疆維吾爾自治區博物館編譯：《蘇聯中亞考古——西域考古叢書》，烏魯木齊：新疆維吾爾自治區博物館，1981。

5. 【蘇】阿契舍夫著：《1954 年伊犁河地區考古調查工作成果總結》（第一卷），阿拉木圖：哈薩克蘇維埃加盟共和國科學院，？。

6. 【蘇】阿契舍夫、庫沙耶夫著：《伊犁河谷地的塞人與烏孫古代文化》，阿拉木圖：哈薩克蘇維埃加盟共和國科學院出版社，1963。
（К.А.Акишев、Г.А.Кушаев：Древняя культура саков и усуней　долины реки　или，Алма-Ата，1963）。

7. 【蘇】Э.А.Грантовский 著：《貴霜時代的中央亞細亞》II 卷，莫斯科，1975年。

8. 項英傑等著：《中亞：馬背上的文化》，杭州：浙江人民出版社，1986 年。

9. 余太山著：《塞種史研究》，北京：商務印書館，2012 年。

10. 余太山著：《西域通史》，鄭州：中州古籍出版社，2003 年。

11. 考古學編輯委員會編著：《中國大百科全書・考古卷》，中國大百科全書出版社，1986 年。

12. 【蘇】吉謝列夫著：《西域史譯叢——南西伯利亞古代史》（上冊），新疆社會科學院民族研究所翻譯出版，1981 年。

13. 【瑞】斯文赫定著：《中亞腹地旅行記》，李述禮譯，上海書店，1984 年。

14. 新疆文物考古研究所編著：《新疆下阪地墓地》，文物出版社，2012 年。

15. E.N.Chernykh, Ancient Metallurgy in the USSR, Cambridg UniwersityPress, 1992。

16. 孫淑雲主編、李延祥副主編：《中國古代冶金技術專論》，中國科學出版社，2003 年。

17. 孫淑雲主編：《中國古代冶金技術專論》，中國科學文化出版社，2003 年 6 月。

18. 中國社會科學院考古研究所等編著：《夏縣東下馮》，文物出版社，1988 年。

19. 中國對外翻譯公司、聯合國教科文組織編著：《中亞文明史》第一卷，中國對外翻譯公司出版，2002 年。

20. 【蘇】М.П.ГРязнов. Ранние кочевники Семиречья и Тян ̌ ь-шаня （《天山七河地區早期游牧》）。

21. 甘肅省文物考古研究所著：《永昌西崗柴彎崗》，蘭州：甘肅人民出版社，2001 年。

22. 青海省文物考古研究所等編著：《民和核桃莊》，北京：科學出版社，2004 年。

23. 郭物著：《鍑中乾坤——青銅鍑與草原文明》，上海：上海社會科學院出版社，2003 年。

24. 【蘇】В.И.баев：《關於印歐人的起源和早期遷徙問題》——《古代東方與古典世界》，莫斯科，1972 年。

25. 【蘇】Э.А.Грантовский：《貴霜時代的中央亞細亞》II 卷，莫斯科 1975 年。

26. 唐‧道宣《廣弘明集》，上海古籍出版社，1991 年。

27. 王明哲、王炳華著：《烏孫研究》，烏魯木齊：新疆人民出版社，1983 年。

28. 【希】希羅多德著、王以鑄譯：《歷史》，北京：商務印書館，1959 年。

29. 新疆維吾爾自治區第三次全國文物普查辦公室主編：《新疆第三次全國文物普查成果集成——伊犁哈薩克自治州（直屬縣市）卷》，中國科學出版社，2011 年 11 月。

30. 韓建業著：《中國西北地區先秦時期的自然環境與文化發展》，北京：文物出版社，2008 年。

31. 邵會秋著：《新疆史前時期文化格局的演進及其與周鄰地區文化的關係》，博士論文分類號 K871。

32. 新疆維吾爾自治區博物館、新疆社會科學院考古研究所編著：《建國以來

新疆考古的主要收穫》,《文物考古工作三十年》,文物出版社,1979 年。

33. 梅建軍：*The existence of Andronovo cultural influence in Xinjiang during the 2 millennium BC*,*Antiquty*73（1999））。

34. E.N.Chernykh,Ancient Metallurgy in the USSR,Transl. by Sarah Wright. Cambridge University Press,1992。

35. 李海榮著：《北方地區出土夏商周時期青銅器研究》,北京：文物出版社,2003 年。

36. M.Erdy: Hun and Xiongnu Type Cauldron Finds Throughout Eurasia, Eurasian Student Yearbook, Continuation of Fortsetzung der Uarl-Altaische Jahrbcher/Uarl-Altaic Yearbook67, Berlin\Blooming_ton\London\Paris\Toronto, 1995。

37. 李海榮著：《北方地區出土夏商周時期青銅器研究》,北京：文物出版社,2003 年。

38. 岑仲勉著：《漢書西域傳地理校釋》（下）,北京：中華書局,1981 年。

39. 馮承鈞原編、陸峻嶺增訂：《西域地名》,北京：中華書局,1980 年。

40. 華濤著：《西域歷史研究》,上海：上海古籍出版社,2000 年。

41. 【美】W. M.麥高文著、章巽譯：《中亞古國史》,北京：中華書局,1958 年。

42. 阿·尼·格拉德舍夫斯基著：《古代東方史》,北京：高等教育出版社,1956 年。

43. 王治來著：《中亞史》,北京：中國社會科學出版社,1980 年。

44. 【蘇】М.П.ГРязнов.Ранние   кочевңники кетменъ-тюбе,ферганьы и ала（《費爾干納和阿賴山地區的早期游牧民族》）

二、報　告

1. 新疆文物考古研究所：《2005 年伊犁州鞏留縣山口水庫墓地考古發掘報告》,《新疆文物》2006 年第 1 期。

2. 西北文化局新疆省文物調查工作組：《新疆伊犁地區的文物調查》,《文物參考資料》1953 年第 12 期。

3. 黃文弼：《新疆考古發掘報告》（1957～1958 年）,中國社會科學院考古研究所編輯,文物出版社 1983 年。東麥里墓地

4. 新疆文物考古研究所：《察布查爾縣索墩布拉克古墓葬發掘簡報》,《新疆文物》1988 年第 2 期。

5. 黃文弼：《新疆考古的發現——伊犁的調查》,《考古》1960 第 2 期。

6. 中國科學院新疆分院民族研究所考古組：《昭蘇縣古代墓葬試掘簡報》,《文物》1962 第 7、8 期。

7. 新疆社會科學院考古研究所:《新疆新源縣種羊場石棺墓》,《考古與文物》1985 年第 2 期。

8. 新疆文物考古研究所:《新疆新源鐵木里克古墓群》,《文物》1988 第 8 期。

9. 新疆維吾爾自治區博物館文物隊:《新疆新源縣七十一團一連漁塘遺址》,《考古與文物》1991 第 3 期。

10. 新疆維吾爾自治區博物館:《尼勒克縣哈拉圖拜烏孫墓發掘》,《新疆文物》1988 年第 2 期。

11. 新疆維吾爾自治區文物普查辦公室、伊犁地區文物普查隊:《伊犁地區文物普查報告》,《新疆文物》1990 年第 2 期。

12. 新疆文物考古研究所:《察布查爾縣索墩布拉克古墓群》,新疆文物,1995(2)。

13. 李溯源:《昭蘇縣喀拉蘇墓葬發掘簡報》,《新疆文物》2002 年第 1、2 期。

14. 新疆文物考古研究所、伊犁州文物局:《新疆尼勒克縣吉林臺一號墓地發掘簡報》,《新疆文物》2002 年第 2 期。

15. 新疆文物考古研究所等:《新疆尼勒克縣加勒克斯卡茵特墓地發掘簡報》,《考古與文物》2011 第 5 期。

16. 新疆文物考古研究所等:《尼勒克縣加勒克斯卡茵特墓地發掘簡報》、《新疆文物》2007 年第 3 期。

17. 新疆文物考古研究所、伊犁哈薩克自治州文物局:《尼勒克縣加勒克孜卡茵特山北麓墓葬發掘簡報》,《新疆文物》2006 年第 3、4 期。

18. 新疆文物考古研究所:《伊犁州尼勒克縣奇仁托海墓地發掘簡報》,《新疆文物》2004 年第 31 期。

19. 新疆文物考古研究所等:《尼勒克縣小卡拉蘇遺址考古發掘簡報》,《新疆文物》2008 年 3～4 期。

20. 新疆文物考古研究所:《新疆伊犁尼勒克湯巴勒薩伊墓地發掘簡報》,《文物》2012 年第 5 期。

21. 新疆文物考古研究所、西北大學文化遺產與考古學研究中心:《新疆特克斯恰甫其海 A 區 XV 號墓地發掘簡報》,《文物》2006 年第 9 期。

22. 新疆文物考古研究所:《特克斯縣闊克蘇西 2 號墓地發掘簡報》,《新疆文物》2012 年第 2 期

23. 新疆文物考古研究所:《特克斯縣闊克蘇西 2 號墓群的發掘》,《考古》2012 年第 9 期。

24. 新疆文物考古研究所:《2005 年度伊犁州鞏留山口水庫墓地考古發掘報告》,《新疆文物》2006.1。

25. 新疆文物局、伊犁州文管理所：《伊犁恰甫其海水利樞紐工程南岸幹渠考古發掘簡報》，《新疆文物》2005.1。

26. 新疆文物考古研究所：《新疆新源縣別斯托別墓地 2010 年的發掘》，《考古》2012 年第 9 期。

27. 新疆文物考古研究所、伊犁州文物局：《吉林臺一號墓地發掘報告》，《新疆文物》2002 年第 2 期。

28. 西北文化局新疆文物調查組：《介紹新疆文物調查工作組發現的幾種文物古蹟》，《文物參考資料》1954 年第 3 期。

29. 新疆考古所：《新疆和碩新塔拉遺址發掘簡報》，《考古》1988 年 5 期。

30. 新疆維吾爾自治區博物館考古隊：《新疆疏附縣阿克塔拉等新石器時代遺址的調查》，《考古》1977 年 2 期。

31. 新疆文物考古研究所：《尼勒克縣窮科克一號墓地發掘報告》2002 年第 3～4 期。

32. 新疆文物考古研究所：《尼勒克縣窮科克一號墓地考古發掘報告》，《新疆文物》，2004 年第 3 期。

33. 新疆文物考古研究所：《特克斯縣庫克蘇河西 2 號墓地發掘簡報》，《文物》2011 年第 5 期。

34. 新疆文物考古研究所、塔城地區文管所：《托里縣薩孜村古墓葬》，《新疆文物》1996 年第 2 期。

35. 新疆文物考古研究所、新疆特克斯縣文物管理所：《特克斯縣恰甫其海 A 區 X 號墓地發掘簡報》，《新疆文物》2006 年第 1 期。

36. 北京市文物管理處：《北京市延慶縣西撥子村窖藏銅器》，《考古》1979 年第 3 期。

37. 陝西省雍城考古隊：《一九八二年鳳翔雍城秦漢遺址調查簡報》，《考古與文物》1984 年第 2 期。

38. 新疆社會科學院考古研究所：《新疆克爾木齊古墓群發掘簡報》，《文物》1981 年第 1 期。

39. 常喜恩：《巴里坤南灣墓地 66 號墓清理簡報》《新疆文物》1985 年 1 期；

40. 王炳華、伊弟利斯·阿不都、邢開鼎：《巴里博縣蘭州灣子三千年前石構建築遺址》，《中國考古學年鑑》（1985）第 255 頁，文物出版社 1985 年。

41. 李肖：《塔城市衛生學校古墓群及遺址》，《中國考古年鑑》，文物出版社，1992 年。

42. 新疆文物考古研究所：《尼勒克縣湯巴勒薩伊墓地考古發掘報告》，《新疆文物》2012 年第 2 期。

43. 新疆文物考古研究所：《尼勒克縣一級電站墓地考古發掘簡報》，《新疆文

物》2012 年第 2 期。

44. 新疆文物考古研究所:《尼勒克縣鐵列克薩伊墓地考古發掘簡報》,《新疆文物》2012 年第 2 期。

45. 新疆文物考古研究所:《特克斯縣葉什克列克墓葬發掘簡報》,《新疆文物》2005 年第 3 期。

46. 新疆文物考古研究所、石河子市軍墾博物館、新疆大學歷史系:《新疆石河子南山墓地》,《文物》1999 年第 8 期。

47. 新疆文物考古研究所、昌吉回族自治州文管所、吉木薩爾縣文物管理所:《吉木薩爾縣大龍口墓葬》,《考古》1994 年第 4 期。

48. 闞耀平、閻順:《吉木薩爾縣小西溝遺址的初步調查》,《新疆文物》1992 年第 4 期。

49. 于志勇、閻倫昌:《阜康市阜北農場基建隊古遺存調查》,《新疆文物》1995 年第 1 期。

50. 新疆文物考古研究所、石河子市博物館:《石河子市古墓》,《新疆文物》1994 年第 4 期。

51. 新疆文物考古研究所:《塔城白楊河墓地考古發掘簡報》,《新疆文物》2012 年第 2 期。

52. 新疆文物考古研究所:《烏蘇市吉日郭勒水庫墓地考古發掘報告》,《新疆文物》2012 年第 2 期。

53. 新疆文物考古研究所:《溫泉縣阿日夏特水庫墓群考古發掘簡報》,《新疆文物》2012 年第 2 期。

54. 新疆文物考古研究所:《溫泉縣窮庫斯臺墓群考古發掘簡報》,《新疆文物》2012 年第 2 期。

55. 王明哲、張玉忠:《烏魯木齊烏拉泊古墓發掘研究》,《新疆社會科學》1986 年第 1 期;55、新疆文物考古研究所:烏拉泊烏魯木齊汽運公司農場墓葬發掘報告》,《新疆文物》1998 年第 3 期。

56. 新疆文物考古研究所、西北大學文博學院八九級考古班:《烏魯木齊柴窩堡古墓葬發掘報告》,《新疆文物》1998 年第 1 期。

57. 新疆文物考古研究所:《烏魯木齊柴窩堡古墓葬發掘報告》,《新疆文物》1998 年第 3 期。

58. 新疆文物考古研究所等:《烏魯木齊市柴窩堡林場 I、III、IV 號點墓葬發掘報告》,《新疆文物》2000 年第 1、2 期。

59. 新疆文物考古研究所、烏魯木齊市文物管理所:《烏魯木齊市薩恩薩伊墓地發掘簡報》,《新疆文物》2010 年第 2 期

60. 新疆文物考古研究所:《鄯善蘇貝希墓群一號墓地發掘簡報》,《新疆文物》1993 年第 4 期。

61. 新疆文物考古研究所、吐魯番地區博物館：《新疆鄯善縣蘇貝希遺址及墓地》，《考古》2002 年第 6 期。

62. 新疆文物考古研究所、吐魯番地區文物局：《鄯善縣洋海一號墓地》，《新疆文物》2004 年第 1 期。

63. 新疆文物考古研究所、吐魯番地區文物局：《鄯善縣洋海二號墓地》，《新疆文物》2004 年第 1 期。

64. 新疆文物考古研究所、吐魯番地區文物局：《鄯善縣洋海三號墓地》，《新疆文物》2004 年第 1 期。

65. 新疆吐魯番學研究院、新疆文物考古研究所：《新疆鄯善洋海墓地發掘報告》，《考古》2011 年第 1 期。

66. 新疆社會科學院考古研究所：《帕米爾高原古墓》，《考古學報》1981 年第 2 期。

三、論　文

1. 李水城：《西北與中原早期冶銅業的區域性特徵及交互作用》，《考古學報》，2005 年第 3 期。

2. 劉學堂：《再論中國早期銅鏡起源西域說》，《新疆歷史與文化》，新疆人民出版社 2007 年。

3. 孫淑雲、韓汝芬：《甘肅早期青銅器的發現與冶煉、製造技術的研究》，《文物》，1997 年第 7 期。

4. 葉瑋：《新疆伊犁地區自然環境特點與黃土形成條件》，《乾旱區地理》1999.22（3）：9～16。

5. 袁玉江、葉瑋：《新疆伊犁地區近 40 年來的乾濕變化》，《乾旱區地理》1999.22（41）：1～7。

6. 艾南山：《伊犁盆地的水系與新疆構造應力場的關係》，《新疆地理》1984 年（1）：28～34。

7. 李傳想、宋友桂等：《新疆伊犁黃土元素地球化學特徵及古環境意義》，《新疆地質》第 30 卷 第 1 期 103～108 頁，2012 年 3 月。

8. 宋友桂、史正濤：《伊犁盆地黃土分佈與組成特徵》，《地理科學》，2010，30（2）：267～272。

9. 劉東生：《黃土舊石器工業》，見徐欽琦、謝飛、王建主編：《史前考古學新進展——慶祝賈蘭坡院士九十華誕國際學術討論會文集》，科學出版社，1999.52～62 頁。

10. 劉學堂、關巴：《新疆伊犁河谷的考古重要收穫》，《西域研究》2004 年第 4 期。

11. 王炳華：《新疆地區青銅時代考古文化試析》，《新疆社會科學》1985 年第 4 期。

12. 王博、成振國：《新疆鞏留縣出土一批銅器》，《文物》1989 年第 8 期。

13. 李溯源：《新疆伊犁河上游地區考古述略》，《伊犁師範學院學報》2006 年第 2 期。

14. 王炳華：《特克斯縣出土的古代銅器》，《文物》1960 第 7、8 期。

15. 王博、李溯源、康萍：《昭蘇卡拉蘇墓葬及出土人顱的種族研究》，《新疆博物館館刊》（創刊）2005 年。

16. 王炳華：《塞人史蹟鈎沉》，《新疆社會科學》，1985 年第 1 期。

17. 王明哲：《伊犁河流域塞人文化初探》，《新疆社會科學》，1985 年第 1 期。

18. 蘇北海：《哈薩克草原塞種人的文化》，《新疆文物》，1989 年第 4 期。

19. 曾憲法：《先秦時期塞種人之族源及其東漸問題》，《國際關係學院報》，2000 年第 2 期。

20. 張玉忠、趙德榮：《理犁河谷新發現的大型銅器及有關問題》，《新疆文物》，1991 年第 2 期。

21. 李溯源：《伊犁河谷銅鍑研究》，《文物》2013 年第 6 期。

22. 王炳華：《新疆地區青銅時代考古學文化試析》，《新疆社會科學》1985 年第 4 期。

23. 劉學堂、李文瑛：《新疆史前考古研究的新進展》，《新疆大學學報》（哲學人文社會科學版），2012 年 1 月第 40 卷第 1 期。

24. 阮秋榮：《新疆伊犁河流域考古新發現》，《西域研究》2011 年第 2 期。

25. 楊毅勇：《新疆古代文化的多樣性和複雜性及其相關文化的探討》，《新疆文物》1999 年第 3、4 期。

26. 陳戈：《伊犁河流域文化初論》，《歐亞學刊》（第 2 輯），中華書局 2000 年。

27. 丁傑：《論索墩布拉克文化》，《伊犁師範學院學報》2011 年第 3 期，30～39 頁。

28. 韓康信、潘其風：《新疆昭蘇土墩墓人類學材料的研究》，《考古學報》1987 年第 4 期。

29. 張全超、李溯源：《新疆尼勒克縣窮科克一號墓地古代居民的食物結構分析》，《西域研究》2006 年第 4 期。

30. 水濤：《新疆地區青銅文化研究現狀評述》，《新疆文物》1989 年第 4 期；

31. 水濤：《西域史前文明發展的若干理論問題》，《西域研究》2005 年第 4 期。

32. 李水城：《從考古發現看公元前 2 千紀東西文化的碰撞與交流》，《新疆文

物》1999 年第 1 期。

33. 龔國強：《新疆地區早期銅器略論》，《考古》1997 年第 9 期，7（總 775）
~20（總 788）。

34. 陳光祖著，張川譯：《新疆青銅時代》，《新疆文物》1995 年第 2 期。

35. 烏恩：《歐亞大陸草原早期游牧文化的幾點思考》，《考古學報》2002 年
第 4 期。

36. 李肖、黨彤：《準噶爾盆地周緣地區出土的銅器初探》，《新疆文物》1995
年第 1 期。

37. 邵會秋：《新疆史前時期文化格局的演進及其與周鄰地區文化的關係》，
博士論文分類號 K871。

38. 邵會秋：《新疆地區安德羅諾沃文化相關遺存探析》，《邊疆考古研究》（第
8 集）。

39. 李琪：《略論中亞安德羅諾沃文化》，《西域研究》1991 年第 1 期。

40. 宋亦簫：《新疆青銅時代考古研究現狀述評》，《西域研究》2009 年第 1
期。

41. 林澐：《夏代的中國北方系青銅器》，《邊疆考古研究》（第 1 輯）。

42. 吳震：《關於新疆石器時代的初步探討》，《考古》1964 年第 7 期。

43. 李遇春：《新疆發現的彩陶》，《考古》1959 年第 3 期；

44. 李遇春：《新疆維吾爾自治區文物工作概況》，《文物》，1962 年第 7、8
期。

45. 楊毅勇：《新疆銅石並用文化》，《新疆文物》，1985 年第 1 期。

46. 陳戈：《關於新疆遠古文化的幾個問題》，《新疆文物》1985 年第 1 期。

47. 陳戈：《新疆遠古文化初論》，《中亞學刊》第 4 輯，北京大學出版社，1995
年。

48. 王博、齊小山：《出土青銅鍑及其族屬分析——兼談亞歐草原青銅鍑》，《絲
綢之路草原石人研究》，新疆人民出版社，1996 年。

49. 陳戈：《關於新疆地區的青銅時代和早期鐵器時代文化》，《考古》1990
年第 4 期，第 366~374。

50. 王炳：新疆社會科《新疆地區青銅時代文化試析》，《新疆社會科學》1985
年 4 期。

51. 羊毅勇：《新疆的銅石並用文化》，《新疆文物》1985 年 1 期；

52. 賀新：《新疆巴里坤縣南灣 M95 號墓》，《考古與文物》1987 年 5 期。

53. 王炳華：《新疆東部發現的幾批銅器》，《考古》1986 年 10 期。

54. 水濤：《新疆青銅時代諸文化的比較研究——附論早期中西文化交流的歷
史進程》，《中國西北地區青銅時代考古論集》，第 6~46 頁。

55. 韓建業：《新疆青銅時代、早期鐵器時代文化的分期和譜系》，《新疆文物》，2005 年第 3 期。

56. 李溯源：《伊犁河上游地區考古述略》，《伊犁師範學院學報》2006 年第 2 期。

57. 王建新、何軍鋒：《窮科克岩畫的分類及分期研究》，《新疆文物》，2006 年第 2 期。

58. 李溯源：《新疆新源縣出土一批青銅器》，《中國文物報》，2005 年 9 月 23 日第 2 版。

59. Mei jianjun：*The existence of Andronovo cultural influence in Xinjiang during the 2 millennium BC*，Antiquty73（1999））：570～578。

60. E.N.Chernykh，Ancient Metallurgy in the USSR，Transl. by Sarah Wright. Cambridge University Press，1992，pp.210～215。

61. Elena E. Kuzmina，The Origin of the Indo-Iranian。

62. 艾米娜‧E‧庫茲米娜：《青銅時代的中亞草原：安德羅諾沃文化》，《新疆文物》1996 年第 2 期；Elena E.Kuzmina，The Origin of Inanians，Boston，2007。

63. 梅建軍、高濱秀：《塞伊馬——圖比諾現象和中國西部地區的早期青銅文化》，《新疆文物》2003 年第 1 期。

64. 劉學堂、李溯源：《新疆發現的鑄銅石範及其意義》，《西域研究》2008 年第 4 期。

65. 孫淑雲、韓汝芬：《甘肅早期銅器的發現與冶煉、製造技術的研究》，《文物》1997 年第 7 期。

66. 梅建軍、劉國瑞、常喜恩：《新疆東部地區出土早期銅器初步研究》，《西域研究》2002 年第 2 期。

67. 潛偉：《新疆哈密地區史前時期銅器及其與相鄰地區文化關係》，第 43～61 頁。

68. 李水城、水濤：《四壩文化銅器研究》，《文物》2000 年第 3 期。

69. 夏鼐：《關於考古學上文化的定名問題》，《考古》，1959 年第 4 期；

70. 李肖：《新疆塔城市考古的新發現》，《西域研究》1991 年第 1 期

71. 于志勇：《塔城市二宮鄉喀浪古爾村古遺址調查》，《新疆文物》1998 年第 2 期。

72. 呂恩國：《新疆的偏室墓不一定是月氏遺存》，《吐魯番學研究》，2001 年 2 期。

73. 劉莉：《銅鍑考》，《考古與文物》1987 年第 3 期。

74. 滕銘予：《中國北方地區兩周時期銅鍑的再探討——兼論秦文化中所見銅

鍑》，《邊疆考古研究》第 1 輯，第 34 頁。

75. 梅建軍、王博、李肖：《新疆出土銅鍑的初步科學分析》，《考古》2005 年第 4 期，78～84 頁。

76. 【日】高浜秀：《中國の鍑》，《草原考古通訊》1994 年第 4 期。

77. 王博：《歐亞草原所見青銅鍑及其研究》，《新疆師範大學學報（哲學社會科學版）》1995 年第 4 期。

78. 王炳華：《天山東段考古調查紀行》，《新疆文物》1988 年第 1 期。

79. А‧Н‧伯恩施坦姆：《謝米列契和天山歷史文化的基本階段》，《蘇聯考古學》1949 年第 11 期。

80. 王炳華：《古代新疆塞人歷史鈎沈》，《新疆社會科學》1985 年第 1 期。

81. 凌勇、梅建軍：《關於新疆公元前第一千紀金屬技術的幾點思考》，《西域研究》2008 年第 4 期。

82. 張超、李溯源：《新疆尼勒克縣窮科克一號墓地古代居民的食物結構分析》，《西域研究》2006 年第 4 期。

83. 蔡連珍、仇士華：《碳十三測定和古代食譜分析》，《考古》1984 年第 4 期。

84. 李溯源：《伊犁河谷銅鍑研究》，《文物》2013 年第 6 期。

85. 孫淑雲、韓汝芬：《甘肅早期銅器的發現與冶煉、製造技術的研究》，《文物》1997 年第 7 期。

86. 陳戈：《新疆發現的豎穴洞室墓》，《中國考古學論叢》，中國社會科學院考古眼就所編著，科學出版社，1993 年。

87. 郭物：《青銅鍑在歐亞大陸的初傳》，《歐亞學刊》第 1 輯，中華書局，1999 年。

88. 陳戈：《新疆伊犁河流域文化初論》，《歐亞學刊》第三期，中華書局，2002 年版。

89. 馮恩學：《中國境內的北方系東區青銅釜研究》，《青果集——吉林大學考古專業成立二十週年考古論文集》，知識出版社，1993 年。

90. 林梅村：《吐火羅人的起源與遷徙》，《西域研究》2003 年第 3 期。

91. 陳亮：《新疆察布查爾縣索墩布拉克墓地出土人頭骨研究》，《考古》2003 年第 7 期。

92. 何軍鋒、陳新儒、王建新：《新疆尼勒克窮科克岩畫調查》，《考古》2006 年第 5 期。

93. 【蘇】В. А. Литвинский 等著：《東突歐斯坦塞克人的早期歷史》，《亞非民族》） 1988.5。

94. 【蘇】И.В.Пьянков：《塞克》，《塔吉克蘇維埃社會主義共和國科學院通報》

（社科版），1968 年 3 月。

95. 【蘇】阿吉舍夫著、吳妍春譯：《伊塞克古墓——哈薩克斯坦的塞克藝術》，《新疆文物》，1995 年第 2 期。

96. 王宗磊：《新疆石河子地區古代墓葬的考古研究》，《石河子大學學報》2006 年第 6 期

後　記

　　二十年前高考報志願時，只是爲了增加被錄取的幾率才把「考古」專業填寫在了第一志願，沒想到這兩個字竟決定了我的一生。最初並不瞭解考古這個詞的含義，西北大學四年學習生活，先生們博學的知識、嚴謹的學風和精彩的講授內容一天天地影響著我，也就慢慢地喜歡上了這個專業。最爲難忘的是 1992 年第一次到新疆實習，沙漠車把我們送到乾溝一個部隊的營地，在張克平老師的帶領下，我們師生七人同修路的民工在地窩子裏度過了一個月的時間，和兵哥們同吃一鍋飯，炎熱和疾病沒有打消我們對清代驛站發掘的熱情，甚至東歐發生巨變我們當時都一無所知。一個月後轉戰到和靜發掘墓地，第一次親手挖出數十個人頭骨和凌亂的骨架，晚上睡覺都有些害怕。最後一個月我們全班在克孜爾匯合發掘克孜爾水庫墓地，在那裡收穫了很多的彩陶器。

　　三個月的實習苦中有樂，結束後回到伊犁第一個念頭就是要到那裡的博物館看看都有些什麼文物。原伊犁地區博物館設在「三區革命政府政治文化活動中心」一樓，陳列面積僅有 200 餘平方米，看完第一感覺是這裡的文物跟其他博物館的不大一樣，有很多從未見過的青銅器。正是這些，勾起了對伊犁文物的興趣，開始查詢和翻看這方面的資料。當時資料並不多，偶而會想：如果能把這些東西搞清楚也挺不錯。1993 年懷揣著夢想被分配到伊犁，沒想到這裡本就沒打算接收我們，我的同學一位考了研究生，一位臨時去了日報社，而我則幾經周折於 1997 年進了地區文物保護管理所。

　　機會還算不錯，在伊犁林則徐紀念館幹了兩年講解員和臨時負責人，後被調到文物管理所辦公室開始有機會負責野外文物點調查備案和博物館工

作。2000 年以後趕上配合伊犁兩大水庫建設考古調查和發掘，跟隨新疆文物考古所在考古工地一幹五、六年。2007 年經公選受命於州文物局副局長兼博物館館長之職，同年至 2010 年主持伊犁州直 8 縣 2 市的第三次全國文物普查工作，親自帶隊跑遍了整個伊犁河谷地區，對那裡的自然環境和文物資源情況較比較熟悉。正是這一工作經歷，使得我越來越沉醉於對這一地區古老往事的思考，也越來越多地陷入更多的迷茫之中。2003 年有幸在吉林臺考古工地遇見久仰的考古學者水濤教授，那時就萌生了重返校園深造的念頭，七年之後終有機會投奔水老師門下，研習中西交流考古。

三年來，拋開工作的繁忙和家務瑣事，得以借助南京大學這個平臺尋師問道，靜心梳理手頭所掌握的資料。由於學識、時間和精力所限，不敢貪大，只求能夠立足自己熟悉的領域，做一些基礎性的工作，對考古發掘資料進行一次全面的梳理，盡可能科學地建立起伊犁河谷考古學文化序列框架。

這個選題，一開始就得到了導師的贊同。導師多次教導我如何整理基礎材料，如何從類型學入手研究，如何製圖和撰寫文章。可真正著手整理資料時發現，事情並非像之前所想像的那麼簡單，面對數十個墓地的考古發掘資料，有的已經整理發表，有的還是原始的發掘記錄，近千座墓葬資料要過，數千件器物圖要整理和繪製。回顧三年的學習過程，幾乎有三分之一時間在擺弄這些墓葬資料，初稿終在今年 4 月底成形，便急於呈送導師審閱，導師從頭到尾進行了修改和批註，雖沒有被當面訓斥，但從批註的字裏行間裏看得出很讓導師失望，二次修改後又提出很多問題。經過四個月五易此稿，終不敢抱有太大的信心。我內心明白要想在短期內達到導師的期望和要求，就我目前的研究水平和所下的工夫還很不夠，只能慢慢琢磨，在今後一段時間裏悉心研究，不斷地充實和完善。

跟隨水老師三年，導師不僅在學業方面悉心引導我、在治學方面嚴格要求我，同時在生活和工作方面也給予了許許多多的關心和照顧，他那嚴謹的工作作風、溫和儒雅的氣質和博學善教的人格魅力深深地影響著我。在這裡我要對恩師深深地鞠個躬，並誠摯地說聲謝謝！

撰寫這篇論文過程中，新疆文物考古研究所于志勇、劉學堂、呂恩國、吳勇、阮秋榮、于建軍、閆雪梅、阿里普，新疆博物館艾力江、魯禮鵬，伊犁州文物部門關巴、黃江勇、劉建軍、鄧麗，上海博物館王樾，伊犁師範學院張新紅、任冰心、丁傑、張傑，南京大學趙東升、吳立、李楓、賀輝、李

壯、劉海威、吳士勇、周能俊、牛長立、白國柱、王程、張卉顏、許冠群、劉狰，中山大學馬豔，暨南大學辛慰等領導和師友們給予了大力的支持和幫助。文章開題、預答辯、外審和答辯過程中南京師範大學湯惠生教授，南京博物院張敏研究員，中山大學徐永傑教授、南京大學周曉陸教授（也是我本科時的老師）、賀雲翱教授、黃建秋教授、劉興林教授和趙東升老師等給予了客觀的評價，並提出許多寶貴的意見和建議。得益於各位學專家學者的不吝賜教，才有了這篇論文的進一步提升。在此謹表示衷心的感謝！

多年工作學習中得到許許多多的長輩、領導和師友們的引導、幫助和關心，在此一併表示感謝！

同時，更感謝父母的養育之恩，感謝親人們的關愛，感謝賢妻張玉芹默默的支持！

吾學晚矣，尚待孜孜以求之。

公元 2013 年 8 月
於南京大學陶園二舍